KB159329

대한민국을 만들고 지켜온 분들

뜻을 세워 길을 열다

증보판 **대한민국을 만들고 지켜온 분들**
뜻을 세워 길을 열다

발행일 초판 1쇄 발행 2023년 4월 14일

지은이 이상우
펴낸이 안병훈
펴낸곳 도서출판 기파랑
등록 2004년 12월 27일 제300-2004-204호
주소 서울시 종로구 대학로8가길 56(동숭동 1-49) 동숭빌딩 301호
전화 02)763-8996편집부 02)3288-0077영업마케팅부
팩스 02)763-8936
이메일 info@guiparang.com
홈페이지 www.guiparang.com

ISBN   978-89-6523-522-4 03910

대한민국을 만들고 지켜온 분들

Heroes Who Built and Nurtured the Republic of Korea

뜻을 세워 길을 열다

증보판

이상우

증보판을 내면서

우리는 '가난한 식민지'이던 우리나라를 80년 만에 세계 10대 선진국 대열에 드는 자유민주공화국 대한민국으로 만들어냈다. 남들은 '한강의 기적'이라고 한다. 이 기적을 누가 만들었는가? 우리가 만들었다. 자유민주주의가 새 시대의 보편 가치가 된다는 것을 내다본 정치 지도자들과 깨인 지식인들이 이끌었다. 자원도 자본도 없는 가난한 농업국가를 잘 사는 선진 공업국가로 만들 수 있었던 것은 깨인 지식인들을 동원한 정치 지도자들의 안목, 뜻을 세워 길을 연 기업가들이 있어 가능했다. 21세기에는 '전자공업'이 경제를 이끈다는 것을 내다본 삼성 이병철 회장, 자동차 공업과 조선 공업이 세계가 하나의 지구촌이 되는 초연결 사회를 주도하게 될 것을 예상한 현대 정주영 회장, 세계적 제철 공장을 만들어낸 포항제철 박태준 회장, 바다가 새 삶의 터전이 될 것을 내다보고 원양어업에 나선 동원 김재철 회장, 하늘길을 개척한 대한항공 조중훈 회장 등의 판단과 투지, 노력으로 이루어냈다.

이 책은 뜻을 세워 성공한 역사를 만들어낸 분들의 뜻과 투지, 노력을 소개하는 글의 모음이다.

초판 때는 건강이 좋지 않아 서둘러 책을 내느라고 외교 분야를 다루지 못했다. 기파랑의 안병훈 사장의 호의로 초판에서 다루지 못했던 글을 추가해서 증보판을 낸다. '새 세계질서 속에서 나라를 지킨 분들'을 제8장으로 추가하였고 초판에서 미처 다루지 못했던 기업인의 공헌을 더 추가했다. 한국을 신흥 경제 선진국으로 이끈 개척자 몇 분의 업적을 보태서 젊은이들에게 '뜻 있는 곳에 길이 있다'는 교훈을 주기로 했다. 초판을 발간한 지 1년밖에 되지 않았는데도 증보판을 내주신 안병훈 사장의 호의에 고마움을 전한다.

내 욕심은 뜻있는 젊은이가 나서서 이 책으로 전하려는 나의 생각을 넓혀 새 세대의 한국 젊은이들이 '나라 지키기'에 나설 수 있도록 하는 길을 일러주는 잘 짜인 책을 써 주었으면 하는 것이다.

2023년 봄

저자 이상우

초판 머리말

역사가 사람을 만들고 사람이 역사를 만든다.

낡은 절대군주제의 착취 대상으로 지배받던 조선왕조의 백성들을 일찍이 눈 뜬 깨인 지식인들이 가르쳐 나라의 주인이라는 자긍심을 가진 국민으로 만들었다. 이들의 뒷받침으로 자유민주공화국 대한민국을 만들 수 있었다.

가난한 백성은 공산전체주의의 선전에 쉽게 굴복한다. '인권이 보장된 자유'보다 먹고 사는 것이 급하기 때문이다. 국제공산당과 중국공산당의 지원을 받아 한국을 공산화하려는 조선공산당의 백 년에 걸친 집요한 정치전을 이겨낼 수 있었던 것은 안목을 가진 정치 지도자들과 '경제입국'에 뜻을 두고 헌신해온 '깨인 기업인'들이 빈한한 후진국 한국을 세계 10위에 드는 경제 선진국으로 만들어 놓은 덕분이었다.

4차 산업혁명이 진행되는 21세기의 새 환경을 미리 내다보면서 새 시대를 이끌 전문 인력을 길러 내려는 '교육입국'에 뜻을 두고 헌신하고 있는 '거인'들이 있어 우리 후손들은 앞으로도 경제적으로 풍요한 자유민주공화국 국민으로 행복한 삶을 누릴 것이다.

사람이 역사를 만든다. 뜻을 가진 오늘의 지도자들이 내일의 한국을 만든다. 뜻을 세워 나라의 앞길을 여는데 헌신해온 사람들의 이야기를 모아 보았다.

이 책은 체계적인 역사책이 아니다. 험난했던 한국의 근현대사를 이끌어 온 사람들 중에서 나라 사랑의 뜻을 세우고 그 뜻의 실현을 위해 헌신해온 사람들을 조명해보려는 이야기책이다. 그 속에서 역사가 만들어지는 과정을 찾아보기 위해서 시도해본 책이다.

욕심은 컸으나 몸이 제대로 따라주지 않는 나이여서 하나의 시작품에 그치고 말았다. 아쉽다.

이글도 동학 황영옥(黃永玉)의 감수를 받았다. 그러나 혹 잘못 인용된 글들이 있다면 그것은 내 책임이다. 이 원고도 新亞研 박정아(朴正娥) 차장이 말끔하게 타자해주어 완성되었다. 고마움을 전한다.

2022년 초여름

저자 이상우

목차

증보판을 내면서   4
초판 머리말   6
뜻을 세워 길을 열다   13

제1부
대한민국을 만든 분들

제1장 민주공화국의 꿈을 심은 사람들   **23**
  1. '우리'라는 의식과 민족자존을 일깨운 선각자들   26
    개화파 선비들과 갑오경장   27
    '한국사람 만들기' : 만남과 배움의 확장   30
    개화開化의 꽃을 피운 선각자들   33
  2. 김옥균과 유길준   37

제2장 식민시대 건국의 기초를 닦은 사람들   **43**
  1. 인간 해방의 시대정신과 은둔 왕국의 붕괴   45
  2. 국권회복운동 : 주권 회복과 민주공화국 건국 준비   48
    국민의 자주독립 의지 형성   48
    무장투쟁을 통한 독립 의지 선양   50
    임시정부 수립과 외교적 노력   52
    광복군 창설   55

3. 나라 되찾기에 헌신한 지도자들   56

    깨인 국민 만들기에 나선 지도자들   58

    자립 능력 갖춘 국민 만들기에 나선 분들   64

4. 어렵게 다진 자주독립의 능력   68

제3장 대한민국 건국의 기적을 만든 사람들   **71**

1. 건국의 당면 과제와 대응   73

2. 대한민국 정부의 안정화 작업   78

3. 대한민국의 안정적 출발을 가능하게 한 지도자들   82

    김구 선생과 임시정부 간부들   82

    식민지 시대 국내에서 활동하던 지도자들   87

4. '깨인 한국사람'들이 만들어낸 기적   92

제2부
자유민주공화국을 지키고 키운 사람들

제4장 신생 대한민국이 맞이한 도전과 과제들   **97**

1. 자유민주공화국의 정체성 지키기   99

2. 공산 파시즘의 도전 극복의 과제   100

3. 부국 건설의 과제   101

4. 자위를 위한 군사력 건설   102

5. 국민단합과 국제적 위상을 높일 민족문화 활성화   103

6. 신뢰받는 정부 만들기   104

제5장 6·25전쟁에서 대한민국을 지켜낸 분들　　107

1. 건국 2년 만에 겪은 국제전　　108
2. 몸으로 겪은 6·25　　111
3. 국민 모두가 싸운 전쟁　　117
4. 이승만의 지도력　　119
5. 싸우면서 한국군을 키운 분들　　123
6. 6·25전쟁으로 얻은 깨우침　　128

제6장 전후 복구와 부국의 기초를 다진 분들　　131

1. 자유민주주의 실천을 가능하게 한 경제발전　　132
2. 박정희 대통령의 10-100-1,000 구상　　138
3. 부국의 기초를 다진 깨인 지식인들　　144
4. 뜻을 가진 기업인들이 이루어 놓은 부국의 기초　　159
　　젊은이들에게 길을 열어준 사람들　　161
　　위국헌신의 뜻을 세워 21세기 한국을 준비한 사람들　　164
　　투지 하나로 선진공업국의 기초를 닦은 분들　　166
　　선진국 대열에 한국을 밀어 올린 제2세대 기업인들　　171
　　1, 2세대가 키운 제3세대 기업인의 약진　　182

제7장 한국군을 키운 사람들　　187

1. 국군의 뿌리　　189
2. 6·25전쟁으로 틀을 갖춘 국군　　194
3. 자주국방계획　　196
　　전략 : 적극방어에서 적극억제로　　197
　　병력 확보 : 다양한 배경을 가진 군수뇌부의 협동　　198
　　무기와 장비의 자체 개발　　205
4. 국군에 혼을 불어넣은 사람　　210

제8장 새 세계질서 속에서 나라를 지킨 분들   **215**

  1. 백지에 그림을 그려낸 직업 외교관들   217

  2. 제2소통 통로 구축에 나선 분들   225

       김준엽과 고려대학교 아세아문제연구소   226

       이홍구, 한승주 교수와 서울국제포럼   228

       강영훈, 김세진 박사와 외교안보연구원   231

  3. 정부 산하 연구소, 민간 연구소와 뜻있는 개인들   235

       정부 산하 공공기관   236

       민간 연구소, 기구   238

       협회 등 시민 단체와 뜻있는 개인들   244

제9장 진취적 민족정신을 다져온 지식인들   **247**

  1. 선진 한국을 만들어낸 진취적 민족정신   248

  2. 민족주의와 애국주의   251

  3. 민주주의 보급과 공산주의와의 싸움   256

  4. 언론의 계몽자적 역할   270

  5. 민족적 자긍심을 높이는 데 앞장서 온 분들   279

제10장 교육입국의 뜻을 세워 헌신한 분들   **287**

  1. 일제의 조선인 우민 정책과 이승만의 교육입국 정책   288

  2. 박정희의 과학기술 입국 노력   290

  3. 교육입국의 뜻으로 앞길을 연 거인들   292

맺는말 '만남'과 '배움'이 역사 발전의 원동력   **301**

  참고문헌   306

  사람 이름 찾기   309

뜻을 세워 길을 열다

대한민국이 건국된 지 75년이 된다. 2천 년이 넘는 한민족 역사에서 처음으로 가져 본 자유민주공화국인 대한민국은 몇 백 년 전부터 물려받은 빈곤과 6·25전쟁이라는 엄청난 시련을 이겨내고 이제 국제사회에서 '잘 살게 된 민주국가'로 평가받는 나라가 되었다. 한국은 2015년 기준으로 세계에서 '가장 앞선 민주국가'로 손꼽히는 23개국에 들었으며 2020년 기준 GDP 규모(PPP 기준)로 세계 13위, 1인당 GDP 3만 2천 달러로 세계 8위의 나라에 올라섰다. 〈US 뉴스 앤드 월드리포트〉는 2022년 기준 세계에서 '가장 강력한 나라'를 선정하여 보도하면서 한국을 프랑스와 일본보다 앞서는 '세계 6위'로 올려놓았다. 구매력 평가지수로 평가한 1인당 GDP 4만 6천9백 달러로 일본의 4만 3천 달러보다 앞설 뿐만 아니라 높은 기업가 정신, 문화적 영향력 등을 반영한 '강력한 국가' 평가지수를 반영한 서열이라고 했다. 남들이 이렇게 평가하는 나라를 만들었다는 소리를 들으면서 나는 오늘의 대한민국을 만든 국민의 한 사람으로서 자랑을 느낀다.

1948년 이 땅에 '대한민국'을 세운 일은 한민족 역사에서 가장 자랑스러운 민족사적 쾌거였다. 역사상 처음으로 독립 국가의 자주권을 잃고 외국의 식민지로 전락했던 35년간의 치욕을 벗고 국가의 주권을 되찾았을 뿐만 아니라 수천 년 이어온 절대군주 지배의 왕정체제를 뒤로 하고 민족 구성원 모두가 주인이 되는 자유민주공화국을 처음으로 가지 게 되었다는 점에서 민족사적 쾌거라 하지 않을 수 없다.

독립을 되찾고 국토의 반을 점령하고 있던 구소련의 공산정부 수립 기도를 물리치고 자유민주주의 공화국을 세운 일은 결코 쉬운 일이 아니었다. 세계 어느 국가의 승인도 받지 못한 망명 정부밖에 가지지 못했던 국민들이 일본제국의 식민지로 전락했다가 국토를 미국과 소련이라는 세계 최강의 두 나라가 분할점령하고 있던 상황에서 주권을 회복하고 국민의 자유로운 선거를 통하여 자유민주공화국을 세웠다는 것은 기적에 가까운 성취였다. 가난했으나 민족적 자긍심을 가진 국민들과 어려운 환경에서 새로운 문물을 접하면서 역사의 흐름을 배운 깨인 지도자들이 있었기 때문에 가능했던 기적이었다.

나라를 세운지 두 해밖에 되지 않았을 때 소련의 사주를 받은 북한의 무력남침으로 인구의 1할을 희생당한 전쟁을 겪으면서도 불굴의 의지로 전국민이 이들과 맞서 싸워 자유민주공화국 대한민국을 지켜냈다. 위국헌신(爲國獻身)의 의지를 가진 민족 지도자들의 분투로 국제사회의 지원을 얻으며 목숨을 걸고 나라 지키기에 뛰어든 젊은이들의 투쟁으로 잃었던 국토를 되찾아 대한민국을 지켜냈다.

세계 최빈국이었던 대한민국은 전쟁을 거치면서 가지고 있던 낡은 산업시설마저 파괴당하여 전국토가 폐허로 되는 아픔을 겪었다. 그러나 빈 땅에 다시 새로운 산업시설을 만들어나가는 일을 시작하면서 한국 국민들은 세계를 놀라게 하였다. 불과 반세기 만에 최빈국이던 한국을 세계 10위권 안에 드는 경제선진국으로 만들어내었다. 근면한 국민들의 헌신적 노력과 정부의 바른 정책이 바탕이 되고 뛰어난 기업인들과 과학기술자들의 노력이 어우러져서 이루어진 기적이었다.

사람이 역사를 만든다

지나온 70여 년간 대한민국이 이루어 놓은 '나라 지키기'와 '나라 살리기'는 보기 드문 역사적 성취였다. 그래서 많은 사학자들이 이 역사를 기록해 놓았다. 그러나 이러한 정사(正史)에서 아쉬운 점은 기록된 성취를 가능하게 한 사람들의 공적이 제대로 짚어지지 않았다는 점이다. 이 아쉬움을 조금이라도 메워보려고 이 책을 쓴다.

사람이 역사를 만들고 역사가 사람을 만든다. 사람을 논할 때 생물학적 존재로서의 사람(人)과 사람 간의 관계를 바탕으로 이루어지는 사회적 존재로서의 사람(人間)을 구분한다. 사회적 존재로서의 사람은 만남과 배움을 통하여 형성되는 사람의 마음가짐으로 존재를 확인한다. 사람은 다른 사람과의 만남을 통하여 서로의 경험을 나누어 가진다. 이렇게 공유하게 된 경험이 사람들의 생활양식을 결정하게 된다. 생활양식의 총화를 문화라 하고 문화동질성을 공유하는 인간집단을 민족이라 한다. 그리고 민족공동체의 질서를 제정, 관리, 수호하는 정치체제가 마련되면 민족국가가 형성된다. 이런 과정을 살펴보면 민족공동체의 역사 속에서 사람들의 마음가짐이 자리 잡게 된다는 점에서 '역사가 사람을 만든다'라고 할 수 있다. 그러나 한발 더 나아가서 인간관계를 꾸미며 고치고 만들어 나아가는 '깨인 지도자'들의 노력과 공헌으로 사람들의 '삶의 양식'이 고쳐지고 만들어지게 된다는 점에서 '사람이 역사를 만든다'고 할 수 있다. 민족의 역사가 변천해온 과정을 살펴보면 역사를 이끌고 변화시킨 사람들의 공헌이 돋보인다. 그래서 역사를 바로 이해하기 위해서는 역사의 길목마다에서 길을 열어온 사람들의 지혜와 가르침을 주목해야 한다. 대한민국 70년사를 되짚어 보면서 이러한 사람들을 찾아 그들의 공적에 빛을 비쳐 보자는 것이 이 책의 목적이다.

해방 1세대의 시각에서 쓴다

나는 '해방 제1세대'에 속한다. 1938년생이어서 일본 식민지 시대의 끝자락에 6년을 살았다. 해방되던 1945년에 '고쿠민각고(초등학교)' 1학년에 입학했다. 해방을 맞이하여 '인민학교'로 개편된 고향 학교에 한 학기 다녔고 38선을 넘어 월남하면서 서울에서 다시 초등학교 1학년에 편입했다. 해방된 나라에서 처음으로 한글로 수업받기 시작한 학년이라고 우리들끼리는 '해방 제1세대'임을 강조한다. 해방된 새로운 우리나라를 일으키고 지키는데 앞장서야 한다는 각오가 담긴 마음가짐이다.

우리 세대는 배고픔을 겪어 보았으며 전쟁도 지켜보았고 피난 생활도 기억하고 있다. 중고등학생 때는 '학도호국단' 구성원으로 목총을 들고 군사훈련도 받았었다. 그리고 우리가 새 나라를 이끌어갈 세대라는 마음가짐을 평생 안고 살아왔다. 천막 교실 속에서 어렵게 학업을 이어가면서도 하나라도 더 배워 나라 발전에 기여하겠다는 생각을 늘 다짐했었다.

역사는 현재의 관심에서 '재구성해 놓은 과거의 사실'이다. '역사적 사실'은 불변이나 재구성해 놓은 역사는 변한다. '현재'의 관심은 계속 움직이기 때문이다. 우리 세대의 오늘은 다음 세대의 과거가 된다. 그래서 역사는 계속 진화한다. 오늘 우리가 되돌아보는 '대한민국 70년사'는 다음 세대가 쓰게 될 '대한민국 100년사'와는 같을 수 없다.

역사는 왜 필요한가? 내일을 설계하는데 참고가 되기 때문이다. 어제가 쌓인 기초 위에서 오늘이 있게 되었고 오늘의 기초 위에서 내일이 있게 되기 때문이다. '온고이지신(溫故而知新)'이라는 말이 그래서 생겨났다.

살면서 지켜본 역사와 책을 읽어 얻는 역사의 지식은 같을 수가 없다. 마르크스-레닌의 글을 읽은 사람은 공산주의자가 될 수 있지만 공산체제 속에서 살았던 경험을 가진 사람은 모두 반공주의(反共主義者)가 된다고 한다. 일제시대 대학을 다녔던 지식인들의 행동을 해방 후 세대가 친일 여부를 논하는 것은 문제가 된다. 그 시대 환경을 알지 못하고 어떻게 함부로 친일 반민족이라 단정하겠는가? 역사를 조금이라도 '객관적'으로 이해하려면 그 시대를 살았던 사람들의 생각과 글을 듣고 읽어야 한다.

'해방 1세대'라는 우리 세대는 어린이로 일제시대를 회상한다. 전쟁 말기에 쌀은 모두 공출당하고 대두박(기름을 짜고 남은 콩찌꺼기)을 배급받아 끼니를 때우고 나팔꽃 뿌리를 캐어 씹으며 학교 가던 일, 소나무 속껍질을 벗겨 먹던 일을 겪었던 세대여서 초근목피(草根木皮)라는 말을 실감하는 세대이다. 그러나 우리 앞세대의 희생은 훨씬 더 컸다. 대학생들은 학병으로 징집당하여 태평양 섬에서, 만주에서, 중국에서 전사했다. 6·25 전쟁도 우리 세대는 어린이로 겪었다. 폭격과 포격에 가족이 눈앞에서 죽는 것을 보고 피난길에 갖가지 고생을 겪으며 붉은 완장을 찬 젊은이들이 동네 어른을 끌어내어 인민재판을 벌이고 타살하던 끔찍한 장면들을 보고 자랐지만 직접 군인으로 전투에 참가하지는 않았다. 그러나 우리의 바로 앞세대는 피난 간 사람은 국군으로 징집되고 피난 못간 사람은 '인민 의용군'으로 잡혀가서 전사했다. 살아남은 사람들도 대학에서 공부해야 할 기회를 다 놓치고 전후 사회에서 2등 국민으로 전락했다. 해방 1세대인 우리 세대가 우리 앞세대가 비워 놓은 자리를 차지하고 '나라의 주인' 행세를 하는 오만한 마음을 가졌다. 우리 세대가 회고하면서 쓴 '대한민국사'와 우리 앞세대가 겪은 고통을 바탕으로 쓴 '대한민국사', 그리고 기록만을 토대로 평가해놓은 우리 다음 세대의 '대한민국사'가 같을 수 있겠는가?

나도 몇 년 전에 『살며 지켜본 대한민국 70년사』를 썼지만 우리 앞세대인 김성진金聖鎭, 1931~2009 장관이 20년 전 80세를 바라보면서 쓴 『한국정치 100년을 말한다』와 『박정희를 말하다』를 읽으면서 많은 것을 느꼈다. 우리 바로 앞세대가 본 한국 역사와 우리 세대가 본 역사가 어떻게 다른가를 알게 되었다. 그래서 다시 생각을 다듬어 우리 세대가 접했던 어른들의 '마음가짐'을 쓸 생각을 했다. 우리 세대가 살면서 본 한국사를 다음 세대에 알려주고 싶어서이다.

배움은 만남에서 생긴다

배움은 만남에서 생긴다. 배움은 앞선 사람, 남이 겪은 경험, 그리고 그들의 생각을 나누어 가지면서 이루어진다. 옳은 배움을 얻으려면 바른 만남이 이루어져야 한다. 교육이란 만남을 통한 배움을 말한다. 나는 한림대학교 총장직을 맡았을 때 신입생들에게 대학이란 무엇인가를 설명하면서 '만남을 통한 배움'을 얻는 곳이라고 가르쳤다. 같은 시대를 살고 있는 동학들을 만나 생각을 서로 교환하고 한발 앞서 살아온 선생을 만나고 책을 통하여 다른 시대, 다른 나라에 살던 현인들을 만나는 곳이 대학이라고 가르쳤다. 그리고 대학은 우리가 속한 공동체의 유지, 발전에 기여할 수 있는 지식과 지혜를 가진 지도자들을 양성하는 기관임을 강조하고 지도자의 소양을 다듬으라고 일렀다. 사회 지도자들을 옛부터 '선비'라 불렀다. 학생들은 대학생활 4년 동안 참선비가 되는데 필요한 소양을 갖추기 위해 노력을 기울여야 한다고 했다. 나는 한림대학교 신입생들에게 '한림오덕(翰林五德)'을 지표로 삼고 대학생활의 지침으로 삼으라고 했다. 자존(自尊), 수기(修己), 순리(順理), 위공(爲公)과 사랑(博愛)이 내가 제시해준 다섯 가지 덕목이었다. 참선비는 자기 자신의 명예를 존중하는 마음가짐과 끊임없이 자기를 다듬는 노력, 대자연의 섭리를 존중하며 공동체의 기본 가치를 사사로운 개인 이익에 앞세우고 이웃과 공동체 구성원 모두, 그리고 모든 살아 있는 것의 생명을 존중하는 마음가짐을 가져야 한다고 가르쳤다. 이 책에서는 내가 80년 살아오면서 만난 분들에게서 얻은 배움을 적어 세상에 그들의 기여를 알리려고 한다.

　이 책은 두 부분으로 나누어 썼다. 제1부에서는 개화기부터 대한민국 건국까지의 역사를 다룬다. 내가 태어나기 전의 이야기여서 책에서 본 것과 어른들에게서 전해들은 이야기를 바탕으로 정리했다. 제1장은 개화기 때의 사상적 지도자들, 제2장에서는 일제 식민지 시대 국내외에서 나라 찾기에 앞장섰던 분들, 그리고 제3장에서 해방 후 미군 점령 하의 어려운 환경에서 대한민국을 세운 기적을 만들어낸 지도자들을 논했다.
　제2부는 대한민국 지키기와 대한민국을 자유민주공화국으로 키운 사람들의 이야기이다. 대한민국 건국 80년 역사의 무대에서 우리가 기억해야 할 분들의 생각과 공헌을 다룬다. 이 부분은 기록을 바탕으로 깔고 이야기를 풀어나가지만 내가 직간접으로 겪은 일, 알게 된 일, 그리고 만나서 직접 들은 이야기를 소개한다. 제4장에서 신생 대한민국이 당면했던 국내외의 도전과 풀어야 할 과제를 논한 후 제5장에서는 대한민국 건국 후 만난 최대의 도전인 북한의 무력남침, 6·25전쟁을 이겨낸 사람들의 투쟁사를 다루었다. 이어서 제6장에서는 전쟁의 폐허 속에서 부국의 기초를 다진 분들의 이야기를 다루었다. 다음 장 제7장에서는 자주독립국이 갖추어야 할 군사력 건설에 앞장섰던 분들을 소개한다. 제8장에서는 국제사회에서 대한민국을 지켜나가는데 앞장섰던 사람들, 외교관과 민간 지도자들을 소개한다. 그리고 제9장에서는 후손들이 자랑할 수 있는 나라 만들기에 앞장선 사람들을 찾아본다. 끝으로 교육입국의 뜻을 펴온 '숨은 거인들'을 제10장에서 다룬다.
　제2부는 나라의 전체 모습을 다루는 역사가 아닌 몇몇의 예시(例示)적인 사례 기술임을 밝힌다.

제1부

대한민국을
만든 분들

제1장
민주공화국의
꿈을 심은 사람들

김 성진 장관은 『한국정치 100년을 말한다』라는 저서에서 대한민국의 역사는 1919년 3월 1일의 '3·1운동'에서 시작되었다고 했다. 10년 전에 일본에게 빼앗긴 주권을 되찾자는 자주독립의 결의와 함께 새로 만들 국가는 황제가 통치하는 '대한제국'의 복원이 아니고 국민이 주권자인 민주공화국, 즉 '대한민국'이어야 한다는 것을 당시 2천만 동포의 이름으로 선포한 '3·1 독립선언서'가 한국 역사상 최초의 민주공화정 수립의 의지 천명이었음을 중시하는 견해이다. 맞는 말이다. 3·1운동은 자주독립이라는 국가 주권의 회복과 함께 주권재민의 민주공화국을 세우자는 두 가지 선언을 국내외에 알리는 운동이었다.

인류역사상 최초로 탄생한 민주공화국은 1776년 북미 대륙에 있던 13개 영국 식민지의 연합으로 출범한 미합중국(United States of America)이었다. 미국은 공동체 구성원 모두가 법 앞에 평등하며 국가통치권 행사에 동등한 자격으로 참여한다는 주권재민의 혁명적인 국가 통치 형태를 갖춘 최초의 민주공화국이었다.

1789년 프랑스혁명이 내세운 공동체가 추구해야 할 세 가지 가치인 자유, 평등, 우애를 정치공동체인 국가가 추구하는 근본 가치로 하는 주권재민의 통치체제를 만들기로 하고 절대군주제의 왕정에 반기를 든 프랑스혁명에 자극 받아 다듬어진 '자유민주공화제'라는 새로운 정치 이념은 전세계에 급속도로 번져 그 주장과 정신은 '새 시대의 조류'로 자리 잡았다. 절대군주제를 유지하던 선진국들도 그 정신을 반영하여 국민의 기본권을 보장하는 입헌군주제를 채택하기 시작했다. 영국, 일본, 독일, 북유럽 여러 나라들도 군주제를 유지하면서도 사실상의 민주정치체제를 채택하였다. 이러한 세계사의 주류를 접한 구한말의 '깨인 선비'들은 우리도 주권재민의 민주헌정체제인 통치체제를 도입하려고 했다. 그러나 이들 개혁 세력은 위정척사 세력의 저항에 부딪혀 성공하지 못했다. 개화기의 혼란이 계속되면서 개혁의 상징처럼 만들었던 '대한제국'도 우리보다 한발 앞서 새 시대 조류를 탔던 일본제국의 식민지로 흡수되면서 멸망했다.

이러한 역사적 배경에서 개화기의 지식인들은 자주독립운동과 국민이 주인이 되는 민주공화국 수립 운동을 함께 추진하여 하나로 결집된 국민의 의지로 주권 회복을 위한 자주독립운동을 전개한다는 데 뜻을 모았다. 그래서 독립운동은 만주 등지에서의 무장투쟁, 상해 임시정부 중심의 망명정부 수립 운동, 국제사회의 민주국가들의 지원을 얻는 외교활동 등과 함께 국민의 단합된 민족의식 형성이라는 계몽운동에 집중했었다. 민주공화국의 주인이 되어야 할 국민, '한국인'의 정체성이 확립되지 않은 상태에서 주권재민의 민주공화국을 만들 수 없기 때문이었다. 뜻있는 민족 지도자들은 재산을 내어놓고 각급 학교를 만들고 민족교육을 폈다. 그런 노력의 결과로 '3·1독립만세' 궐기가 가능했었다. 민족 지도자들의 노력과 더불어 일제의 식민지배를 받으면서 한국인들은 '한국인으로서의 정체성'을 깨닫기 시작했다. 한국인 모두가 나와 같은 문화동질성을 갖춘 '우리'라는 인식이 생기면서 단합된 독립운동이 가능해졌다. 19세기 말부터 20세기 전반에 걸쳐 진행된 한국인의 민족적 자각 과정을 함재봉咸在鳳 교수는 그의 거작 『한국사람 만들기』라는 저서에서 상세히 소개하고 있다. 함재봉 교수는 한국 민족주의의 기저를 인종주의로 보았다. 개화기에 등장한 '한국사람'의 계보를 조선시대 지배층들이 통치의 수단으로써 백성들을 하나의 문화 집단으로 만들어낸 '조선 사람', 청나라와의 충돌 과정에서 사상적, 정치적 정체성을 재정립하면서 형성된 '친중 위정척사파', 19세기 말 개화된 일본과의 접촉에서 명치유신을 거치면서 급속히 근대화 되어가는 일본의 영향으로 급진 개혁을 추진하던 '친일 개화파', 미국 선교사들이 전해준 서양 문물에 자극받은 '친미 기독교파', 러시아와 접촉하면서 러시아로 이주한 조선인들을 중심으로 형성된 '친소 공산주의파', 그리고 19세기 전세계를 풍미하던 인종주의의 영향을 받은 '인종적 민족주의파' 등 여섯 가지로 분류하여 추적했다. 이렇듯 다양한 '한국인 정체성' 찾기 노력의 공통점은 그러나 하나로 모여졌다. 피지배 대상으로 다루어졌던 백성을 정치공동체인 나라의 주인공으로 인정하고 이들의 주인 의식을 고취하여 독립을 쟁취하는 힘을 키우려는 데는 뜻을 같이 했다.

민족 정체성 확립과 국민이 주권자 의식을 갖도록 하는데 가장 크게 기여한 분들을 추적해본다.

1. '우리'라는 의식과 민족자존을 일깨운 선각자들

조선조의 전제군주제와 계급 차별제 속에서는 민족사회 구성원들이 동일 집단에 소속되어 있다는 '우리 의식'이 형성될 수 없었다. 양반, 상민, 천민으로 신분이 정해지면 사회적 권리, 의무가 계급에 따라 다르게 정해지고 계급을 넘어서는 결혼도 할 수 없는 사회에서 같은 민족 성원이라는 '우리 의식'은 형성될 수 없었다. 상민과 천민은 양반 계급의 착취 대상으로 여겨지던 시대에 피지배 계급에 속한 사람들에게 '우리 민족'이라는 동류의식을 기대할 수 없었다. 부패한 양반들의 가렴주구에 시달리던 일부 상민과 천민들은 심지어 착취자인 지배층을 제거해 준 일본 침략자들에게 호의를 보이기도 했었다.

주권재민의 민주공화정이 자리 잡으려면 공동체 구성원 모두가 주권자라는 자의식을 가져야 하며 사회 구성원 간에 공동운명체라는 집단의식이 자리 잡아야 한다. 나아가서 외세의 지배를 벗어나 자주독립 국가를 세우려면 공동체 구성원들의 민족자존(民族自尊) 의식이 형성되어야 한다. 민족공동체가 집단으로 추구하는 가치를 스스로 지키겠다는 민족자주 의식은 민족 성원들의 자존 의식에서 생겨난다.

우리 민족사회의 구성원 모두가 계급을 초월하여 하나의 운명 공동체라는 '우리 의식'을 갖게 하고 모두가 나라를 운영하는 권리를 나누어 가진 동등한 정치적 주체라는 주권자 의식을 가지게 만든 것은 누구인가? 개화기에 바깥세상의 정세를 살피면서 인류 역사의 새로운 조류를 읽고 이에 맞추어 우리나라도 과감한 경장(更張)을 거쳐 개화(開化)의 물결을 타야 살아남는다는 것을 깨달은 '깨인 선비들'이 바로 개혁 운동의 선구자들이었다.

1) 개화파 선비들과 갑오경장

나라 밖에는 중국과 일본, 그리고 먼 곳에 '오랑캐'가 흩어져 있다고 생각했던 '조선 사람'들은 19세기에 불어 닥친 서세동점(西勢東漸)의 거센 물결 속에서 당황하기 시작했다. 산업혁명이 가져온 기계문명은 유럽 선진국들을 기계화된 장비를 갖춘 군사대국으로 만들었으며 이들은 한 시대를 앞서는 무장으로 아시아 제국을 무력으로 복속시키기 시작했다. 중국을 최강국으로 쳐다보던 '조선 사람'들은 새로운 환경 속에서 생존 전략을 짜기에 바빴다.

　지배층을 구성하고 있던 양반 출신의 선비들은 크게 두 집단으로 나뉘었다. 서양의 새 문물을 배워 우리도 부강한 나라를 만들자는 개혁파와 외세를 막고 우리 것을 우리 식으로 지키려는 위정척사파로 나뉘었다. 『한국사람 만들기』라는 대작을 집필한 함재봉 교수는 당시의 선비들을 다섯 부류로 나누었지만 적응 방식의 차이가 있었을 뿐 크게 보면 개화냐 수구냐로 양분할 수 있었다. 함재봉 교수는 전통적인 생각을 가졌던 지식인들과 국민들을 '조선 사람'으로, 그리고 새로운 시대감각을 가진 깨인 시민들을 '한국사람'으로 나누고 어떻게 '한국사람'들이 만들어졌는가를 심도 있게 분석하였다.

　당시의 선비들은 외국의 문물을 청나라와 일본을 통해 접하기 시작했다. 영국, 프랑스, 스페인, 미국 등은 동양의 종주국이던 청나라의 문호를 강제로 열고 교역을 하기 위하여 청 정부를 압박하고 미국, 러시아 등은 일본의 문을 열기 위해 군함을 보내기 시작했다. 1840년 아편

전쟁을 거쳐 청나라는 서양 선진국에 무릎을 꿇었다. 일본도 미국 페리 Matthew C. Perry 제독이 1853년 군함 몇 척을 인솔하고 와서 압박하는 기세에 눌려 문호를 개방했다.

중국과 일본에는 서양 선교사들이 대거 진출하여 포교와 함께 서양 문물을 전하였고 청나라 정부와 일본 정부는 서양에 시찰단을 보내고 유학생을 보내 적극적으로 서양 문물을 배워 이를 토대로 자기 나라의 개화에 나섰다. 이러한 이웃의 '서양 수용'을 본받아 우리 스스로 개화하려 노력했던 지식인들이 개화파였다.

중국의 조공 국가이면서 자원도 별로 없는 작은 나라였던 조선왕국은 유럽의 강대국들과 미국의 관심을 크게 끌지 못하였다. 영국, 프랑스 등 유럽 강대국들은 중국 개방의 편의로, 그리고 러시아는 태평양 진출 교두보로 조선을 관리하려 했으며 조선보다 한발 앞서 개혁개방을 단행한 일본은 청나라와 러시아의 진출을 막는 방파제로 조선을 자국 영향 아래 두려고 했다. 이러한 환경 속에서 조선왕조의 개혁 의지는 청나라에 사신으로 가서 만난 서양 선교사들과의 만남과 배움, 그리고 조선에 진출한 서양 기독교 선교사들이 소개해준 서양 문물들을 접하면서 눈을 뜨기 시작한 몇몇 진보적인 선비들에 의하여 형성되었다. 특히 한발 먼저 서양 문물을 받아들여 명치유신(明治維新)이라는 혁명적인 체제 개혁을 단행했던 일본 지식인들과의 만남과 그들로부터의 배움이 조선의 진취적 선비들을 개화파로 만들었다. 가장 대표적인 인물로 김옥균金玉均, 1851~1894, 유길준兪吉濬, 1856~1914, 박영효朴泳孝, 1861~1939 등을 꼽을 수 있다.

김옥균은 평양감사를 역임한 실학자 박규수朴珪壽, 1807~1877가 키운 선비들 중 하나다. 박규수는 『열하일기』를 쓴 박지원朴趾源, 1737~1805의 손자로 중국 사정과 중국에 와 있던 선교사들로부터 얻은 서양에 관한 지식에 밝은 선비로 젊은이들을 모아 서양 문물을 가르치고 개화사상을

박규수(朴珪壽, 1807~1877)

주입시켰었다. 김옥균은 일본도 몇 번 방문해서 후쿠자와 유키치福澤諭
吉, 1835~1901, 慶應大 창설자 등의 도움으로 일본의 개혁개방 과정을 직접 보
고 배웠다. 김옥균, 유길준, 박영효 등 소장 개화파 인사들이 서울에 주
둔하고 있던 일본군의 지원을 받아 수구파를 제거하고 혁신 정부를 세
우려고 벌인 혁명이 1884년 갑신정변(甲申政變)이었는데 대원군을 앞세
운 수구파들이 서울에 주둔했던 청국 군대의 도움으로 개혁파의 쿠데
타를 진압함으로써 혁명은 실패했고 개혁파들은 일본으로 망명하였다.
김옥균은 1894년 상해에서 수구파의 사주를 받은 홍종우에 의하여 피
살되었다.

　조선의 종주권을 놓고 청나라와 싸우던 일본이 1894년 전쟁에서 승
리하고 청나라를 대신하여 조선을 사실상 지배하게 되면서 개화파가 다
시 득세하여 국가통치체제를 현대화하는 갑오경장(甲午更張)을 하게 된
다. 갑오경장은 정치, 경제, 군사, 교육 등 모든 영역에 걸쳐 조선왕조 시

대의 체제를 개혁하려던 혁명으로 이를 계기로 군대도 재편되고 과거 제도가 폐지되고 각급 학교도 새로 생겨났다. 갑오경장은 한마디로 지배층의 착취 대상에 지나지 않던 상민과 천민 등을 주권을 가진 국민으로 바꾸는 혁명으로 조선 시대까지의 피지배층의 사회 구성원을 민족국가의 주권자로 만들었다. 함재봉 교수는 조선 시대까지의 국민을 '조선 사람'으로 부르고 주권자로 다시 탄생한 시민들로 구성된 민족을 '한국사람'이라고 구별하고 있다. 그런 뜻에서 갑오경장은 조선왕조를 대한민국이라는 민주공화국으로 만드는 역사적 분기점이라 할 수 있다. 민주공화국의 주인인 주권자의 주체인 국민이 탄생한 계기가 되었기 때문이다.

2) '한국사람 만들기' : 만남과 배움의 확장

민주공화국의 주인은 시민이다. 시민은 자기 행위에 책임을 질 줄 아는 국민이다. 주권재민 원칙에 기초한 민주공화정은 공동체 구성원들이 주권자 의식을 가진 시민임을 자각할 때라야 운영되는 정치체제이다. 국민 각자가 주권자 인식을 가지게 하려면 민주시민교육 체계가 마련되어야 한다. 그래서 오늘날 민주국가에서는 국민들이 주권자 의식을 가지도록 하기 위하여 6년 내지 9년의 '국민교육'을 의무화하고 있다. 이 의무는 국방의 의무, 납세의 의무와 함께 국민의 3대 의무로 되어 있다. 문맹률이 90%가 넘던 '조선 시대'의 사회 구성원을 민주공화정의 주권자인 국민으로 만들기 위해서 문맹퇴치 운동과 초등교육의 보편화를 필수적 과제로 삼고 '깨인 지식인'들은 국민교육에 앞장서서 헌신적 노력을 폈었다.

국민을 '깨인 시민'으로 교육하려면 우선 무엇을 가르쳐야 할지를 알아야 한다. 그리고 배우려면 가르칠 사람들을 키워야 한다. 개화기의 선각자들의 배움은 크게 세 가지 길을 통해 이루어졌다. 첫째는 가까운 이웃 나라를 찾아가 보고, 깨인 사람들을 만나고 그들로부터 새로운 지식을 배워오는 길이다. 조선 시대에는 새로운 문물을 주로 중국에서 배워왔다. 해마다 중국에 보내는 사신들과 그 수행원들이 새 지식을 얻어 왔었다. 조선조 중엽에 등장한 실학자 집단은 거의 모두가 중국에 다녀온 사신들과 그 수행원들이었다. 일본이 개혁개방을 시작한 19세기 중반부터는 일본이 새 문물을 배우는 곳으로 추가되었다.

조선조는 초기부터 외교 협의, 포로 송환 등을 목적으로 국왕의 사절을 일본에 보내기 시작했었는데 임진왜란 후 1607년부터는 국왕의 공식 사절로 통신사(通信使)라는 명칭으로 사절단을 보내기 시작하였다. 1811년까지 9번의 통신사를 일본에 보냈는데 정사(正使), 부사(副使)를 위시하여 300명 내지 500여 명의 대규모 방일단을 편성하여 보냈다. 이들이 보고 듣고 배워온 일본 정세는 사행록(使行錄)이라는 공식 보고서 외에도 각종 견문기로 정리되어 정부관리뿐 아니라 민간인들에게도 전달되었다. 일본은 16세기부터 포르투갈, 네덜란드 등 서유럽 국가와 접촉하면서 서양 문물을 받아들이고 있었는데 조선통신사 일행은 일본에 소개된 유럽의 문물을 조선에 알리고 전달하는 역할을 했었다.

이러한 일본과의 역사적 교류는 일본이 1868년 명치유신을 겪으면서 급속히 개혁개방을 한 이후에는 조선조의 개화 성향의 선비들이 서양의 선진 정치제도, 이념, 문물을 배우는 학습장이 되었었다. 이동인李東仁, 김옥균 등도 개인적으로 일본을 방문하여 많은 배움을 얻었으나 조선 정부도 신사유람단(紳士遊覽團 : 최근에 朝士視察團이라고 명칭을 고쳐서 사용함)을 편성하여 일본에 보내 새로운 제도를 배우기 시작했다. 1881년에 고종은 어윤중魚允中, 1848~1896 등 12명의 관리를 일본에 보내 명치유신 이후의 일본에 새로 도입된 문물, 시설, 제도 등을 조사·보고하도록 하였다.

이 시찰단에 참가했던 유길준은 시찰단이 귀국한 후 1883년 정부가 미국과 수호 조약을 체결(1882)한 후 보빙사를 미국에 보낼 때 다시 이들과 함께 방미하여 그곳에 잔류하면서 1884년 보스턴 근교에 있는 대학진학 예비학교인 '거버너 더머 아카데미'에 입학하여 한국인 최초의 해외 유학생이 되었다. 유길준은 1895년에 귀국하여 일본, 미국에 체류하면서 보고 느낀 것을 적은 『서유견문(西遊見聞)』을 출간하였는데 당시 개화를 주장하던 선비들에게는 큰 자극제가 되었었다.

'한국사람 만들기'라는 역사적 과업은 크게 세 가지 줄기로 추진되었었다. 첫 줄기로는 해외 시찰, 외국 서적 읽기, 국내에 들어오는 외국인들과의 만남 등을 통하여 얻어진 견문을 대중에 알리는 깨인 선비들의 주동적 노력을 꼽을 수 있다. 두 번째 줄기는 한국에 들어온 외국 선교사들의 적극적 활동이었다. 기독교를 널리 펼치는 선교 운동의 일환으로 선교사들은 학교를 설립하여 새로운 안목과 지식을 젊은 세대에게 가르쳤다. 그리고 세 번째 줄기로 선교사들의 도움을 받아 해외로 나갔던 유학생들의 활동을 꼽을 수 있다. 유학생들은 주로 미국과 일본에 집중되었었다. 선교사들이 대부분 미국인들이었기 때문에 미국으로 간 유학생이 주류가 되었고 일본은 지리적 인접성과 문화적 친근성 때문에 많은 한국 선비들이 유학지로 선택했다.

대다수 국민이 소수 양반 계층의 지배를 받는 주체 의식을 가질 수 없었던 수동적 백성인 '조선 사람'이던 때에 이들을 주권자인 국민이라는 주체 의식을 갖춘 민주시민인 '한국사람'으로 만드는 역사적 과업에 가장 큰 기여를 한 것은 모든 국민에게 개방된 학교 교육 체제였다. 기본적 시민 교육을 담당하는 보통학교(초급학교), 그리고 전문직을 수행할 수 있는 지식을 보급하는 중등학교(고등 보통학교)와 전문학교가 19세기 후반부터 설립되기 시작하였다.

최초의 보통학교는 미국 선교사 호머 헐버트Homer Hulbert, 1863~1949가

1886년에 설립한 육영공원(育英公院)이었고 좀 더 체제를 갖춘 학교로는 미국 선교사 아펜젤러Henry G. Appenzeller, 1858~1902가 1885년에 세운 배재학당(培材學堂)이었다. 여학교로는 미국 선교사 스크랜턴Mary Scranton이 1886년에 세운 이화학당(梨花學堂)이었다.

선교사들이 세운 학교를 모방하여 뜻있는 한국 지도자들이 잇따라 학교를 설립하여 국민들의 의식 개조 사업을 펼쳤다. 1905년에는 오늘의 고려대학교 전신인 보성전문학교(普成專門學校)가 세워졌고 1885년 미국 선교사 언더우드Horace G. Underwood가 세운 경신학교(儆新學校)가 1915년에 조선기독교 학교로, 1917년에는 연희전문학교로 발전해서 오늘의 연세대학교로 성장했다.

갑오경장이 있었던 1894년을 전후해서 전국적으로 보통학교가 세워지기 시작했다. 많은 지방 유지들이 서당을 동네 어린이들을 가르치는 학교로 확장·개편했다. 1895년에는 정부에서 전국에 소학교를 설립하는 것을 지원하기 위하여 교원을 양성하는 관립 한성사범학교(官立漢城師範學校)를 설립하였다. 이러한 노력에 힘입어 20세기에 들어서면서 '한국 사람 만들기'가 자리 잡아갔으며 주인 의식을 가지지 못했던 '조선 사람'들은 주권자인 국민이라는 자존 의식을 가진 '한국사람'으로 변하기 시작했고 나아가서 한민족공동체 성원으로 모든 한국사람이 하나의 공동체 성원이라는 '우리 의식'이 형성되기 시작하였다.

3) 개화開化의 꽃을 피운 선각자들

공동체 구성원 대부분이 주인 의식을 가지지 못했던 조선조 사회를 모든 구성원이 '인권이 보장된 자유'를 누릴 권리가 있다는 평등사상을 가진 사람들의 시민사회로 만들고 나아가서 나라의 통치권은 사회 구성원 모두가 나누어 가지고 있다는 주권재민의 사상을 널리 보급하여 공동체 구성원 모두를 한민족공동체의 당당한 구성원이라는 자각을 갖도록 만든 '의식 차원의 혁명'을 주도한 선각자들이 대견스럽다. 조선사회 구성원 모두를 주체 의식을 가진 시민들의 집합인 '한민족'이라는 하나의 집단으로 묶은 의식 혁명은 20세기에 대한민국이라는 민주공화국을 만들 수 있는 바탕을 이루었다. 중국의 조공국이라는 자주권을 가지지 못했던 '2등 국가'의 지위를 벗어나 자주독립국의 지위를 회복하려는 독립 정신과 한 사람 한 사람 모두가 국가통치권의 일부를 나누어 가지는 민주공화정치체제를 만들려는 민주시민 정신은 개화사상의 핵심을 이루는 개인의 자존 의식과 민족의 자존심이 자리 잡았기 때문에 가능했고 이러한 개화사상은 독립운동과 민주혁명으로 발전할 수 있었다.

개화사상으로 민족주체사상을 뿌리 내리게 이끈 혁명은 누가 이끌었는가? 몇 사람을 꼭 집어 제시할 수는 없지만 개화기 '한국사람 만들기'에 앞장섰던 선비들을 일차적으로 꼽아야 할 것 같다. 바깥세상의 흐름을 포착하고 젊은 선비들을 모아 새 시대 흐름에 눈을 뜨게 만든 박규수를 아무래도 새 흐름을 만든 원조로 꼽아야 할 것 같다.

개화기는 왕조국가 조선이 민주공화국 대한민국으로 전화한 시기인 1860년대에서 1910년에 이르는 50년을 지칭하는 시기이다. 이 시대에 ① 성리학만을 정통으로 인정하는 사상적 폐쇄성을 깨트리고 다양한 사상을 수용하려는 사상적 혁명이 일어났고 ② 중국과 일본과의 제한적 외교 관계를 맺고 있던 조선을 국제사회에 문호를 개방하고 교류를 모색하는 폐쇄성 탈피의 정책적 시각이 도입되었고 ③ 사회적으로 신분에 따른 개인의 활동 제약을 깨트리고 모든 공동체 성원이 생활 주체로 인정받는 개방사회가 열렸다. 이러한 변화가 일어난 '개화기'(開化期)는 왕조 조선을 민주공화정의 대한민국으로 변혁시키는 '시대 전환적 혁명기'였다. 이조영李朝漢은 그의 박사학위 논문에서 개화기의 사상적 분포를 ① 위정척사파(衛正斥邪派) ② 온건개화파(穩健開化派) ③ 급진개화파(急進開化派) ④ 개신유학파(改新儒學派)로 분류하여 논하면서 이들도 모두 당시의 시대 환경을 반영하여 진지하게 개화의 방향과 개혁 방안을 논의했었으나 그중에서 유학(儒學)이라는 전통 사상과 새로운 시대의 주류 사상으로 자리 잡은 민주주의 사상을 접목시켜 대한민국 건국의 사상적 기초를 마련해준 개신유학파를 '개화사상의 주류'로 보아야 한다고 했다. 이조영은 개신유학파의 사상적 특성으로 다음과 같이 다섯 가지를 꼽았다. 첫째로 이들은 조선조를 지배해온 주자학(朱子學)의 편협성은 거부하지만 유학 자체를 거부하지 않은 점, 둘째로 전통 유학 사상 중 실학(實學)사상을 존중하고 있는 점, 셋째로 당시 제국주의 투쟁의 주도적 존재는 민족국가들임을 반영하여 조선이 독립된 국가로 존립하기 위해서는 민족국가로 재편되어야 한다고 보고 민족주의를 독립국가 건설의 바탕으로 삼아야 한다고 본 점, 넷째로 국민들이 민족주의 이념을 수용하도록 하기 위하여 민족 역사를 강조한 점, 그리고 끝으로 새로운 민주국가의 기초로 성리학에서 내세우는 대동(大同)사상을 제시한 점이 그 다섯 가지이다. 여기서 대동사상이라 함은 『예기(禮記)』에 등장하는 현능주의(賢能主義)적 공동체질서를 발전시킨 공존공생의 정치질서 구현을 말한다.

개신유학파가 조선왕조를 민주공화제의 대한민국으로 전환하는 사상적 기초를 주도했다고 보면 개신유학의 틀을 세우고 이를 젊은 선비들에게 전수한 박규수를 새 사상의 원조로 꼽아야 할 것 같다. 그리고 박규수가 양성한 박은식朴殷植, 1859~1925, 신채호申采浩, 1880~1936, 장지연張志淵, 1864~1921 등과 이들과 개혁 사상을 공유하면서도 혁명을 통하여 체제 개혁을 추구했던 급진개화파의 선비들인 김옥균, 박영효, 홍영식洪英植, 1855~1884, 박정양朴定陽, 1841~1905, 서광범徐光範, 1859~1897, 서재필徐載弼,

1864~1951, 윤치호尹致昊, 1865~1945, 김홍집金弘集, 1842~1896, 유길준 등도 기억해야 할 것이다. 특히 일본에 수신사, '신사유람단'으로 다녀왔던 젊은 선비들과 미국에 보빙사(報聘使)로 가서 눌러앉아 한국인 최초의 도미 유학생이 되었던 유길준 등의 기여를 잊어서는 안 될 것이다.

2. 김옥균과 유길준

이들 중 특히 주목해야 할 사람으로 김옥균과 유길준을 꼽아야 한다.

김옥균은 1851년에 태어나 한학을 공부하며 자란 선비로 21살 때인 1872년에 알성시(謁聖試)에 장원급제한 수재였다. 김옥균은 박규수의 사랑방 문하생으로 일찍부터 바깥세상의 문물에 눈을 떴으며 이 사랑방에서 박영효, 유길준 등을 만났고 일본에 드나들던 스님 이동인을 통해 일본에서 진행되던 개혁 운동을 상세히 듣고 있었다. 1877년 박규수가 별세한 후에는 중국 사신을 수행하던 역관 오경석吳慶錫, 1831~1879, 그리고 서적을 통하여 중국 사정을 잘 알던 한의사 유대치劉大致 등을 통하여 중국에서 진행되던 개혁 운동에 대하여 지식을 넓힐 수 있었다.

1881년 '신사유람단' 62명이 어윤중의 인솔 하에 일본을 방문하여 몇 달 머물면서 일본의 개혁을 현지에서 보고 온 다음 해인 1882년 3월 김옥균은 서광범, 유길준 등과 일본을 처음으로 방문하여 일본의 개혁을 이끈 지식인의 수장격인 후쿠자와 유키치 등을 만났다. 김옥균은 후쿠자와의 적극적인 후원 약속을 받고 일본의 변화 모습을 두루 살펴본 후 귀국하여 조선의 개화 구상을 세웠다. 개화 목표로 정한 첫 번째 과제는 '자주독립'이었다. 청나라의 조공국의 지위에 놓여 있던 조선을 완전한 주권을 가진 자주독립 국가로 복원하여야 다음 단계의 개혁을 할 수 있다고 보았다. 그러기 위해서는 정치체제, 관제(官制)를 개혁하고 군대도 새롭게 만들고 산업도 과학화하는 등 나라의 틀을 새 시대에 맞도

박영효(朴泳孝, 1861~1939)

록 개선하고 이를 통하여 부국강병을 해야 한다고 판단했다. 김옥균은 동지를 규합하여 개화당(開化黨)을 만들고 급진적 개혁을 기획했다. 그리고 이러한 개혁을 완강히 반대하는 친중 위정척사파를 제거하기로 하고 갑신정변(1884)을 일으켰다. 갑신정변은 이에 앞서 일어났던 임오군란(壬午軍亂, 1882)을 진압하기 위하여 우리 정부가 불러들인 청나라군에 의하여 사흘만에 진압되면서 김옥균, 박영효, 서광범, 서재필 등은 일본으로 망명하였다. 김옥균은 일본에 체류하다 중국으로 가다가 상해에서 1894년 우리 정부가 보낸 자객에 의해 암살당하였다. 김옥균의 급진 개혁 운동은 실패했으나 김옥균이 추진했던 개혁 운동은 그 후 갑오경장(1894)을 통해 잠자던 조선왕조를 시대 조류에 맞는 새 나라로 만드는 기폭제가 되었다.

　김옥균이 주도했던 급진개혁파의 쿠데타는 실패했으나 김옥균과 함께 박규수의 문하에서 개혁 사상을 전수받았던 유길준은 '온건개화'의

김옥균(1851~1894)

길을 택하여 개혁을 계속 추진했다. 유길준은 1881년 어윤중이 인솔한 '신사유람단'의 단원으로 일본을 방문하였을 때 후쿠자와의 주선으로 일본에 남아 게이오기주쿠(慶應義塾)에서 공부하다가 1883년에 귀국하여 한성순보(漢城旬報) 편집을 맡았고 그해 7월 보빙사 민영익閔泳翊, 1860~1914을 수행하여 미국을 방문하였으며 그곳에 남아 보스턴 근교에 있는 대학진학 예비학교인 '거버너 더머 아카데미'에 편입하여 한국인 최초의 미국 유학생이 되었다. 유길준은 귀국길에 유럽 등지를 방문하여 견문을 넓혔으며 1885년 귀국 후에는 가택연금을 당하였는데 연금 중이던 1892년까지 7년간 집필에 집중하였다.

민비閔妃의 친정 조카인 민영익은 개혁 운동에 적극 참여하였으나 민비를 보호하기 위하여 친중 보수 노선을 택하여 개혁파의 미움을 받았으며 1905년 을사보호조약으로 친일 정부가 들어선 후 상해로 망명하여 그곳에서 일생을 마쳤다. 유길준은 민영익의 영향을 받아 급진개혁

유길준(兪吉濬, 1856~1914)

파에서 온건개혁파로 전향하였다.

유길준은 7년간 가택연금 되었던 시기에 해외 유학에서 얻은 지식을 정리하여 『서유견문(西遊見聞)』을 집필하였다. 『서유견문』에서 유길준은 서양의 근대 문명을 소개하고 자신의 개화사상을 정리하여 제시하였다. 유길준은 『서유견문』에서 세계 지리를 포함하여 주요 국가의 정치체제, 새로운 문물 등을 상세히 소개하였는데 이 책은 갑오경장 등의 개혁 지침이 되었다.

유길준은 정치체제와 관련하여 영국식 입헌군주제를 제시함으로써 새 시대의 한국정치체제로 민주공화제로 개혁 인사들의 뜻을 모으는데 크게 기여하였다. 『서유견문』은 1895년 일본에서 한글과 한자를 섞어 쓴 국한문 책으로 발간되었다. 『서유견문』은 단순한 여행기나 견문기 이상의 의미가 있는 서양의 사회와 정치를 체계적으로 연구소개한 저작이다. 유길준은 『서유견문』 집필 후에 『정치학』을 썼으나 이 책은 유길준

생존 시에 출판되지 못했다. 『정치학』은 정치학개론서로 총론에 이어 서양 각국의 정치체제를 비교하면서 소개한 귀중한 교과서였는데 완성되지 않은 채 수기 형태로만 전해지고 있다.

유길준은 그의 저서에서 조선의 정치개혁 방향은 영국의 입헌군주제를 모형으로 삼아야 한다고 주장했다. 유길준은 국가를 인민, 영토, 주권, 정치조직과 공동 목적 등 다섯 가지 요소를 갖춘 '정치공동체'로 정의하고 주권 행사권을 가진 군주와 기본권이 보장된 인민이 함께 다스리는 군민공치(君民共治) 체제를 이상적 정치체제로 규정했다. 군주가 통치의 전권을 가진 절대군주제, 법제정과 시행을 군주가 독단으로 행하는 전제군주제, 군주가 귀족들과 합의하여 통치하는 귀족제 등은 모두 인민의 불가양의 기본 권리를 보장할 수 없는 체제여서 불가하고 군주와 인민이 법률이 정한 방식에 따라 협의하여 통치하는 '군민공치' 체제가 가장 바람직한 체제라고 유길준은 주장하였다. 유길준이 주장한 입헌군주체제는 군주를 상징적으로 주권 행사의 최상위 지위에 있는 존재로 놓아둔 사실상의 주권재민의 민주주의 정치체제였다. 이러한 민주주의체제를 설득력 있게 정리하여 제시한 유길준의 저서는 조선조가 일본 식민시대를 거쳐 대한민국으로 재탄생하는 긴 여정에서 흔들림 없는 개혁 방향을 잡아 주었다는 점에서 높이 평가하지 않을 수 없다.

갑오경장에서 제시된 200여 가지 제도 개혁안도 유길준이 제시한 개혁의 큰 그림을 반영한 것이며 한일합방 후 전개된 독립운동에서도 성취 목표 설정에서 '자유민주공화국'이 모든 운동 참여자의 지향점이 되었다. 독립운동, 그리고 해방 후 건국 운동에서 어느 누구도 왕조 재건이나 절대군주제의 복원을 주장한 사람이 없었다는 점은 주목해보아야 한다. 이런 뜻에서 유길준은 대한민국 건국사의 논의에서 빼놓을 수 없는 향도적 지도자로 꼽아야 할 것이다.

제2장
식민시대 건국의
기초를 닦은 사람들

'은둔의 왕국(Hermit Kingdom)'이라고 무시 받던 조선왕조도 서세동점의 큰 흐름 속에서 그대로 머물 수는 없었다. 지배층을 이루던 위정척사파들의 고집스러운 폐쇄정책 속에서도 김옥균, 유길준 등 바깥세상의 문물을 접하면서 눈을 뜨기 시작한 개화파 지식인들에 의하여 개혁 운동이 거세게 일어났다. 급진개혁파에 의한 혁명 시도라 할 갑신정변은 청나라의 군대를 동원한 정부의 진압으로 실패했다. 그러나 그때 개혁파 지식인들에 자극받은 신지식인들의 개화 정신은 10년 뒤 갑오경장의 바탕이 되었으며 1910년 한일합방 후 일본의 식민 통치 아래에서도 인민들을 '깨인 시민'으로 만드는 추동력이 되어 1919년의 기미독립운동을 가능하게 했다. 이어서 일제 식민지배가 계속된 35년의 어두운 세월 속에서도 독립운동이 국내외에서 이어져 해방 후 건국의 밑바탕을 만들 수 있었다.

식민지배 시대에 벌였던 독립운동은 크게 세 가지 형태의 운동으로 이루어졌다. 첫째는 국내에서 교육과 계몽 사업을 통하여 국민의 자주독립 의지를 굳혀 나가는 사업이었고 둘째는 만주와 중국에서 벌인 무력투쟁, 그리고 셋째는 국제사회에서 한국 독립의 당위를 널리 알리고 주요 강대국의 지원을 얻어내는 외교 노력이었다.

제2장에서는 이 시기에 국내외에서 건국의 기초를 닦는데 헌신한 선각자들의 활동을 되짚어본다.

1. 인간 해방의 시대정신과 은둔 왕국의 붕괴

"모든 사람은 (신에 의하여) 동등하게 창조되었다(All men are created equal)"라는 인간평등사상이 시대정신(Zeitgeist)으로 자리 잡은 18세기부터 유럽과 미주 대륙에서 시민혁명이 시작되어 온 세계로 퍼지기 시작했다. 절대권력을 가진 제왕이 소수의 지배 계층의 도움을 받아 민초를 지배하고 착취하던 구체제는 '깨인 시민'들의 도전을 받아 허물어지기 시작했다. 1789년 프랑스혁명은 시민 해방의 시작을 알리는 시대 분기점이 되었다. 영국을 비롯한 유럽 여러 왕국들은 입헌군주제라는 새로운 형태의 통치체제로 국가체제를 바꾸기 시작했으며 미국 등에서는 민주공화정이라는 주권재민의 새로운 정부 형태가 등장하였다. 인민은 이제 통치 대상으로 지배받는 존재였던 왕정체제에서 국가통치권을 행사하는 정치 주체가 되었다.

이러한 시대정신은 18세기부터 절대군주제를 고수하던 아시아 제국에도 밀려들어오기 시작했다. 산업혁명으로 기계화된 무기로 무장한 군대를 앞세우고 서구 선진국들은 중국, 일본 등 아시아 제국의 문호 개방을 요구하기 시작했다. 자원의 확보, 통상의 필요로 영국, 프랑스, 미국 등 서구 제국은 청나라, 일본, 동남아 여러 왕국에 국경을 열 것을 강요하기 시작하였다.

동아시아의 종주국이던 청나라는 1840년 영국과의 전쟁(아편전쟁)에 패하여 홍콩을 할양하고 문호를 개방하였다.

일본은 1853년 동경만에 나타난 미국의 태평양 함대에 굴복하여 미국과 수호 조약을 맺고 문호 개방의 길에 들어섰으며 이를 계기로 1868년 구체제를 서양식 입헌군주제로 고치고 서양 문물을 받아들이는 체제로 경장하는 명치유신을 단행하였다. 안남(安南: 베트남) 등 동남아시아 지역은 프랑스와 영국, 네덜란드가 나누어 1850년경에는 거의 모든 지역을 식민지화 하였다.

일본은 먼저 경장을 단행하여 근대화에 앞선 이점을 이용하여 주변국에 지배권을 확장하기 시작하였다. 1871년에는 청일수호조약(淸日修好條約)을 체결하여 국제법상의 대등한 지위를 천명하고 다음 해에는 중국의 조공 국가이던 류큐왕국(琉球王國)을 자국 영토로 편입하고 1874년에는 대만을 침공하여 자국 영향권에 넣었다. 이어서 1876년에는 조선을 압박하여 병자수호조약(丙子修好條約)을 체결하고 부산, 인천, 원산 세 항구를 열도록 강요하였다.

미국은 1871년 강화도에 해병을 상륙시키고 조선 정부를 압박했으나 문호 개방에는 실패했다. 미국은 10년 뒤 1882년 청나라의 주선으로 조선과 조미수호통상조약(朝美修好通商條約)을 체결했다. 영국, 프랑스 등이 뒤따랐다.

조선에 대한 개혁개방의 외부 압력은 1894년 청일전쟁에서 일본이 승리함으로써 한 단계 더 깊어졌다. 조선에 대한 종주권을 지키려던 청을 일본은 무력으로 제거하고 조선에 대한 일본의 독점적 지배권을 확보했다. 조선 왕실은 조선 진출을 준비하던 러시아 제국의 힘으로 일본의 압력을 제거하려 시도했으나 1904년 러일전쟁에서 일본이 승리함으로써 일본은 조선에 대한 완전한 지배권을 확보하였다. 일본은 1905년 을사보호조약을 체결하고 대한제국의 외교권을 빼앗고 대한제국을 보호국으로 만들었으며 이어서 군대를 해산하고 1910년 한일합방조약(韓日合邦條約)을 체결, 대한제국을 일본의 식민지로 흡수하였다.

대한제국은 강요된 개혁 압력에 대응하기 위하여 일본 등의 도움을 받아 조선왕조의 구체제를 새 시대의 입헌군주제로 고치는 등 스스로 개혁을 시도했었으나 새 시대정신인 시민혁명을 추진할 주체로서의 '깨인 민주시민'이 조직된 정치 세력으로 형성되지 않아 실패했다. 피지배의 민초(民草)이던 대중을 정치 주체 의식을 가진 시민으로 전환시켜 국민으로 재생시키지 못한 상태에서 형식적인 제도 개혁만을 시도했던 1894년의 갑오경장은 민주공화정의 근대 국가로 대한제국을 발전시킬 수 없었다. 조선 인민들은 1945년까지 일본 제국의 식민통치를 받았다.

2. 국권회복운동 : 주권 회복과 민주공화국 건국 준비

잃어버린 국권을 되찾아 자주 독립국을 다시 세우려면 몇 가지 기초 작업이 이루어져야 한다. 첫째로 국민의 자주독립 의지가 형성되어야 하고, 둘째로 독립을 쟁취할 수 있는 힘을 축적해야 하고, 셋째로 국제사회에서 주권국으로 인정을 받아내야 한다. 1910년 경술국치로부터 1948년 대한민국 건국까지 38년간의 투쟁은 이 기초 작업을 중심으로 전개되었다.

절대군주제의 조선왕조에서 군주와 소수 지배 세력의 가혹한 통치를 받던 가난하고 무지한 백성들을 민주공화국의 주권자로서의 자각을 가진 '깨인 시민'으로 만들어내는 작업, 즉 국민의 독립 의지를 이끌어내는 작업이 첫째 과업이고 무장투쟁을 벌여 한국민의 독립 의지를 국내외에 알리는 일이 두 번째 과업이었다. 그리고 국제사회에서 주요 국가들의 도움과 승인을 얻어내는 외교적 노력이 세 번째 과제였다.

1) 국민의 자주독립 의지 형성

외국의 문호 개방 압력이 시작되던 19세기 중엽부터 국내외에서 외국인과 접촉을 가지기 시작했던 신지식인들이 외국인들과의 만남과 배움에서 얻은 지식을 주변 시민들에게 전달하면서 서서히 형성되기 시작한 '깨인 시민'들이 뜻을 모아 사회정치 단체들을 만들어 시민교육 운동을 벌이기 시작하였다. 여기에 선교사들이 앞장서서 만들기 시작한 학교들에서 배출한 인재들이 합세하여 활발한 시민계몽운동이 벌어졌다.

가장 대표적인 근대적 사회정치단체는 1896년에 서재필 등이 설립한 독립협회(獨立協會)였다. 갑신정변을 일으켰다 진압당한 후 일본으로 망명했던 서재필은 다시 미국으로 건너가 조지워싱턴대학 의과대학에서 수학하여 의사가 되었다. 서재필은 1895년 귀국하여 1896년 〈독립신문〉을 창간하고 이어서 이상재李商在, 1850~1927, 이승만李承晩, 1875~1965, 윤치호 등과 손잡고 독립협회를 설립하였다.

독립협회는 중국의 조공국 지위를 벗어나 자주독립을 추구한다는 상징적 작업으로 과거 중국 사신들을 영접하던 영은문(迎恩門) 자리에 독립문을 세우는 등 독립 정신을 현양(顯揚)하고 독립신문을 발간하여 민주·민권 사상을 보급하는 등 국민계몽운동을 집중적으로 펼쳤으며 1898년에는 서울 종로 광장에서 만민공동회(萬民共同會)를 열어 '6개조 개혁안'을 결의하고 이를 정부가 실천해 줄 것을 요청하였다.

이러한 독립협회의 대중 운동에 위협을 느낀 정부는 '황제를 폐하고 공화제를 도입하려는 혁명운동'이라 판단하고 협회 간부 17명을 모두 체포하여 구금하고 협회를 해산시켰다. 독립협회는 한때 회원이 4천 명이나 되는 시민단체로 '밑으로부터의 개혁개방'을 추진하는 운동을 촉발하였으며 독립협회가 해산된 후에도 협회의 뜻을 펼치는 시민단체들이 줄을 이어 출현하여 피압박 신민들을 '깨인 시민'으로 전환시키는데 크게 기여하였다. 한일합방으로 국권을 잃은 지 10년이 되던 1919년에 고종 황제의 장례식을 계기로 일어난 전국적인 독립만세운동은 바로 독립협회 등의 시민운동 단체들의 활동으로 형성된 '깨인 국민'들의 출현으로 가능했었다. 김성진 등이 대한민국 건국의 출발점을 1919년 3·1독립만세운동으로 잡는 것은 이러한 이유에서다.

3·1독립만세운동은 일본 총독부의 탄압으로 진압되었으나 국내외에

미친 영향은 매우 컸다. 전국적으로 3개월 동안 일어난 만세운동 과정에서 진압 경찰에 의하여 7,500명이 사망하고 1만 6천 명이 부상당했으며 4만 7천 명이 구금되고 교회 47개소, 학교 2개교, 민가 700여 채가 불탔다. 이러한 큰 희생으로 일본의 식민지 지배 방식이 강압에서 회유로 바뀌었으며 총독부는 〈조선일보〉, 〈동아일보〉 등 한국어 신문 발간을 허용하고 한국인들이 초·중등학교를 설립하는 것을 허용해주는 등 '문화 정책'을 취하였다. 이러한 문화 정책에 힘입어 민족 지도자들은 교육과 언론을 통하여 '조선 사람'을 '깨인 주체적 한국사람'으로 전환시켜 나갔다. 국민의 독립 의지라는 자주독립 국가 건설의 기초 조건을 마련하는데 3·1운동은 크게 기여하였다.

2) 무장투쟁을 통한 독립 의지 선양

1905년 을사보호조약에 따라 일본은 1906년 서울에 통감부(統監府)를 설치하고 이토 히로부미伊藤博文가 통감으로 부임하여 대한제국을 사실상 식민지로 통치하기 시작하였다. 일본은 우선 외교권을 빼앗고 1907년 군대를 해산하였다. 해산 당한 대한제국군은 의병으로 일본군과 게릴라전을 벌이기로 하고 경기도 양주에 약 1만 명이 집결하여 '13도 창의군'을 편성하고 1908년 서울 탈환전을 벌였으나 일본군에 진압되고 만주와 연해주로 이동하여 기지를 구축하였다. 1910년 국권을 빼앗기자 독립운동가들은 체계적인 무장투쟁을 준비했다. 신민회(新民會)는 1911년 남만주에 신흥학교(新興學校)를 세워 독립군 간부를 양성하였으며 권업회(勸業會)는 1913년 연해주에 대전학교(大甸學校)를 세워 독립군을 양성했다.
　1919년 3·1운동이 일어나자 국내에서 학생 등 많은 젊은이들이 만주로 가서 독립군에 합류하면서 독립군의 규모가 커졌다. 대한독립군(大韓

獨立軍), 북로군정서(北路軍政署), 서로군정서(西路軍政署) 등 조직도 여러 개 생겼다. 이 중에서 홍범도^{洪範圖, 1868~1943} 장군이 총사령관이던 대한독립군은 봉오동전투, 청산리전투에서 일본 토벌군에 큰 타격을 주는 등 많은 전공을 이루었다. 홍 장군은 여러 독립군의 통합을 추진하여 대한독립군단을 조직하여 부총재직을 맡았었다.

구한말의 육군 무관학교 출신인 김좌진金佐鎭 장군은 3·1운동 후 만주에서 조직된 북로군정서를 맡아 총사령관으로 부대를 운영하면서 그 밑에 장교 양성소인 연성대(研成隊)를 만들어 이범석李範奭, 1900~1972 장군에게 맡겼다. 독립군의 핵심을 이룬 북로군정서는 1920년에 제대로 총포를 갖춘 1,600명의 군대로 성장하여 그해 10월에 있었던 청산리전투에서 일본군 토벌대에 대승을 거두었다. 그 후 북로군정서는 만주에서 투쟁하던 다른 독립군들인 대한독립군, 대한신민회, 도독부, 의군부, 혈성단 등과 통합하여 대한독립군단이 되었다. 대한독립군단은 강화되는 일본 토벌군을 피해 소련 영역으로 이동하여 자유시(自由市)에 이르렀을 때 1921년 6월 소련의 적군(赤軍)과 충돌하여 해체되었다.

중국에서의 독립군 운동은 일본이 만주국을 세우고 간접 통치를 시작하자 소강상태로 접어들었다가 중일 전쟁이 시작됨에 따라 중국과 협력하여 항일전을 펴면서 다시 활발해졌다. 1940년 대한 임시정부 산하에 대한광복군이 창설되었으며 김원봉(金元鳳) 등 공산주의자들은 조선의용군(朝鮮義勇軍)을 만들었다. 대한광복군은 중화민국 국군과 협동하여 대일전 준비를 했으며 조선의용군은 연안(延安)의 중공군(중국군 제8로군으로 임시 편입된 공산군)과 함께 대일전을 수행하였다.

일본 식민지 통치가 진행되던 35년간 해외에서 독립운동을 펼치던 한국인들은 여러 곳에서 군대를 만들어 독립 무장투쟁을 벌였었으나 크게 전적을 올릴 수는 없었다. 그러나 일본 식민통치에서 벗어나 독립된 나라를 만들겠다는 한국 국민의 독립 의지를 일본과 국제사회에 알리는 데는 크게 기여하였다. 다만 아쉬웠던 점은 임시정부가 국제사회에서 '망명정부'로 인정받지 못해서 임시정부 무장력이 정규군의 지위를 갖지 못해 제2차 세계대전 중에 임시정부가 일본에 선전포고를 하고 실제로 무장투쟁을 벌였으나 제2차 세계대전 전후 처리 과정에서 독립군이 승전국 군대의 지위를 인정받지 못했다는 점이다.

3) 임시정부 수립과 외교적 노력

1919년 3·1운동이 일어난 것을 계기로 독립운동의 구심점이자 통합지휘부로 임시정부를 세우자는 논의가 민족 지도자들로부터 제기되었다. 그 결과로 세 곳에서 거의 동시에 임시정부가 수립되었다. 한성(漢城) 임시정부, 노령(露領) 대한민국 의회정부, 상해(上海) 임시정부가 세워졌다. 세

정부는 모두 3·1 독립선언에 의해 독립 국가를 건설할 민족자결의 권리를 선언하고 항일투쟁의 중핵이 된다는 것을 선언하였다. 이 세 정부는 목적, 취지, 구성이 모두 비슷하다. 그리고 정부 구성에 포함된 인사들도 거의 비슷하다. 예를 들어 이승만은 세 정부 중 두 정부에서 최고책임자(執政官總裁, 國務總理 등의 명칭으로)로 추대되었다.

세 정부의 주요 인적 구성은 다음과 같다.

블라디보스토크의 대한민국 의회정부(1919. 3. 21 수립)

대통령	부통령	국무총리	군무총리	내무총장
손병희	박영효	이승만	이동휘	안창호

한성 정부(1919. 4. 23 수립)

집정관 총재	국무 총리	외무부 총장	군무부 총장	재무부 총장	법무부 총장	학무부 총장	노동국 총판	교통부 총장
이승만	이동휘	박용만	노백린	이시영	신규식	김규식	안창호	문창범

상해 임시정부(1919. 4. 11 수립)

국무 총리	내무 총장	외무 총장	재무 총장	법무 총장	군무 총장	교통 총장
이승만	안창호	김규식	최재형	이시영	이동휘	문창범

세 정부가 거의 동시에 수립된 것은 서로의 연락이 없었기 때문이었는데 수립 후 하나로 통합하자는 여론에 따라 국내에서 13도 대표

가 모여 창설한 정부인 한성정부를 정통 정부로 인정하고 이를 토대로 '대한민국 임시정부'로 통합하고 1919년 9월 6일 이를 선언하였다. 상해에 정부를 둔 통합 임시정부는 미국에 있던 이승만을 임시 대통령으로 선임하고 다음과 같이 각료를 임명하였다.

대통령	국무 총리	내무 총장	외무 총장	군무 총장	재무 총장	법무 총장	교통 총장	노동국 총판
이승만	이동휘	이동녕	박용만	노백린	이시영	신규식	문창범	안창호

통합된 상해 임시정부는 1919년 9월 6일 첫 헌법을 공포하고 9월 11일 임시의정원에서 이승만을 대통령으로 선출하고 대통령 명으로 위의 각료들을 임명하였다. 그리고 임시정부가 발족한 날을 9월 15일로 정하였다.

상해 임시정부는 정부 소재지였던 중화민국을 포함하여 어떤 나라도 망명정부로 승인하지 않은 단체였으나 독립을 꿈꾸던 한국인 모두의 기대를 모은 상징적 기구로 국내외에서 벌이던 여러 형태의 독립운동의 구심적 존재로 해방되던 1945년까지 존속하였다.

상해 임시정부는 외교 활동과 군사 활동에 힘을 모았다. 미국 대통령 우드로 윌슨Woodrow Wilson이 제1차 세계대전 전후 처리의 원칙에 포함하여 내세운 '민족자결주의' 원칙은 전세계의 식민지 민중들에게 희망의 메시지가 되어 임시정부도 이를 계기로 국제사회의 지지를 얻어 독립을 쟁취하기 위하여 미국에 '구미위원회'를 두고 파리 강화회의에 대표단을 보내는 등 독립을 위한 외교 활동에 힘을 모았다. 그러나 1차 세계대전의 승전국인 일본으로부터의 해방을 일본의 동맹국들인 강대국들에게 설득한다는 것은 쉽지 않았다. 초대 대통령으로 선임된 이승만은 1925년 상해 임시정부 내의 좌파에 의하여 탄핵 당하여 직을 잃었지만 구미위원회의 위원장 자격으로 해방될 때까지 국제사회에서 한국의 독립 지원을 얻기 위하여 헌신하였다.

4) 광복군 창설

임시정부가 주력했던 활동의 또 하나는 항일 무장투쟁이었다. 1937년 일본이 중국과 전쟁을 시작하자 이 기회를 이용하여 광복군을 앞세워 중국군과 함께 항일 전쟁을 펴서 한국 독립을 이루자는 계획이었다. 임시정부는 1940년 중국 충칭(重慶)에서 한국광복군을 창설하였다. 광복군 총사령관에 지청천(池靑天), 참모장에 이범석이 취임하였다. 임시정부 주석을 맡고 있던 김구(金九, 1876~1949)는 광복군 선언문에서 광복군은 한·중 두 나라의 독립을 회복하고자 연합군의 일원으로 항일전을 하는 것을 목적으로 한다고 광복군 창설 취지를 밝혔다. 좌파의 지도자이던 김원봉이 임시정부에 합류하면서 그가 1938년에 조직했던 조선의용대(朝鮮義勇隊)의 일부를 1942년에 광복군에 편입시키고 그 자신이 광복군 부사령관에 취임하고 1943년에는 임시정부의 군무부장을 맡았다.

한국광복군은 병력도 많지 않고(1945년 기준 564명) 무장도 되어 있지 않아 항일전에 크게 기여하지 못했으나 해방 후 국군 창설에 큰 도움을 주었다. 광복군에 편입하지 않은 조선의용대의 주류는 중국 공산당의 군대인 제8로군(형식상 중화민국군의 일부)과 함께 전투에 참가하였다가 해방 후에 북한으로 귀국하여 북한 인민군 창설의 바탕이 되었다.

3. 나라 되찾기에 헌신한 지도자들

1910년 한일합방부터 1945년 해방까지 35년간 일본은 이른 바 동화(同化) 정책을 내걸고 한국인을 모두 일본에 순종하는 '2급 신민(二級臣民)'으로 만드는 작업을 철저히 시행하였다. 한국의 역사를 지우고 한민족 문화를 지운 자리에 일본 문화를 채워 한두 세대 후에는 한국민들이 민족적 자각을 할 수 없게 만드는 일을 체계적으로 벌였다. 뿐만 아니라 한국어를 말살하고 일본어만 쓰게 하고 이름을 일본식으로 고치는 창씨개명(創氏改名)을 강행해서 한국인들이 자기의 뿌리를 모르게 만들어 나갔다.

이러한 일본의 동화 정책에 대응하기 위하여 한국인 중 깨인 선각자들은 무지한 한국인을 깨인 시민으로 민족적 자각을 가진 주체적 인간으로 만드는 교육 사업, 계몽 사업을 꾸준히 펼쳐 나갔다. 학교를 세우고 문맹 퇴치 사업을 펼치고, 한국 고유문화 창달을 위해 전통예술을 진작시켜 나갔다. 뜻있는 한국사람들은 각급 학교에 자제들을 보내서 새 지식을 습득하고 바깥세상에 눈 뜨게 하고 시대정신의 변화를 이해하도록 했다. 새 시대의 젊은 인재들은 각급 사범학교로 진학하여 후세 교육의 사명을 다하려 하였다. 우수한 조선인 학생들이 각급 사범학교로 진학하여 교사직을 선택한 것도 이런 뜻을 가졌기 때문이다. 이런 교사들의 헌신으로 해방 후 새 나라를 세우는 일에 동원할 수 있는 많은 인력을 배출할 수 있었다. 제2차 세계대전 종전 후 식민 지배를 면하고 새로운 독립 국가로 탄생한 100여 개의 신생국 중에서 유독 한국만이 선진국 대열에 쉽게 올라설 수 있었던 것은 수많은 무명의 교육자, 언론인, 예술인들이 있었기 때문이었다.

나라 밖에서의 독립운동을 이끌었던 독립군 지도자들과 임시정부를 이끌었던 분들, 그리고 국제사회에서 한국 독립에 도움을 줄 나라를 찾아다니며 설득 작업을 펴 온 지도자들은 누가 양성했는가? 19세기 후반 개혁개방의 혼란스러운 사회 변화 속에서 나라를 지키고 새 질서를 만들 새 시대의 지도자를 키워낸 선각자들이었다. 외국 선교사들과의 접촉에서, 또는 해외 유학을 통해서 새 문물을 익히고 새 시대의 흐름을 터득한 선각자들이 있었기 때문에 어려운 환경에서도 주권 회복과 새 나라 세우기의 역군들을 키워 낼 수 있었다. 우선 이러한 선각자들 중 대표적인 지도자들을 소개하고 이어서 식민지 시대 국내외에서 벌인 건국 준비 운동의 대표적 지도자들을 차례로 소개한다.

1) 깨인 국민 만들기에 나선 지도자들

나라의 주권을 되찾고 새 시대에 맞는 나라, 국민이 주인이 되는 나라를 만들기 위해서는 나라의 주인이 될 주체적 국민을 양성해야 한다. 교육과 계몽운동을 통하여 무지한 백성을 깨인 시민으로 만드는 일에 나선 신지식인들의 헌신적 노력으로 소수 지배층의 착취를 받던 가난한 백성들은 새 시대정신을 나누어 가진 주체적 시민으로 변하기 시작했다. 1894년 갑오경장을 경계로 한국인들은 새 시대 감각을 가진 시민으로 변했으며 깨인 시민 정신을 가지게 된 국민들의 집단 저항으로 1919년 3·1운동이라는 거족적 독립 투쟁이 일어났다. 이 엄청난 변화를 만들어 낸 신지식인들을 소개한다.

서재필과 독립협회
김옥균, 서광범, 홍영식, 박영효 등과 1884년 갑신정변을 주도했던 서재필은 갑신정변이 서울에 주둔하던 청나라 군대를 동원한 정부의 진압으로 실패한 후 일본으로 망명하였다가 다음 해 미국으로 건너갔다. 서재필은 1889년 콜롬비안 의과대학(Columbian Medical College)에 입학하여 4년 뒤 1893년에 졸업하면서 의사 자격을 얻었다. 1890년 미국 시민권을 얻은 서재필은 박영효의 권유로 1895년에 귀국하여 국민계몽운동을 시작하였다.

서재필은 1896년 독립신문을 창간하고 강연회를 열어 본격적으로 국민계몽운동을 폈다. 그리고 같은 해 이상재, 윤치호, 이승만 등과 한국 최초의 시민단체인 독립협회를 창설하고 이 협회가 주관하는 만민공동회를 열어 대중계몽운동을 펼쳤다. 서재필은 국민들의 중국에 대한 사대주의 정신을 혁파하기 위하여 중국 사신을 영접하던 모화관(慕華館)과 영은문(迎恩門)을 헐고 그 자리에 독립문을 세웠다. 더 이상 중국의

서재필(徐載弼, 1864~1951)

지배를 받는 조공국이 아닌 자주독립국임을 확인하는 국민의식의 확인을 위해서였다.

독립협회의 활동은 잠자던 '조선 사람'을 깨우는 큰 의미를 가졌다. 그러나 이러한 민중운동이 왕정(王政) 체제를 민주공화제로 바꾸려는 혁명으로 생각한 정부의 탄압으로 독립협회는 1898년 해산되고 간부 17명은 구속되었다. 미국 시민권을 가진 서재필은 구속을 면하고 미국으로 출국하였다. 이때 이승만도 구속되어 7년 만에 석방되었다. '자주국권', '자유민권', '자강개혁'을 내걸고 시작했던 독립협회의 시민운동은 한때 회원 4천 명까지 동원하던 활발한 운동이었으나 왕정을 지키려던 집권세력의 탄압으로 좌절되었다. 그러나 잠자던 백성들의 눈을 뜨게 한 의미 있는 시민운동이었다.

안창호와 흥사단

개화기 잠자던 백성들을 깨워 시민이 주권을 가진 민주공화정을 세 우려는 시민계몽운동에서 잊어서는 안 될 분이 도산 안창호安昌浩, 호: 島山, 1878~1938 선생이다. 도산 선생은 교육개혁운동가, 국민계몽운동가로 가장 큰 족적을 남긴 선각자였다. 도산 선생은 서재필 등이 독립협회를 만들고 만민공동회를 열어 대중계몽운동을 펼 때 이 운동에 적극 가담하였다. 독립협회가 정부에 의해 해산되자 도산 선생은 강서에 점진학교(漸進學校)를 설립하는 등 교육 사업에 나섰다. 도산 선생은 1902년 미국으로 가서 샌프란시스코에 머물면서 스스로 학생이 되어 공부하고 1906년 귀국하여 다음 해인 1907년 양기탁梁起鐸, 1871~1938 등과 함께 비밀 조직인 신민회를 설립하고 〈대한매일신보〉를 기관지로 하여 시민계몽운동을 본격적으로 시작하였다. 그리고 교육 사업에도 적극적으로 나서서 1907년 평양에 대성(大成)학교를 세웠다. 1909년 안중근 의사가 이토 히로부미를 암살한 사건에 연루되어 일본 경찰에 체포되어 3개월간 구금되었다가 나와서 1910년 중국으로 망명하였다. 도산 선생은 다시 다음 해 미국으로 망명하였다. 도산 선생은 샌프란시스코에 머물면서 그곳 교포들을 대상으로 흥사단(興士團)을 만들었다.

1913년에 조병옥趙炳玉, 1894~1960 등 8도 대표들과 함께 만든 흥사단은 민족통일, 민주주의 발전, 시민사회 성장, 청소년 육성 등을 내세우고 한국인을 '세계 1등 국민'으로 양성한다는 것을 목표로 천명하였다. 민성혁신(民性革新), 민력증강(民力增强)이 흥사단의 구호였다. 1919년 3·1운동이 일어나자 도산 선생은 상해로 가서 새로 세운 임시정부의 제6대 국무령 직을 맡았다. 그리고 흥사단의 조직을 확장하고 서울에 수양동우회, 평양에 동우구락부를 만드는 등 각 지방 조직도 구축하였다. 도산 선생은 임시정부가 좌익 구성원과 민족주의 구성원들 간의 알력으로 내부 분열이 격화되자 수습하지 못한 책임을 지고 1924년 미국으로 건너가 그곳

안창호(安昌浩, 호 島山, 1878~1938)

에서 흥사단 조직을 강화했다. 1926년에 도산 선생은 다시 상해로 가서 여러 독립운동 단체의 통합을 위해 진력했으나 별 성과를 거두지 못하였다. 1932년 윤봉길 의사의 홍구공원 폭탄사건에 연루되어 일본 경찰에 체포되어 본국으로 송환되었다. 도산 선생은 국내에서 계속 계몽운동을 펴다가 1938년 병사했다. 도산 선생은 국권을 회복하고 민주공화정을 이루려면 주권자인 국민을 교육을 통하여 깨인 시민으로 만들어야 하는 「민족개조론」을 모든 독립운동의 핵심으로 삼았었다.

흥사단은 1939년 국내 지부들이 모두 일제에 의하여 강제 해산되었으나 미국에서는 계속 활동했으며 해방 이후 1948년에는 본부를 서울로 옮겨 '교육을 통한 민족 개조' 작업을 계속해오고 있다. 2010년 기준 국내에 25개 지부, 해외에 8개 지부를 두고 있다.

흥사단은 민주공화국 건설에 기초가 되는 국민의 주권자 의식을 함양하는데 큰 기여를 한 조직이었다.

이상재와 신간회

일본 식민지시대 국내외에서 전개된 독립운동이 당면했던 가장 큰 장애는 공산주의 운동을 독립운동과 함께 추진하려는 세력과 자유민주주의를 염두에 둔 민족주의자들 간의 알력 충돌이었다.

1917년 러시아에서 볼셰비키혁명이 일어나 레닌$^{V. I. Lenin}$ 주도의 공산정부가 들어섰다. 레닌은 러시아의 공산혁명 성공만으로 세계의 새 질서를 만들 수 없다고 선언하고 1919년 국제공산당(Comintern)을 만들어 전세계로 공산혁명을 확산하기로 하였다. 코민테른은 1차로 강대국의 식민지로 전락한 나라에 공산혁명을 주도할 단체를 창설하는 작업에 착수하였다. 한국에서도 코민테른의 지도 아래 1925년 서울에서 김재봉金在鳳, 김약수金若水, 조봉암曺奉岩 1898~1959, 박헌영朴憲永 등 19명이 아서원에 모여 비밀리에 조선공산당을 창당하였다. 1926년 제2차 당대회에서 당세를 확장하기 위하여 민족주의자들의 독립운동단체와 힘을 모으기로 결정하고 1927년 이상재 등이 추진하던 좌우합작 독립운동단체이던 신간회(新幹會)에 참가한다. '좌우 세력 합작 하에 결성된 항일 독립운동단체'로 출범한 신간회는 1928년 기준 국내외에 143개 지회를 두고 회원 3만 9천 명을 가진 큰 조직으로 성장하였다.

신간회 초대 회장을 맡았던 이상재는 박정양이 키운 신지식인이었다. 박정양은 개화기 때 고급 공무원이었으며 1881년 일본에 파견했던 신사유람단의 일원으로 일본을 방문 시찰하고 돌아와 정부 구조 개혁에 앞장섰던 지도자였다. 박정양은 새로 개편된 정부의 기기국(機器局) 총판(總辦), 협판내무부사(協辦內務府事) 등을 지내고 1887년 주미전권공사가 되어 도미하여 클리블랜드^{Cleveland} 대통령에게 신임장을 제정하였다. 1889년 귀국하여 한성판윤을 지내고 갑오경장으로 출범한 김홍집 내각의 학부대신, 이어서 내각총리대신이 되었다. 박정양은 1898년 독립협회가 주최하는 만민공동회에도 참여한 개혁 주도 고급 공무원이었

이상재(李商在, 1850~1927)

다. 이상재는 1881년 박정양이 신사유람단의 일원으로 일본에 갔을 때 수행원으로 함께 갔으며 박정양이 주미공사로 부임할 때는 1등 서기관으로 함께 갔다.

이상재는 1896년 서재필과 함께 독립협회를 창설하고 초대 부회장직을 맡았었다. 이상재는 교육과 계몽 사업에 관심이 많아 YMCA 교육부장으로 활동하였으며 식민지 시대이던 1921년 조선교육협회장, 보이스카우트 총재도 맡았었다. 그리고 언론에도 관심이 많아 1924년에는 조선일보(朝鮮日報) 사장도 맡았었다.

이상재는 1924년을 전후하여 활발해진 사회주의자들의 시민 활동으로 민족주의 진영의 독립운동에 혼선이 생겨 이를 극복하기 위하여 안재홍安在鴻, 1891~1965, 신석우申錫雨 등과 1927년 신간회를 창설하였다.

이상재는 1927년에 별세하였으나 신간회는 1929년에 조직 개편을 단행하여 중앙집행위원회를 두고 지방마다 위원회를 설치하는 등 조직을 확대하였다. 확대된 신간회에는 조병옥, 송진우宋鎭禹, 1887~1945, 동아일보 사장 등 우파 지도자들과 함께 좌파를 대표해서 허헌許憲, 1884~1951, 홍명희洪命熹, 1888~1968 등도 참가하였다. 허헌은 해방 후 남조선노동당 위원장직을 맡았다가 월북하여 김일성대학 총장을 역임했으며 홍명희는 월북하여 조선인민공화국 부수상이 되었었다.

1931년 신간회는 좌우파 간의 갈등으로 결국 자진 해산했다.

2) 자립 능력 갖춘 국민 만들기에 나선 분들

조만식과 물산장려운동

나라를 자주독립국가로 유지하려면 경제적으로 자립해야 한다. 경제적으로 지배국에 종속되면 정치적으로도 종속된다. 그래서 뜻있는 민족 지도자들이 일본의 경제적 수탈에 항거하는 범국민적 민족 경제자립 실천 운동을 폈다. 인도의 마하트마 간디Mahatma Gandhi가 영국 식민 정책에 맞서는 비폭력 저항운동으로 펼쳤던 물산장려운동을 모형으로 했다고 해서 경제자립운동의 지도자였던 조만식曺晩植, 1883~1950 선생을 '한국의 간디'로 부르기도 했다.

기독교의 민족 지도자들이 주동이 되어 추진된 이 운동은 1920년 8월 평양에서 발족한 조선물산장려회가 기폭제가 되어 1922년에는 전국적 운동으로 확산되었다. 1923년에는 각 지방에서 발족한 장려회를 전국 조직으로 하나로 묶는 조선물산장려회 창립총회를 열었다. 산업 장려, 조선인이 만든 상품 애용 등을 통하여 조선인의 경제적 지위를 높이려는 이 운동은 범국민적 지지를 받아 회원 3천 명이 넘는 거대 운동체로 발전하였다. 그리고 물산장려운동을 더욱 효과적으로 펼치기 위해 지역마다 소비조합도 설립해 나갔다.

물산장려운동을 일본 통치에 저항하는 조선인의 독립운동이라 판단한 일본 정부는 적극적으로 이 운동을 탄압하여 1940년에는 결국 해산되었다. 그러나 이 운동 정신은 그대로 살아남아 조선 국민들의 독립 정신으로 승화하여 민족사회 단결에 크게 기여하였다.

조만식 선생은 물산장려운동과 함께 '민립대학기성회'를 조직하여 조선 학생들을 위한 대학을 설치하는 자금을 모으는 일도 병행해 나갔으며 본인 스스로 오산학교(五山學校) 교장직을 맡아 교육 일선에 나서기도 했다. 뿐만 아니라 좌우 독립운동 단체들을 하나로 아우르는 신간회의 중앙위원과 평양 지회장을 맡았으며 1931년에는 조선일보 사장직을 맡았다.

조만식 선생은 해방 후 소련군 점령 하의 평양에 남아 있으면서 조선 민주당(朝鮮民主黨)을 창당하여 새로운 나라를 만드는 일에 직접 나섰다. 소련 점령군은 북한에 공산정부를 세우는 작업을 펴면서 조만식 선생을 평안남도 건국준비위원회 위원장으로 영입하였다가 숙청하여 수용소로 보냈는데 그곳에서 1950년에 별세하였다.

물산장려운동은 새로운 나라를 만드는 기초 작업으로 나라의 주인이 될 국민들의 단합된 국민 의지를 만드는 중요한 의미를 가졌다. 새로운 민주공화국 건립의 기초를 닦는 작업의 하나로 기록되어야 할 것이다.

민립대학 설립운동

새 시대 흐름에 맞는 당당한 새 나라를 만들기 위해서는 새 나라를 이끌어갈 인재를 확보하여야 한다. 국제사회에서 당당하게 우리나라를 대변할 수 있는 외교관, 새로운 정부의 각 부처의 업무를 관장할 전문인력, 기업인, 교육자 등 사람을 길러 내야 기회가 왔을 때 새로운 나라를 세워 운영해 나갈 수 있다.

갑오경장 이후 대한제국 시대에는 보통학교, 교원 양성을 위한 사범학교 등 기초 교육을 담당할 학교를 만들기 시작했으나 고급인력을 양성할 대학은 만들지 못했다. 외국 선교사들의 노력으로 전문학교가 몇 개 생겨났을 뿐이었다. 일본은 일본 본토에 다섯 개의 국립대학인 제국대학을 설치하고 많은 사립대학을 세워 고등교육의 틀을 짜놓았으나 식민지인 한국에는 '우민 정책'의 연장에서 대학을 두지 않으려 했다.

1919년 3·1운동이라는 거족적 저항운동에 충격을 받은 일본 정부는 식민지 조선의 통치 방법을 이른바 '문화정치'로 바꾸고 신문 발행을 허가하고 각종 전문학교, 고등보통학교의 설립을 허가했다. 이러한 흐름 속에서 뜻있는 한국 사회의 지도자들은 "우리 손으로 대학을 설립하자"는 민립대학 설립운동을 시작하였다.

이 사업도 신간회를 창안했던 이상재 선생이 윤치호 등 뜻있는 지도자들과 함께 발의하여 1920년 100명의 발기인을 모아 발기대회를 가지고 기성준비위원회를 구성했다. 이 준비위원회에는 오산학교를 세운 이승훈李昇薰, 1864~1930, 동아일보를 창간한 김성수金性洙, 1891~1955, 동아일보 사장과 중앙중학교 교장 등을 지낸 송진우 등 조선 사회의 지도급 인사들이 모두 참여하였으며 1923년에는 1,170명이 발기인이 되어 발기총회를 열었다. 그리고 1차 사업으로 1,000만원을 모아 민립대학을 세우기로 했다.

조선 사회 지도자들의 민립대학 설립운동이 항일운동으로 발전할 것을 두려워한 일본 정부는 총독부를 앞세워 경성제국대학 설립을 서둘러 1926년에 개교했다. 그리고 민립대학운동은 치밀하게 방해해서 대학 설립을 포기하도록 유도하여 1945년에 결국 민립대학 설립운동은 대학 하나도 세우지 못하고 해체되었다.

민립대학 설립운동은 목표로 했던 대학 설립을 이루지 못했으나 그 정신은 그대로 이어져 해방 이후 많은 민립대학들이 세워졌으며 그 대학들이 배출한 인재들이 '한강의 기적'이라는 경제 발전을 이루어내는 원동력이 되었다.

농촌계몽운동

동아일보사는 1931년부터 1934년까지 4회에 걸쳐 전국적인 문맹퇴치운동을 펼쳤다. 모든 국민을 '깨인 시민'으로 육성하려면 1차적으로 글을 읽지 못하는 사람을 가르쳐 글을 읽을 수 있게 만드는 일부터 해나가야 한다. 조선왕조 시대 계층 사회에서 양반 계층에 속하지 않던 상민과 천민들과 양반 계층에 속한 여자들 중에는 상당수가 문맹자였다. 배울 기회도 없었고 경제적 여유도 없었다. 동아일보사는 농촌계몽운동의 하나로 1931년부터 1934년까지 농촌을 찾아가서 실시하는 문맹퇴치운동을 벌였다. 처음 3년 동안은 그 행사의 이름을 '브나로드(V narod)' 운동이라고 이름 붙였다. 짜르 시대 러시아에서 대학생들이 앞장서서 '농촌(narod)으로 (V)'라는 구호를 내걸고 실시했던 농촌계몽운동에서 이름을 따왔었다.

동아일보의 브나로드운동에 앞서서 1920년대에 고등보통학교 학생들과 전문학교 학생들이 방학을 이용하여 농촌계몽을 실시했으며 천도교에서도 1926년 귀농운동을 펼쳤었다. 그리고 조선어학회에서도 민족자강운동의 하나로 농촌을 찾아가 한글을 가르치는 사업을 펼쳤었다.

농촌계몽운동은 온 국민의 뜨거운 호응을 받아 농촌마다 자생적인 보통학교 설립 운동으로 번졌다. 나의 외가는 함흥 북쪽 15리에 있는 주북면 부민리(州北面 富民里)에 있었다. 향교 전교를 하셨던 외조부의 뜻을 따라 외삼촌이 나서서 외갓집 뒷마당에 있던 별채의 서당을 보통학교로 만들었다. 우리 어머님은 이 학교 2회 졸업생이다. 부민리 젊은이들은 모두 이 학교 출신이고 이들은 뜻을 모아 새마을운동의 전신인 '신촌운동(新村運動)'을 펼쳐 부민리를 '모범 농촌'으로 만들었다.

문맹퇴치운동과 농촌계몽운동은 조선 사회를 근대적인 사회로 전환시키는데 큰 기여를 하였다. 해방 이후 전세계적으로 100개가 넘는 신생 독립국이 생겨났으나 대부분 교육 수준이 낮은 국민들로는 새 시대 제 기능을 하는 나라를 만들 수 없어 발전의 계기를 잡을 수 없어 빈한한 후진 국가로 남았다. 그러나 한국은 빠른 속도로 '산업화된 민주공화국'으로 성장할 수 있었는데, 이 놀라운 성취의 뿌리는 바로 브나로드운동 같은 계몽운동이 만들어냈다고 보아야 한다.

4. 어렵게 다진 자주독립의 능력

기회가 와도, 그리고 남이 도와주어도 내가 준비가 되어 있지 않으면 원하는 것을 얻을 수 없다. 원하는 자주민주 국가도 마찬가지이다. 일본 제국이 패전하여 우리가 식민 상태에서 벗어났다고 하더라도 자주국가를 세우고 유지할 수 있는 능력을 갖추지 못하면 자주독립도, 민주공화정 건설도 기대할 수 없게 된다.

일제 식민지 시대에도 민족 지도자들은 당장 눈에 보이지 않는 민족해방과 민주공화국 건설의 꿈을 안고 민초를 깨인 시민으로 만드는 일, 새 시대 환경에서 자주 국가를 운영할 수 있는 인재 육성의 일을 꾸준히 펼쳐 왔다. 그리고 국제사회에 우리도 자주독립 국가를 운영할 수 있는 능력, 그리고 독립하려는 의지를 가지고 있음을 알려 인정받는 일도 쉽지 않고 벌였다. 어려운 환경에서도 광복군을 만들어 몇 백배 강한 일본군에 저항하는 기개를 보였다. 이 모든 노력이 쌓여 1945년 민족해방을 맞이하게 되었으며 1948년에 대한민국을 수립할 수 있었다.

역사가 사람을 만든다. 그리고 사람이 역사를 만든다. 안목과 능력을 갖추지 못한 백성을 깨인 시민, 주체적 국민, 그리고 국가 운영의 능력을 갖춘 당당한 국민으로 키워 자주독립의 내외 조건을 갖추게 만든 데는 먼저 깨달음을 얻은 선각자들의 헌신적 노력이 깔려 있다. 대한민국의 역사가 전개되어가는 한 이분들의 헌신을 잊어서는 안 된다. 역사를 잊은 백성은 소멸한다. 오늘은 역사 위에 서 있다. 그 역사를 만든 분들의 헌신 위에 오늘의 대한민국이 서 있음을 잊어서는 안 된다.

제3장
대한민국 건국의
기적을 만든 사람들

총 한 발 쏘지 않고 온 나라를 고스란히 일본에 바친 지 35년 만에 일본의 지배를 벗어나 한국은 일본 정부의 통치에서 해방되었다. 해방은 우리가 싸워서 쟁취한 것이 아니었다. 일본과의 전쟁에서 이긴 미국 등 연합국의 결정으로 일본 제국에서 한국을 분리하여 독립된 나라로 만들기로 해서 해방이 이루어졌다. 1945년 8월 15일의 해방은 우리가 싸워서 얻어낸 것이 아니라 제2차 세계대전 승전국인 미국, 영국, 중화민국의 카이로 회의의 결정으로 이루어졌다. 승전국 세 나라의 지도자 루스벨트Franklin Delano Roosevelt, 처칠Winston Leonard Spencer Churchill, 장제스蔣介石 세 사람은 1943년 11월 카이로에서 만나 전후 처리 문제를 논의하면서 전후 일본 영토 처리 문제를 협의한 내용을 카이로 선언(Cairo Declaration)에 담았다. 그 선언의 특별 조항에 한국을 일본 영토에서 떼어 내어 독립 국가로 만들어 준다는 내용을 담았다.

1945년 8월 일본의 무조건 항복으로 제2차 세계대전이 끝나면서 미국과 소련은 한반도를 북위 38도선으로 나누어 북쪽의 일본군은 소련군이, 남쪽의 일본군은 미군이 무장해제 시키기 위해 점령하였다. 한국은 일본 제국에서 해방되었으나 미군과 소련군의 점령지가 되었으며 두 점령군은 한국이 '일정한 절차를 밟아' 독립국이 될 때까지 각각의 점령지에서 군정을 실시하였다.

이렇게 한국이 한국인의 의사를 반영함이 없이 일본으로부터 해방되고 외국군의 점령지로 된 '해방정국'을 맞이하여 혼란 속에서 한국인들은 새 나라 건설을 위해 나섰다. 소련은 국제공산당 산하에 있던 조선공산당을 앞세워 한국을 소련 위성국으로 독립시키려 나섰으며 이에 반하여 서구 민주주의체제를 염원하던 국민들은 이를 위한 정치투쟁을 벌였다. 이 혼란 속에서, 그리고 서로 다른 미국, 소련, 중국의 정책 구상과 각국의 국가 이익을 앞세운 간섭 속에서 3년 만에 자유민주주의를 국시로하는 대한민국을 건국해낸 것은 기적에 가까운 일이었다. 이 기적을 만든 사람들을 추적해본다.

1. 건국의 당면 과제와 대응

주어진 해방을 맞이하여 없던 나라를 새로 만드는 건국 과업은 쉽지 않은 일이었다. 넘어야 할 산이 너무 많았다. 우선 소련이 강력히 주장하던 신탁통치 계획을 막아야 했으며 조선공산당 세력을 앞세워 소련 위성국을 만들려는 소련의 기도(企圖)를 꺾어야 했고 민주공화국 수립을 위해서는 이념의 차이를 초월하여 남북 분단을 막고 하나의 민족국가를 만들자는 좌우합작 추구 세력의 비현실적 주장을 넘어서야 했고 국제사회에서 승인을 받을 수 있는 '자치 능력을 갖춘 나라'를 만들어내야 했다.

카이로 선언에 따라 일정한 절차를 밟아(in due course) 독립국을 만드는 것을 협의하기 위하여 미국, 소련, 영국의 외무장관이 모스크바에서 협의 모임을 가졌다. 1945년 12월에 열린 회의에서는 여러 가지 합의의 하나로 한국을 독립시키기로 하고 우선 임시정부를 수립하기 위하여 미국과 소련 두 점령군 사령부의 대표로 미소공동위원회를 구성하기로 했다. 그리고 한국의 완전한 독립을 목표로 최장 5년의 미·소·영·중 4개국에 의한 신탁통치를 협의한다고 합의하였다. 이른바 '모스코 3상회의 결정'이다.

모스코 3상회의의 신탁통치 결정에 조속한 독립국가 수립을 염원하던 한국민들은 강하게 반발하였다. 서울 거리는 매일 반탁시위대의 시위로 뒤덮였다. 더구나 함께 반탁 시위를 하던 좌익 단체들이 한 달 뒤인 1946년 1월부터 갑자기 찬탁 시위를 벌여 매일 찬탁·반탁 시위대의 충돌로 서울은 혼란 속에 묻혔었다. 신탁통치를 피하는 일이 새 나라 건국

운동에서 극복해야 할 첫 과제였다.

신탁통치 저지의 과제는 건국 운동에 앞장선 주류 인사들의 일치된 의견과 공동 투쟁으로 좌파의 찬탁 운동을 저지하여 해결하였다. 특히 국민들의 추앙을 받던 김구 선생과 이승만 박사가 모두 강력하게 신탁통치 저지 운동에 참여하면서 미국정부도 더이상 추진하지 않았다.

건국 과정에서 가장 큰 문제는 중심이 될 지도세력이 없었다는 점이다. 35년간의 일본 식민지 통치 기간 중국에서 유지했던 임시정부가 국제사회에서 인정받는 망명정부가 되었더라면 해방과 동시에 귀국하여 새 나라를 세우는 중심 세력이 될 수 있었을 터인데 임시정부는 중국을 포함한 어떤 나라도 한국을 대표하는 망명정부로 승인하지 않았었다. 장제스 총통의 중국 국민당 정부는 중국 공산당과 국공내전(國共內戰)을 수행 중 항일전(抗日戰)이 시작되면서 일시적으로 국공합작을 하고 함께 싸우는 때였는데 한국 상해 임시정부 내에는 국제공산당의 지원을 받는 공산주의들이 함께 참여하고 있어 승인을 유보하고 있었다. 미국에서 독립운동에 헌신하던 이승만 박사가 미국 국무성, 상원·하원 의원들을 찾아다니며 상해 임시정부를 망명정부로 승인해 줄 것을 간청할 때마다 좌익 교포단체 지도자들이 이승만의 주장이 한국민의 뜻이 아니라고 방해하고 다녀 미국 정부도 선뜻 한국 임시정부를 망명정부로 승인하려 하지 않았다. 더구나 1941년 미국이 일본과 전쟁을 시작하기 전까지는 미국의 조야(朝野)는 대체로 일본을 좋게 생각하는 분위기여서 일본에 저항하는 한국의 임시정부를 지원하고 싶어하지 않았다. 제1차 세계대전 종결 후 전후 처리를 논의하기 위하여 파리에서 32개 승전국들이 모여 열었던 파리 강화회의에는 우드로 윌슨 대통령이 제시한 '민족자결주의'에 희망을 걸고 한국 임시정부도 대표단을 보냈으나 윌슨 대통령은 '전쟁으로 식민지가 되었던 나라의 자결권 회복'만을 대상으로 한다고 선언하여 한국 대표단은 회의에 참석조차 못했다.

한국 임시정부는 제2차 세계대전이 일어났을 때 일본에 대해 선전포고를 했다. 그리고 광복군도 연합국의 일원으로 참전할 것임을 밝혔다. 그러나 어떤 연합국도 광복군을 연합국군으로 받아주지 않았다. 한일합방 후 만주에서 시작된 항일 무장투쟁도 일본이 만주국을 세우고 관동군을 주둔시켜 반란군을 진압하는 과정에서 사실상 중단 되었다. 청산리전투 등에서 승리하여 기세를 올렸던 독립군들도 일본 정규군의 탄압에 견디지 못하여 소련 영내로 후퇴하였다. 그 과정에서 소련의 적군(赤軍: 공산혁명군)에 동조하던 독립군들과 러시아 적군의 공격을 받아 독립군 주력 부대가 궤멸된 자유시사변(自由市事變)을 겪으면서 만주 지역의 독립군은 사실상 해체되었다. 일부 독립군 병력은 중국공산당 만주지부의 항일전 부대에 합류하여 중국 동북항일연군(東北抗日聯軍)의 일부가 되었다. 김일성 등을 포함한 이 조선인 부대원들은 제2차 세계대전 말기 만주에서 연해주로 옮겨가서 대일전(對日戰)을 준비 중이던 소련 극동군부대의 정찰대로 편입되었다.

중국 내의 조선족 청년들의 일부는 김원봉 등이 조직한 조선의용대에 참여하여 중공군과 함께 중국 북부에서 일본군과의 전투에 참여하였다. 그때 중국공산군은 연안에 본부를 둔 중화 소비에트 정부의 군대로 장제스의 국부군과 전투를 벌이던 군대였으나 항일전을 위해 임시로 합의한 국공합작 협정에 따라 중화민국군의 제8로군(第八路軍)으로 편입되어 있었다.

중국 정부는 중일 전쟁이 시작되어 일본군이 수도 남경을 점령함에 따라 중경으로 천도하였다. 한국 임시정부도 중경으로 옮겼다. 임시정부는 중국의 항일전에 함께 참여하기로 하고 1941년에 광복군(光復軍)을 창설하였다. 그러나 군비를 마련할 수 없어 중국군의 작전 지휘를 받는다는 조건으로 군량과 군복의 지원을 받았다. 중국에 흩어져 있는 조선인 교포들을 모집하여 3개 지대(支隊: 80명)를 편성하였으나 임시정부의 군무부장을 맡았던 김원봉이 2개 지대를 인솔하고 연안의 중공군으로 옮겨 갔다. 나머지 1개 지대가 서안(西安)에서 훈련을 받았으나 실제 전투에는 참가하지 못했다.

만일 임시정부가 연합국의 승인을 받은 망명정부가 되고 광복군이 연합군의 일부로 인정받았다면 해방 후 임시정부는 서울로 귀국하여 국가 통치권을 확보할 수 있었을 것이고 전후 샌프란시스코 대일 강화조약의 승전국 당사자의 일원으로 참여하여 한국의 새 정부 건설에서 주도권을 행사할 수 있었을 것이다. 그러나 결국 이 승인을 받지 못해 임시정부의 귀국도 '개인 자격 입국'으로, 그리고 광복군은 그 존재 자체를 인정받지 못하여 건국 과정에서 국군 창설의 모체가 되지 못했다.

이러한 상황에서 해방 후 미군 군정 하에서 건국을 준비하게 되어 건국을 주도할 구심 세력을 갖지 못하게 되었다. 그리고 임시정부가 '귀환한 망명정부'의 자격을 갖지 못해 주도권을 행사하지 못하게 됨에 따라 임시정부 관련 인사들도 모두 개인 자격으로 건국 활동에 참여하게 되어 크게 지도력을 발휘할 수 없었다. 임시정부의 주석 김구 선생도 국민들의 추앙을 받는 민족 지도자로 존경을 받았으나 정치적 영향력은 크게 제약을 받았었다.

주도권을 행사할 정치 조직이 없는 해방 공간에서 여러 정치 세력들이 다양한 목소리를 내면서 정국의 혼란을 가져왔다. 김구 선생을 대표하는 임시정부 지도급 인사들은 이념의 차이 등은 묻어두고 좌우 통합을 이루어 남북한을 하나로 하는 통일정부를 세우자고 강력히 주장하였다. 남북합작을 위해 김구 선생은 북한이 주도한 인민대회에도 참가하고 국제연합 한국위원회가 주관하는 국민선거를 거쳐 새 정부를 만들자는 안에 대해서도 북한이 거부한다고 이에 동조하여 선거에 불참하였다.

소련이 주도하는 국제공산당의 회원인 조선공산당은 일본 지배 시대에는 탄압을 받아 지하에 묻혔으나 1945년 8월 15일 일본이 항복하자 당장 재건에 나섰다. 박헌영이 주도하던 조선공산당은 북한 주둔 소련군이 공산당을 노동당으로 이름을 바꾸면서 북조선노동당과 남조선노동당으로 나눌 때 남조선노동당이 되었다. 그 후 노동당을 하나로 합치는 형식을 거쳐 남로당은 노동당 남조선지부가 되었다. 남로당의 조직적 정치투쟁의 불법성을 이유로 미군정청이 노동당을 불법화하고 해산시킴에 따라 박헌영은 월북하여 북한이 독립할 때 조선민주주의인민공화국 부수상이 되었다. 조선공산당 세력은 미군정 하에서도 지하에서 한국정부 수립을 집요하게 방해하였다. 주요 공공기업의 파업을 유도하고 조선은행권의 위조지폐를 대량 인쇄하여 한국 경제를 혼란에 빠트렸다. 그리고 국제연합 한국위원회가 '선거 가능 지역에서의 선거를 통한 정부 수립'의 총회결의를 시행하기 위해 1948년 5월에 시행한 국회의원 선거를 방해하기 위하여 1946년 10월에는 대구에서 대규모 폭동을 주도하여 행정 마비를 초래하게 했으며 남조선노동당 제주도당이 참가하여 일으킨 '제주 4·3사건'으로 제주도를 1947년 3월부터 1954년 9월 21일까지 7년 7개월 마비시키고 1948년 건국의회 의원선거를 제주에서만 불가능하게 만들었다.

좌우합작을 내세우고 자유민주주의공화국 대한민국을 건국하려는 일을 반대하고 협조하지 않던 김구 등의 비협조와 공산주의자들의 집요한 반대 투쟁을 이겨내고 해방 3년 만에 대한민국을 건국한 것은 하나의 기적이라고 평가하는 사람들이 많다. 이 기적을 만들어낸 것은 이승만의 탁월한 지도력이었다고 생각한다. 남북공동위원회에서 소련의 계획적 반대를 피하기 위하여 대한민국 건국 문제를 국제연합으로 가져가 총회결의로 '선거 가능한 지역에서의 유엔 한국위원회 감시 하의 선거'를 통하여 새로운 민주공화국을 건국한다는 구상은 현실 사정을 감안하여 민주공화정부 수립이라는 어려운 일을 국제연합의 권위로 풀어나가는 정치적 안목이 있어 가능했고 그 구상이 이런 기적을 만들어냈다. 국제사회에서 인정받는 민주공화국 건국이란 큰 목적을 달성하기 위하여 작은 일들을 과감히 양보하는 정이불량(貞而不諒: 논어 위령공)의 정신으로 이승만은 대한민국 건국의 기적을 만들어 냈다.

2. 대한민국 정부의 안정화 작업

1948년 8월 15일 대한민국이 건국되었다. 한국인이 역사상 처음으로 가지게 된 민주공화국이다. 국민 모두가 기본 인권이 보장된 자유를 누릴 수 있는 헌법적 보장을 받으며 주권자로 다른 국민과 동등한 권리를 가지고 선거에 참여할 수 있는 권리를 가지는 나라이다. 20세기 초까지 이어져 온 절대군주정치체제, 그리고 이어서 35년간 지속된 일본 제국의 식민통치를 겪고 얻은 주권재민의 공화정이었다.

그러나 이렇게 귀하게 세운 자유민주공화국을 제대로 안정되게 유지하고 지켜내려면 주권자인 국민의 깨인 시민 정신, 헌법에 담긴 건국 정신을 지키려는 통치자, 그리고 이러한 나라를 각종 위험이 도사리고 있는 국제사회에서 지켜낼 수 있는 정부 능력을 갖추어야 한다. 그리고 그런 능력을 갖게 만들 수 있는 능력과 비전을 가진 지도자가 있어야 한다.

건국 초대 대통령 이승만의 첫 과제는 다양한 이해관계를 가진 사회 구성원들을 설득하여 모두 함께 신생 공화국을 지키도록 만들어야 하는 화합 정치의 창출 작업이었다. 해방 당시 우리 국민 중에서는 옛 왕조를 재건하자는 사람은 거의 없었다. 모두가 민주공화정을 희망했다. 그러나 사회적 지위가 같지 않은 국민들 간에는 추구 이익이 같지 않아 누구의 이익을 앞세우는 정부를 만들어 유지하는가 하는 어려운 결정이 앞에 놓여 있었다. 그중에서도 대지주와 소작인간의 이익 충돌이 가장 위험한 갈등 요인이 되었다. 땅의 소유를 부의 원천으로 대대로 물려받은

대지주는 그 땅을 그대로 지키고자 했고 땅이 없어 남의 땅을 빌려 농사 짓는 소작인들은 평등권에 부의 평등도 포함시키려 했다. 더구나 무산 자의 계급독재라는 공산당의 선전선동이 거세게 퍼지던 해방정국에서 는 이 문제를 해결하지 않고는 전국민을 단합된 하나로 만들기 어려웠 다. 북한 공산정권은 이미 1946년 소련 군정 하에서 농지 개혁을 단행하 여 지주로부터 땅을 무상으로 빼앗아 소작인들에게 무상으로 나누어주 는 농지 개혁을 단행했었다. '인민의 적'으로 낙인찍힌 지주 계급의 주민 들은 집과 토지 모두를 하루아침에 잃고 동네에서 추방당했다. 대부분 의 지주 계급 주민들은 재산권이 보장되는 남한으로 이주하였다. 6·25 전쟁 중에 남쪽으로 넘어온 사람까지 해방 후 남쪽으로 월남한 북한 동 포는 300만 명이 넘었다(6·25전쟁 전까지 150만 명).

　대한민국 정부의 첫 국회를 지배하게 된 정당은 호남 지주들이 만든 한국민주당(韓國民主黨: 한민당)이었다. 한민당은 해외 유학생 중심으로 영국과 미국의 정부를 모델로 한 자유민주 정당을 표방하고 민족주의 계열의 인사를 총망라하여 만든 정당이다. 1945년 9월 16일 창당한 한민당은 당원이 5만 명에 이르렀다. 송진우, 김성수, 김병로金炳魯, 1887~1964, 장덕수張德秀, 1894~1947, 조병옥, 윤보선尹潽善, 1897~1990 등이 모두 참여하였으며 아직 귀국하지 않은 이승만, 김구, 서재필 등을 원로 회원으로 추대했었다. 한민당은 이승만이 귀국하여 만든 독립촉성중앙협의회, 신익희申翼熙, 1894~1956가 이승만 지지를 천명하고 만든 대한국민당과 지청천이 만든 대동청년단(大同靑年團) 등을 흡수하여 1949년 2월 민주국민당(民主國民黨)으로 확대되었다.

한국민주당은 이승만, 김구와 함께 반탁에 나섰었고 이승만의 단정(單政: 남쪽만의 우선 독립)을 지지했었으나 이승만의 대통령책임제에 반대하여 내각책임제를 주장하면서 이승만과 결별하였다.

이승만은 다양한 이해를 가진 정당들의 요구를 절충하여 타협시켜가면서 대한민국의 자유민주주의 정체성을 지켜 나갔다. 예를 들어 토지개혁이라는 엄청난 도전도 슬기롭게 타협하여 대한민국의 자유민주주의를 지키면서 이해 당사자 간의 상치되는 이해를 조화시켰다. 북한의 농지 개혁에 자극받아 한국 인구의 80%에 해당하는 농민들이 공산주의에 쏠리는 것을 막기 위하여 농지 개혁을 감행하면서 지주들의 반발을 무마하기 위하여 '유상몰수 유상분배'라는 묘안을 창출하였다. 3정보 이상의 농지를 소유한 지주들은 초과분을 정부에 의무적으로 팔고 농민들은 정부로부터 토지를 분배받고 그 값을 정부에 내는 방법이었다. 정부는 지가증권(地價證券)이라는 국채로 지주에게 땅값을 주어 그 국채로 일본인이 소유했던 공장 등 적산(敵産) 기업을 불하받아 기업인으로 새 출발하게 하고 소작인은 땅을 소유한 자작농이 되어 그 땅값을 정부에 장기 분할 상환하여 해결하는 방식이다. 이승만 대통령은 이 엄청난 농지개혁 업무를 주관하는 농림부 장관으로 조봉암을 임명하였다. 조봉암은 한때 코민테른 원동부(遠東部) 조선대표로 ML(마르크스-레닌)당을 조직해서 활동했었다. 이 농지개혁 조치로 인구의 80%를 차지하는 농민들을 만족시키고 동시에 농지를 몰수당할까 걱정하던 지주들도 만족시켜 사회 안정에 크게 기여하였다.

1978년 9월에 국제연합 아시아-태평양 지역 개발행정처(APDAC)가 주최한 농지개혁 회의(Kuala Lumpur Workshop)에 회의를 주관한 황인정黃仁政 박사의 부탁으로 나도 이 회의에 참석하였다. 12개국이 모여 열흘 동안 각국의 농지 개혁 상황을 소개하고 해결책을 모색하는 의미있는 회의였는데 12개국 중 이미 농지 개혁을 성공적으로 마친 한국, 일본, 대만 대표는 '성공 사례' 발표를 하게 되었었다. 가장 성공적으로 개혁을 마친 한국은 어떤 정치적 전략으로 개혁을 성공시켰는가를 소개하고 개혁의 결과가 한국 정치에 미친 긍정적 영향에 대하여 설명해달라는 주최측의 요청을 받아 나는 각종 자료를 모아 발표했었다. 참가국의 모든 대표들이 부러워하던 일이 생각난다.

이승만 대통령은 조각을 하면서도 여러 당의 대표를 고르게 장관으로 임명하여 다양한 정치 세력 간의 균형을 이루려고 애썼다. 그리고 이러한 대통령의 뜻을 이해한 정계의 원로 지도자들이 협력을 해주어 신생 대한민국은 튼튼하게 자리 잡아갔다. 지배 정당이 자기 당의 이익을 앞세워 국가의 자유민주주의 정체성을 깨는 일을 허용하면 나라는 망한다. 소탐대실(小貪大失)의 우를 범하게 된다. 나라의 정체성을 이루는 기본 가치를 지키기 위해 작은 이익을 서로 양보하면서 타협할 때 나라는 건전한 발전을 이룬다. 대한민국 건국 대통령의 이러한 바른 정책 선택으로 대한민국 건국은 기적처럼 이루어졌다.

3. 대한민국의 안정적 출발을 가능하게 한 지도자들

1) 김구 선생과 임시정부 간부들

1919년 3·1독립만세 이후 출범한 상해 한국임시정부는 해방될 때까지 25년간 독립을 염원하던 한국민의 정신적 지주 역할을 했다. 임시정부는 비록 여건이 엄혹하여 활발한 활동을 할 수는 없었으나 중국 각지와 미국 등 해외에서의 독립운동을 서로 연계해주고 국내의 독립운동가들을 지원해주면서 자주독립의 희망을 한국민에게 안겨 주었었다.

임시정부는 이념을 달리하는 사람들이 모두 모이면서 내부 갈등이 심하여 후원자인 중국국민당 정부의 전폭적 지지를 받지 못했고 국제사회에서의 지원도 얻지 못했으나 독립을 갈구하던 국내외의 한국 동포들이 희망의 끈을 놓지 않게 하는 중요한 기여를 하였다.

김구 선생은 3·1운동 후 상해로 망명하여 1919년 임시정부 경무국장, 1923년 내무총장, 1924년 국무총리대리, 1926년 국무령을 거쳐 1940년에 주석을 맡아 사실상 임시정부를 만들 때부터 25년간 임시정부를 이끌어 온 분이다. 김구는 1941년 한국광복군 총사령부를 만들고 지청천을 사령관으로 하는 군대도 창설하였다. 김구는 해방을 맞이하여 임시정부를 서울로 이전하려 하였으나 미군정청에서 허용하지 않아 개인 자격으로 귀국하였다.

한국민은 김구를 독립운동의 수장으로 생각했으며 김구 선생이 새 나라 건설을 주도할 것을 기대했었다. 김구 선생은 임시정부를 이끌면

김구(金九, 1876~1949)

서 좌우합작에 노력을 기울여 여러 독립운동 단체의 지도자들을 임시 정부의 간부로 영입하였다. 김구가 주석직에 오른 1940년에는 대한국 민당, 한국독립당, 조선혁명당 등 3개당을 통합하는데 성공했으며 1944 년에는 민족혁명당도 임시정부에 참가했다. 김구는 한국독립당을 이끌 던 조소앙趙素昻, 1887~1958이 주창한 삼균주의(三均主義: 정치, 경제, 교육의 균 등)를 임시정부 정강(政綱)에 반영하고 조소앙을 외무부장에 임명하였 다. 그리고 민족혁명당 대표인 김규식金奎植, 1881~1950을 부주석으로 영입 하였다. 김규식은 이승만, 김구와 함께 '민족지도자 세 분'이라고 일컬어 지던 분으로 상해 임시정부 발족 때 외무총장을 맡았으며 이승만과 더불어 미국, 유럽에서 한국독립 후원을 얻는데 평생을 바친 사람이다.

김규식은 해방 후 귀국하여 미국군정청과 협력을 하면서 건국 준비 에 헌신하였으나 이승만이 우선 가능한 남쪽에라도 정부를 세우자는 단 정안(單政案)을 주장하는 데 반대하면서 이승만과 결별하고 좌우합작에

김규식(金奎植, 1881~1950)

전념하였다. 김규식은 한때 공산주의에 호의를 가졌었다. 1920년 김규식은 고려공산당 후보당원으로 가입하고 1922년에 모스크바에서 열린 '극동 피압박자 민족대회'에 한국대표로 참가한 적도 있다. 김규식은 한때 상해 임시정부를 부인하는 '조선공화국'에 여운형呂運亨, 1886~1947 등과 함께 참가한 적도 있었다.

김규식은 해방정국에서 이승만의 단정안에 반대하고 좌우합작을 주장하였으나 북한과의 남북합작을 주장하지는 않았다. 김규식은 일찍이 미국에 유학하여 버지니아주 로어노크 칼리지(Roanoke College)를 졸업했다. 김규식은 1903년 프린스턴 대학교(Princeton University) 대학원에 입학하여 1904년 영문학 석사를 받고 귀국하였다. 김규식은 독립 성취의 대의를 위해 좌익 정당인사의 포용을 주장하였지만 소련이 세운 북한 정부와의 합작을 주장하지는 않았다.

임시정부 계열 민족 지도자로 해방정국에서 많은 활동을 한 분으로 조소앙 선생과 신익희 선생이 있다. 조소앙은 경기도 파주(坡州)에서 태어난 양반 집안 출신의 황실 유학생으로 1908년 일본에 유학, 1912년 메이지 대학(明治大學) 법학부를 졸업하고 경신학교 등에서 교사로 봉직하다가 1913년 상해로 망명하여 만주 등지에서 독립운동에 투신, 1918년 '무오독립선언서'를 작성·공포하였다. 1919년 상해 임시정부가 출범할 때 조소앙 선생은 국무원 비서장을 맡고 이어서 임시정부 외무총장을 맡아 한국독립에 대한 국제적 지지를 받기 위하여 노력을 경주하였다. 조소앙 선생은 1941년 독립 후 대한민국이 내세울 사상적 기조로 정치의 균등, 경제 균등, 교육 균등의 삼균주의를 바탕으로 하는 '건국강령(建國綱領)'을 만들었다. 한국독립당은 조소앙 선생이 1929년에 창당한 정당이다. 새로 건국할 나라의 이름을 대한민국(大韓民國)으로 제정할 때도 앞장섰다. 조소앙 선생의 삼균주의 해설을 보면 기저의 이념은 '사회민주주의'라 할 수 있다. 스스로도 공산주의와는 같지 않다고 강조했다.

조소앙 선생은 이승만의 단정 노선에 반대하여 1948년 제헌국회 선거에는 참여하지 않았다. 그러나 북한에 들어서는 공산전체주의 정부를 보면서 대한민국의 단독 건국이 필요하다고 생각해서 1950년 5·30선거에는 참여하였다. 대한민국 건국에 참여하여 점진적으로 그의 사상을 담아 보려는 생각에서였다. 조소앙 선생은 제2대 국회의원 선거에서 전국 최다득표의 기록을 세웠으나 곧이어 터진 6·25전쟁 중 북한군에 의해 납북되었다.

임시정부 간부 중 또 한 분 빼놓을 수 없는 중요한 지도자는 신익희 선생이다. 신익희 선생은 경기도 광주 출신으로 1908년 일본 와세다(早稻田) 대학으로 유학하여 1913년 정경학부를 졸업하고 귀국하여 보성법률상업학교 교수로 일하다가 1919년 상해로 망명하였다. 상해 임시정부가 발족할 때 국무원 비서장직을 맡았으며 그 후 외무부장을 맡아 일하다가 1945년 내무부장으로 귀국하였다.

신익희(申翼熙, 1894~1956)

신익희 선생은 이승만 박사의 정치 기반이 될 조직으로 1946년 대한
독립촉성국민회(이하 독촉, 獨促)를 만들어 부위원장을 맡았으며 다음 해
는 미국 군정청을 돕는 과도입법의원 의장을 맡았다. 1948년 독촉이 제
헌국회에서 198석 중 54석을 차지하여 제1당이 되면서 부의장을 맡아
헌법제정과 대통령 선출의 중요한 과업을 순조롭게 처리하였다. 참고로
당내 의석 분포는 독촉 54석, 한민당 29석, 대동청년단 12석, 조선민족
청년당 6석, 무소속과 기타 군소 정당 86석이었다. 정원 200석 중 제주
도의 선거구 두 곳에서는 4·3사건의 여파로 선거를 할 수 없었다. 신익
희 선생은 제헌국회 부의장을 맡아 의장이던 이승만 박사를 초대 대통
령으로 선출한 후 그 자리를 이어 국회의장이 되었다.

신익희 선생은 1948년 11월 독촉을 지배 정당으로 만들기 위해 윤치
영 등의 도움을 받아 임영신任永信의 여자국민당, 지청천의 대동청년단
을 흡수하여 대한국민당(大韓國民黨)을 만들었다. 그러나 1949년에 들

어서서 이승만의 전제적 통치에 불만을 가지고 당에서 이탈하여 김성수의 민주국민당에 합류하면서 대한국민당은 이름만 남았다. 1949년 12월 야당인 민주국민당으로 이름을 바꾸었다가 1955년 다시 민주당으로 바꾸었다.

신익희 선생은 1950년 6월 제2대 국회가 개원되면서 국회의장으로 선출되어 6·25전쟁 중 발췌개헌 파동 등 이승만이 1951년에 만든 신당인 자유당(自由黨)과의 투쟁을 감당해야 했다. 1956년 대통령 선거에 민주국민당의 후신인 민주당의 후보로 출마하였으나 선거 유세 중 별세하였다.

2) 식민지 시대 국내에서 활동하던 지도자들

나라 밖에서 독립 투쟁을 한 인사들 못지않게 국내에서 투쟁한 분들의 어려움도 컸었다. 일본 정부의 집요한 탄압에 맞서서 때로는 저항하면서, 그리고 때로는 협력하면서 국민들을 새 나라 건설의 일꾼이 되도록 민족정신, 주체 의식을 갖춘 시민으로 양성하는 일은 총을 들고 투쟁하는 일보다 더 어려운 투쟁일 수도 있었다.

개화기에 뜻을 세우고 일본, 미국 등지로 나가 새로운 지식을 쌓고 시대 흐름을 지켜보고 귀국한 신지식인들은 학교에서 후학을 가르치며 농촌에 나가 계몽 사업을 벌이고 새로 생긴 기업에 들어가 전문성을 갖춘 새 한국인을 기르는 일에 헌신하였다.

일제하의 조선에는 보통학교(현 초등학교), 고등보통학교(현 중·고등학교), 전문학교(초급대학), 고등학교(전문대학-초급대학)가 있었고 대학교는 경성제국대학 하나가 있었다. 보통학교와 고등보통학교는 조선 학생만 다니는 학교와 일본인 학생만 다니는 학교로 분리되었고 고등학교(고등사범, 고등상업, 고등공업, 고등농업학교)는 일본 학생과 조선 학생이 같이 다녔다. 대학에는 제한된 조선 학생만 입학시켰다. 이 중에서 전문학교는 뜻있는 한국 지도자들이 세운 학교가 대부분이었다. 연희전문학교, 보성전문학교, 중앙여자보육학교 등은 모두 한국 지도자들이 미국 선교사들의 도움을 받아 키운 학교들이다. 한국민을 '깨인 시민'으로 양성하여야 나라를 세워 운영할 수 있다는 생각에서 교육을 애국운동의 하나로 생각했다.

대학교육을 위해서는 어려운 환경에서도 많은 학생들을 일본 대학으로 유학 보냈었다. 해방 후 대한민국 정부를 수립했을 때 정부 각 부처를 맡아 정부가 기능할 수 있도록 한 인재들은 이렇게 키워 낸 사람들이었다. 드물게는 미국, 영국, 독일 등에 유학한 인재들도 있었다.

신지식인으로 양성한 한국 젊은이들은 관청과 기업, 공공기관 등에 들어가 각 분야의 전문인력(technocrat)으로 성장하였다. 이들이 있어서 1948년 새 나라를 세웠을 때 정부기관, 은행 등 공공기관, 각급 교육기관을 운영할 수 있었다.

국내에서 활동한 민족 지도자들은 해방을 맞이하여 새로운 나라를 만드는 일에 참여하기 위하여 정당들을 만들었다. 그중에서 가장 큰 조직이 민족주의 계열 인사들의 결집으로 만들어진 한국민주당이었다.

한민당은 1945년 9월 16일 1,600명이 발기인이 되어 만든 당원 5만 명의 거대한 정치 조직이었다. 해방 당시 한국 사회를 이끌던 유지들은 거의 모두 참여했었다. 이 중 상당수가 일본과 미국 등지에 유학했던 분들이어서 새 나라는 영국과 미국의 민주공화정체제를 갖추어야 된다고 생각하는 분들이 지배적이었다. 대표적인 지도자로는 송진우, 김성수, 장덕수, 김병로, 조병옥, 윤보선 등을 꼽을 수 있다. 그리고 아직 해외에서 귀국하지 않은 이승만과 김구, 이시영李始榮, 1868~1953, 서재필을 고문으로 추대했으며 상해 임시정부를 정부 수립의 기초로 삼아야 한다는 것을 정강에 밝힌 민족주의 민주공화 이념 정당으로 발족했다.

송진우는 일본으로 유학, 메이지대학 법학부를 1915년에 졸업한 후 귀국하여 중앙고보(中央高普) 교장을 맡았으며 이어 동아일보 사장에 취임하여 30여 년간 사장, 주필, 고문을 역임하였다. 사장으로 재임 시 물산장려운동, 민립대학설립운동, 브나로드운동을 이끌었다. 한민당을 이끌던 송진우는 임시정부 봉대론(奉戴論)을 주장하여 김구와 가까웠으나 김구의 좌우합작 주장에 반대함으로써 결별하게 되었고 이승만의 대통령책임제에 반대하고 의원내각제를 선호하면서 이승만과도 사이가 벌어졌다. 송진우는 1945년 12월 30일 자객 한현우의 총탄을 맞고 별세했다.

송진우와 함께 한민당을 창당한 김성수는 1914년 와세다 대학 정경학부를 졸업하고 귀국하여 1915년 중앙학교를 인수하고 1917년 이 학교 교장에 취임했다. 같은 해 김성수는 경성방직주식회사를 인수하였다. 1920년에는 장덕수와 더불어 동아일보 설립에 참가하여 1924년부터 1927년까지 사장을 맡았었다. 1932년에는 보성전문학교(현 고려대학교)를 인수하고 교장직을 맡았다. 해방 후 미군정청 고문단 의장으로 활동했으며 1946년 동아일보 사장을 다시 맡았다. 김성수는 한국 최대의 지주였지만 이승만이 추진하던 농지 개혁을 수용하여 개혁의 성공을 도왔다. 김성수는 1951년 제2대 부통령에 선출되어 1952년 5월까지 재직하였다. 이승만이 부산에서 정치 파동을 일으키자 이를 반대하고 부통령을 사임했다.

한민당을 함께 창당한 장덕수는 1911년 일본으로 유학, 와세다 대학 정치경제학부에 입학하여 그곳에서 송진우, 김성수를 만났다. 졸업 후 상해로 가서 여운형, 김규식 등과 신한청년당을 창당하고 일본으로 건너가 2.8독립선언에 관여하였다. 귀국하여 1920년 동아일보 설립에 발기인으로 참여하였으며 1923년 미국으로 건너가 13년간 미국에 체류하면서 오리건(Oregon)주립대를 거쳐 컬럼비아(Columbia) 대학에서 박사 학위를 받았다. 1936년 귀국하여 동아일보 부사장을 다시 맡았다. 장덕 수는 보성전문학교 교수로도 일했다. 해방 후 송진우와 함께 한민당 창 당에 참여하였다. 장덕수는 미군정청 고문으로 1947년 말 남한만의 단 독 정부 수립이 확정되면서 이를 반대하던 김구와 사이가 벌어졌으며 남 로당도 장덕수를 제거하려고 했었다. 그해 12월 장덕수는 대한학생총연 맹 소속의 두 청년에 의해 암살당했다.

대한민국 건국 후 초대 대법원장으로 선임되어 1948년부터 1957년까 지 재직한 김병로는 1910년 일본으로 건너가 니혼 대학(日本大學), 메이 지 대학에 다니다가 병으로 귀국하여 요양하다 1914년 주오 대학(中央 大學) 고등과를 마치고 귀국하였다. 1917년 귀국 후 경성전수학교(京城專 修學校) 조교수로 봉직하다가 이 경력이 인정되어 판사에 임용되었고 판 사 1년을 마치면서 그 경력으로 변호사 자격을 얻었다. 김병로는 '형사 변호공동연구회'를 창설하고 독립운동가들의 변호를 맡았다. 일제의 탄압이 심해지자 1932년부터 광복될 때까지 13년간 경기도 양주로 내 려가 농사를 지었다.

김병로는 해방 후 한민당 창당에 참여했으며 1947년 남조선과도정부 사법부장직을 맡았다. 김병로는 한민당의 단정 노선에 불만을 가졌고 농 지 개혁에 소극적이라고 한민당을 탈당하였다. 건국 후 이승만은 김병로 를 김규식 계열의 좌우합작파로 여겨 거리를 두었으나 이인李仁, 1896~1979 법무장관의 요구로 초대 대법원장에 임명하였다. 김병로는 대법원장 임 기 동안 사법부 독립의 전통을 세우는데 크게 기여하였다. 한민당 창당 에 참여하였던 조병옥은 1914년 배재학당 대학부를 마치고 미국 펜실 베니아주에 있는 와이오밍고등학교로 유학을 떠났다. 1918년 와이오밍 고등학교를 마치고 컬럼비아대학으로 진학하여 1925년 경제학 박사학 위를 받았고 귀국 후에는 5년간 연희전문학교 교수로 일했다. 조병옥은

1925년 신간회 창립위원으로 참가하였으며 독립운동과 관련하여 여러 차례 투옥되었다. 1932년 조선일보가 경영난에 시달릴 때 조만식 선생과 함께 인수 운동에 참여하여 조만식이 사주가 되고 조병옥은 전무 겸 영업국장이 되었다.

조병옥은 1945년 김성수, 장덕수 등과 한민당을 창당하고 반공(反共), 반탁(反託)을 기치로 내걸었다. 미군정청이 들어서자 조병옥은 군정청 경무국장을 맡아 좌파의 공작을 깨는 데 앞장섰다. 조병옥은 공산당의 도전을 철저히 막았으며 이 목적을 위하여 일제 강점기 경찰로 근무했던 이른바 친일 경찰도 필요에 따라 기용하였다. 또한 조병옥은 김구 등의 과격한 반탁운동도 막았다. 김구 등 임시정부 관련 인사들이 시민운동을 통하여 미군정을 종식시키고 한국에서 군정청을 내보내자고 할 때 이를 막았다. 현실 감각을 가지게 되면 당시 상황에서 미군정청을 배척하는 운동은 건국에 도움이 되지 않는다고 판단했기 때문이다. 그러나 하지John Reed Hodge 점령군 사령관이 임시정부 요인들을 중국으로 추방하려 했을 때 앞장서서 막아냈다. 건국 후에는 1948년 12월 파리에서 열린 국제연합 총회에 한국정부 사절단 일원으로 참석하였으며 1949년 제4차 국제연합 총회에는 한국대표단 단장으로 참석했다. 조병옥은 1949년 한민당과 대한국민당이 합당하여 민주국민당으로 발족할 때도 참여하였다.

조병옥은 6·25전쟁이 발발하자 내무부장관에 임명되었고 낙동강 전선을 지켜 대한민국을 구하는 데 크게 기여하였다. 조병옥은 1955년 장면張勉, 1899~1966, 정일형鄭一亨, 1904~1982 등과 민주당을 조직하고 민주당 최고위원에 선출되었다. 그 후 신익희 등과 함께 민주당 구파로 활동하였다. 1959년 민주당 대통령 후보로 선출되었으나 1960년 선거 직전 미 육군병원에서 치료 중 병사하였다. 그 선거가 4·19사태를 불러낸 선거였다.

4. '깨인 한국사람'들이 만들어낸 기적

일본 식민통치 35년 동안 나라 안팎에서 일어난 '나라 찾기', '새 나라 만들기'에 나설 깨인 한국사람 만들기가 기적을 만들어냈다. 불과 35년 만에 폐쇄된 한반도에 갇혀 급격한 시대 변화의 흐름을 외면한 채 몇 백 년 지탱해온 전제군주제를 고집하면서 한발 앞서 개혁을 받아들인 일본에 나라를 내어주던 백성들을 뜻있는 지도자들이 밖으로 나가 선진 문물을 익히고 안으로 들어와 백성들을 가르치고 깨우치게 만들어 지배자에 눌려 지내던 백성들을 삶의 주인이라는 자기의 존재를 깨닫고 깨인 시민의 목소리를 내는 시민으로 바꾸어 놓았다. 이러한 국민 의식의 변화가 해방 공간의 혼란 속에서 새로운 민주공화국을 세우는 기적을 만들어내었다.

생각이 다른 사람들이 모인 임시정부에서도 국권 회복, 새 나라 만들기라는 목적에 관한한 뜻을 하나로 묶을 수 있어 국민들의 지지를 계속 받을 수 있었다. 국내에서도 일제의 탄압과 회유, 내선일체라는 유혹을 이겨내고 나라 되찾기의 결의에 찬 새로운 국민을 만들어냈다.

해방 직후의 국내외 정세는 험악했다. 소련의 지휘를 받는 북조선노동당을 앞세워 신탁통치라는 허울 좋은 틀을 내걸고 한반도에 하나의 공산 위성국을 만들려는 공산 세력에 맞서 한국 역사상 처음으로 가져보는 자유민주주의 이념을 펴갈 민주공화국을 만든다는 것은 쉽지 않은 일이었다. 더구나 큰 뜻은 같아도 각각 서 있는 자리가 달라 세우고자 하는 나라의 그림이 같지 않은 여러 집단들이 다투는 혼란 속에서 민주공화국 건설이라는 하나의 일에 모두 승복하게 한다는 것은 기적이라 할 만큼 어려운 일이었다.

어떻게 기적이 가능했을까? 국민들을 '깨인 시민'으로 길러낸 수많은 교사와 어른들이 우선 떠오른다. 그때의 교원들은 단순한 지식 전달자가 아니었다. 직간접으로 민족자존, 민족 사랑을 일깨워주는 지도자들이었다.

높은 향학열을 가진 한국민들이 희생적으로 자제들에게 교육 기회를 준 것도 기적을 만든 힘이 되었다. 학교를 만들고 일본에 유학 보낸 한국의 부모들이 기적을 만든 사람들이다.

이승만 등 뛰어난 지도자를 가진 것도 복이었다. 바른길을 일러주고 서로 다른 주장을 하는 집단이 타협할 수 있는 안을 만들어 나가는 지도력이 있어 하나의 자유민주공화국을 만들 수 있었다. 계급 갈등의 뿌리인 지주와 소작인 관계를 유상구입 유상배분의 타협안으로 농지 개혁을 단행하여 해결해나간 지도 역량은 높이 평가받아야 한다.

제2차 세계대전 종결 후 해방된 신생 독립국이 약 100개가 되지만 한국처럼 자신의 힘으로 자유민주주의 민주공화국을 만들어낸 나라는 없다. 대한민국을 만들어낸 민족적 자긍심이 그 뒤로 대한민국을 지켜온 힘의 원천이 되었다.

제 2 부

자유민주공화국을
지키고
키운 사람들

제4장
신생 대한민국이 맞이한 도전과 과제들

1948년 5월 10일 국제연합 한국임시위원단의 감독 하에 이루어진 선거를 통하여 구성된 제헌국회에서 7월 17일 헌법을 확정하고 헌법이 정한 절차에 따라 8월 15일 대한민국이 건국되었다. 그해 12월에 열린 국제연합 총회는 대한민국을 한반도에 세워진 유일 합법정부로 선언하였다. 1910년에 대한제국이 주권을 잃고 온 나라와 백성이 일본 제국의 통치 아래 들어간 지 38년 만에 한국 국민은 국제연합이 승인한 자유민주공화국인 대한민국을 가지게 되었다. 한국 국민들이 역사상 처음으로 가지게 된 자유민주공화국이다.

국제연합의 도움으로 꿈에 그리던 자유민주공화국을 가지게 된 한국민은 기쁨으로 경사스러운 대한민국 건국을 맞이했으나 어렵게 얻어낸 이 나라를 지키고 발전시켜 나가야 할 새로운 과제를 안게 되었다. 한 번도 가져보지 못했던 자유민주공화국을 통치 조직과 군대 등 나라가 갖추어야 할 기초 조건도 제대로 갖추지 못한 상태에서 공산국가의 종주국 소련이 만들고 후원하는 북한 공산정권의 위협이라는 엄청난 도전을 이겨내고 새 나라를 지키고 키워 나간다는 것은 한국민이 끌어안게 된 벅찬 과제였다.

한국 국민들은 이 도전과 난관을 이겨내고 신생 공화국 대한민국을 건국 47년이 된 1995년 세계 선진국 클럽인 경제개발협력기구(OECD) 회원으로, 그리고 이어서 60년 만에 세계 10위권에 들어서는 '부유한 자유민주공화국'으로 키웠다. 그동안 북한 공산정권과 싸워 인구의 1할을 잃은 6·25전쟁을 이겨내고 휴전 후에도 그들의 끊임없는 무력도발과 정치공작을 견뎌내면서 2020년에는 1인당 국민소득 3만 달러가 넘는 자유민주공화국을 만들어냈다. 지난 1세기 동안 새로 생긴 100여 개의 신생국 그 어느 나라도 이루지 못한 기적같은 성과를 이루었다.

1945년 대한민국의 역사가 시작될 때부터 지금까지 우리가 극복해야 했던 어려움, 풀어야 할 과제를 요약해본다.

1. 자유민주공화국의 정체성 지키기

제2차 세계대전 승전국들의 호의로 해방, 국권 회복을 이루었을 때 우리 국민들 중에는 옛 조선왕국의 군주제나 대한제국의 절대군주제로 돌아가자고 주장한 사람들은 거의 없었다. 모두가 새 시대 흐름의 주류이던 자유민주공화정의 창설을 원했고 또한 대한민국의 독립을 가능하도록 이끌어준 미국도 새 나라가 자유민주공화국이 되어야 한다고 했다. 자유민주주의 이념은 신생 대한민국의 정체성으로 확립되어 있었다.

자유민주주의는 공동체 구성원 모두가 '인권이 보장되는 자유'를 누리게 한다는 자유주의 정신의 현창과 국가 통치 권력은 모든 국민이 나누어 가진다는 국민들의 평등한 통치권 참여권 보장을 국가 통치의 원칙으로 한다는 정치이념을 말한다. 자유민주공화국의 정체성은 이 정치이념을 국가 운영의 목표로 삼을 때 지켜진다.

국가의 자유민주주의 정체성은 두 가지 조건이 충족되어야 지켜진다. 첫째는 국민들의 주권자로서의 자각이 있어야 한다. 그리고 둘째로는 주권자인 국민의 위임을 받은 통치자가 위임의 범위를 넘지 않아야 한다. 이러한 조건을 맞추기는 결코 쉬운 일이 아니다. 그러나 자유민주주의 정체성 유지를 위해서는 반드시 만들어내야 할 조건들이다.

2. 공산 파시즘의 도전 극복의 과제

제2차 세계대전의 승전국의 하나가 된 소련은 주변국의 공산화를 집요하게 추진하였다. 일본의 항복에 따른 일본군 무장해제의 임무 수행을 계기로 북위 38도선 이북의 한반도를 점령한 소련은 여기에 친소 공산정권을 세우고 이를 앞세워 남한까지 통합한 위성국을 만들어 궁극에는 15개의 러시아 연방에 조선공화국을 추가하여 16번째 공화국으로 만들 구상을 하고 있었다.

소련의 지원으로 한국보다 압도적으로 우세한 군사력을 구축한 북한 정권은 미군의 철수를 기다려 1950년 6월 25일 무력 남침했다. 이 전쟁은 같은 해 10월 중국 공산군이 참전하여 확전되었으나 국제연합 결의에 의한 16개 참전국 군과 한국군의 반격으로 전쟁 전 분계선인 북위 38도선 부근에서 교착되어 1953년 7월 27일 휴전 상태로 들어갔다.

북한은 휴전 합의 후에도 자유민주국인 한국의 개방된 사회에 공작 요원을 침투시켜 한국사회 내에서 반정부 정치투쟁을 벌여 정치적 방법으로 한국정부를 전복시켜 공산통일을 이루려고 꾸준히 침투 공작을 펴 왔다. 북한의 이러한 정치적 도전을 극복하여야 대한민국은 자유민주정치체제를 안정되게 지킬 수 있다. 지난 70년 동안 북한의 정치적 도전은 한국 민주정치체제 유지를 가장 어렵게 만든 요인이 되었다.

3. 부국 건설의 과제

1945년 한국이 일본 지배를 벗어나 해방되었을 때 한국인들은 배고팠다. 전쟁 말기에 일본은 한국에서 농사지은 쌀은 모두 '공출'하여 군량으로 가져가고 콩기름을 짠 찌꺼기인 '콩깨묵'을 배급해주었다.

해방되자 북한정부는 '무상몰수 무상분배'의 농지 개혁을 단행하고 지주들을 '인민의 적'으로 내몰았다. 지주였던 우리 집도 땅은 모두 빼앗기고 가족 모두 38선을 넘어 서울로 왔다. 농지 개혁으로 땅을 빼앗기고 쫓겨난 대충 1백50만 정도의 이북 사람들이 월남했다. 일본에서 살던 조선 사람들, 중국에 살던 동포들 대부분도 귀국했다. 귀환 동포라 불렀다. 모두 먹을 것이 없었다. 미국의 식량 원조로 아사를 면했다. 밀가루, 옥수수, 탈지분유(공업용 우유 가루)를 배급받았다.

공업 시설은 거의 모두 북한 땅에 있었고 발전소는 청평 수력발전소와 당인리 화력발전소 등 몇 개의 소규모 화력발전소뿐이어서 1947년 북한이 단전한 후에는 사실상 전기를 쓸 수 없었다. 6·25전쟁이 끝난 후 처음으로 밤에 전등불 밑에서 공부할 수 있었다. 그 당시 1인당 국민소득은 40달러 정도로 추정하고 있다. 이러한 가난 속에서 자유민주공화정은 의미를 가지지 못한다. 자유는 '굶는 자유' 밖에 의미를 가질 수 없기 때문이다. 좁은 국토의 3분의 2가 산지여서 농지 당 인구밀도는 세계 제일이었다. 산업화, 공업화를 이루지 못하면 새 나라의 존립은 불가능한 상황이었다. 새 나라를 지키고 키우기 위한 과제로 산업화, 공업화를 가장 먼저 꼽을 수밖에 없었다.

4. 자위를 위한 군사력 건설

국제사회는 주권국가들의 협의공동체이다. 중앙정부에 해당하는 통치기구가 없다. 국제연합은 '집단안보(collective security)'를 국가 간 전쟁 방지 장치로 가지고 있을 뿐이다. 1차적으로는 다른 나라의 군사침략은 자국 군대로 스스로 막아야 한다. 동맹 조약을 맺은 우방이 있으면 도움을 얻을 수 있다.

한국은 소련과 중국이라는 거대한 군사대국의 지원을 받는 북한의 군사위협에 항시 노출되어왔다. 1차적으로 북한의 군사침략을 억지할 수 있는 군사력을 갖추어야 살아남을 수 있다.

군사력 건설과 유지에는 많은 자원이 들어간다. 최소한의 방산체제도 갖추어야 하고 많은 인원을 동원하여 군대를 유지해야 한다. 자주국방 능력을 넘는 군사위협에 대응하기 위해서는 신뢰할 수 있는 우방과의 동맹 조약을 맺어 모자라는 방위 능력을 보완하여야 한다. 자위력을 갖추지 못하고는 자유민주주의 공화정이라는 국가 정체성을 지켜나갈 수 없다. 자위 능력을 갖추는 일이 신생 대한민국이 감당해야 할 가장 시급한 과제였다.

5. 국민단합과 국제적 위상을 높일 민족문화 활성화

사회 구성원 모두가 국가공동체 성원으로서의 자긍심을 가지고 공동체를 위하여 헌신할 생각을 가질 때 그 나라는 국민들 간의 시너지가 형성되어 강국으로 성장한다. 이러한 시너지를 만들어내는 힘이 민족사회의 구심력(求心力, centripetal force)이다. 이 구심력은 사회 구성원들이 모두 문화 동질성을 공유할 때 생긴다. 문화란 삶의 양식의 총화(總和)를 말한다. 오랫동안 같은 지역에 살면서 서로 어울리다 보면 생활양식을 공유하게 된다. 공유문화를 다듬어 국민을 하나로 묶는 구심력을 키우는 일도 새 나라가 노력을 기울여야 할 과제이다.

문화는 다른 나라 국민들에게 우리 사회를 좋게 인식시키는 힘이 된다. 그런 뜻에서 문화는 국제사회에서 한국 국민의 위상을 높이는 원심력(遠心力, centrifugal force)으로도 작용한다. 국제화가 급속히 진행되면서 온 세계가 하나의 생활무대로 통합되는 21세기적 환경에서는 국가 간 협력이 자국 발전에 크게 도움을 준다. 그런 환경을 만들기 위해서는 외국인에게 감동을 줄 수 있는 우리 고유문화를 다듬어 수준 높은 상품으로 만드는 것도 새 나라 건설의 주요 과제가 된다.

6. 신뢰받는 정부 만들기

나라를 지키고 키우는 일을 담당할 믿을 수 있는 정부, 유능한 정부를 만들어내는 일이야말로 새 나라의 부국강병(富國强兵) 계획을 바로 세우고 추진할 수 있게 하는 가장 중요한 과제이다.

신뢰받는 정부 만들기는 '신뢰할 만한 전문인'을 제자리에 앉히는 일이다. 유능한 인재는 하루아침에 만들어지지 않는다. 오랜 교육 기간과 실무 훈련을 거쳐야 비로소 만들어진다. 그래서 현대 국가에서는 국민 모두에게 최소한의 교육을 받도록 헌법상의 의무로 규정하고 있다.

대한민국을 건국하던 1948년 기준으로 보면 한국 국민의 문맹률은 80%에 이르렀다. 중학교 이상의 교육을 받은 국민은 인구의 10% 미만이었다. 대학 졸업생은 전국적으로 1천 명도 되지 않았다. 일제시대에 한국에는 대학이라고는 경성제국대학 하나가 있었을 뿐이었다. 전문대학과 고등공업학교 등 전문고등학교가 조금 있었다. 1940년대에 이르면 일본 대학에 들어간 한국 유학생이 7천 명까지 늘었으나 태평양 전쟁이 일어나면서 징집령이 내려져 이공계와 사범계 대학생만 제외하고 나머지 재학생은 거의 모두 징집 당하였고 그중 상당수는 전사했다.

1948년 대한민국을 건국하면서 첫 내각을 구성할 때 초대 대통령 이승만 박사의 고민을 전해들은 이야기가 있다. 이승만 대통령이 미국에 있으면서 임시정부 구미위원회 일을 할 때부터 가까이 지냈던 올리버 Robert T. Oliver 박사가 하와이에 들렀을 때 내가 찾아가 만나 건국 때의 이승만의 고뇌를 상세히 전해 들었다. 경험 있는 유능한 인재들이 없어 정부 공무원을 충원하기가 어려웠는데 일반 부처에는 일본 총독부 때 그 부처에서 일했던 한국 직원을 골라 아쉬운 대로 자리를 채웠으나 총독부에 없던 외무부를 구성하는데 큰 어려움을 겪었다고 했다. 그리고 경험 있는 총독부 공무원들에 대해서는 국민들의 반일 감정 때문에 채용하는 데 많은 고민이 있었다고 했다.

국군 창설에서도 마찬가지 어려움이 있었다. 대부분의 경험자는 일본군 장교로 복무했던 사람들이어서 국민 여론을 고려하면서 선별하여 활용하였다고 했다.

역사상 최초의 자유민주공화국을 가지게 된 감격도, 새 나라를 위협하는 나라 안팎의 세력들과의 싸움, 구하기 어려운 인재로 정부를 구성하는 어려움에 묻혀 건국을 주도했던 지도자들은 큰 어려움을 겪었다.

제2부에서는 이러한 내외 환경 속에서 신생 대한민국을 세워 지키고 키우는데 앞장섰던 지도자들을 소개한다. 풀어야 할 과제와 연관하여 큰 기여를 한 지도자들의 행적 중 내가 직간접으로 접했던 것을 추려서 소개함으로써 전문 사학자들이 적어 놓은 현대사 책들을 읽는데 보충할 자료가 되도록 했다. 사람이 역사를 만든다는 믿음으로 사람에 초점을 맞추어 역사를 보충해보려는 생각에서다. 이 글에서 소개하는 분들은 본보기에 불과하다. 관계되는 모든 분들을 체계적으로 소개하는 것은 나의 능력을 넘어서는 일이다.

제5장
6·25전쟁에서
대한민국을 지켜낸 분들

건국 2년 만에 당한 6·25전쟁을 이겨내고 자유민주공화정이라는 대한민국의 건국 이념을 지켜낸 것은 기적이었다. 다행히 6·25전쟁을 겪으면서 한국 국민들은 북한의 정체, 국제공산주의의 실체를 바로 알게 되었다.

6·25전쟁은 전쟁학에서 사용하는 전쟁 격렬도(war intensity) 지수에서 제2차 세계대전과 제1차 세계대전에 이어 세계 전쟁사에서 세 번째를 기록한 무서운 전쟁이었다. 1950년 6월 25일에 시작되어 3년 1개월 2일 만인 1953년 7월 27일에 휴전협정을 체결할 때까지 남북한 합쳐서 총 530만 명이 피해를 입었다. 전체 인구의 25%가 희생된 셈이다. 이러한 격렬한 전쟁을 겪으면서 한국민은 자유민주공화정이라는 대한민국의 정체성을 지켜냈다.

이 전쟁은 이승만 대통령의 탁월한 지도력과 건군 2년밖에 안 된 한 번도 전쟁을 겪어 보지 못했던 소규모의 한국군을 데리고 애국심 하나로 선전(善戰)했던 군지휘부의 위국헌신 정신으로 이겨냈지만 한국 국민 모두가 고통을 이겨내고 나라 지키기에 앞장서 주었기 때문에 극복할 수 있었던 재난이었다.

1. 건국 2년 만에 겪은 국제전

1945년 5월 독일이 항복하고 그해 8월 15일 일본마저 항복함으로써 전세계 국가 대부분이 참전한 인류 역사상 최대 규모의 전쟁이었던 제2차 세계대전이 끝났다. 1917년 볼셰비키혁명을 거쳐 세계 유일의 마르크스-레닌주의를 이념으로 하는 공산 국가로 태어난 소련은 독일-일본-이탈리아 3국 동맹과 싸우던 연합국 측에 가담함으로써 승전국의 하나로 올라섰다. 소련은 이 기회를 이용하여 '세계 공산화'라는 원대한 꿈을 펴기 시작하였다. 연합국의 수장이던 미국은 승전 분위기에 들뜬 국민들이 "더이상 전쟁은 없다(no more war)"를 외치며 국가체제를 평화체제로 전환할 것을 요구하는 데 맞추어 1천만 명에 달하던 현역병을 100만 명 수준으로 감군하고 새로 만든 국제연합(United Nations)을 활성화하여 정치적으로 영구적 세계평화 질서를 만드는 데 앞장섰다.

소련은 소련이 점령한 동유럽 국가들을 공산 국가로 개편하는 데 성공하고 이어서 중동 진출을 염두에 두고 그리스에 침투하여 친소 공산 세력을 앞세운 내전을 벌이고 있었다. 소련은 중국이 공산화된 것에 힘입어 소련이 군정을 실시하고 있던 북위 38도선 이북의 한반도에 친소 공산정권을 세우고 이 정권을 앞세워 미군 점령 지역이었던 대한민국을 무력으로 해방하여 한반도를 소련 지배 아래 두어 소련의 아시아 지역 진출의 교두보로 삼고자 했다.

소련 수상 스탈린Joseph Stalin은 1949년 모스크바를 방문하여 남침 계획을 설명한 김일성의 보고를 받고 중국의 마오쩌뚱毛澤東의 동의를 얻어 남침 계획을 승인하고 남침할 북한군에 한국군을 쉽게 제압할 수 있는 대량의 무기와 장비를 지원했다. 1949년부터 1950년 6월까지 소련이 북한에 공급한 무기에는 정찰기 10대, YAK 전투기 100대, 폭격기 70대, T-34 탱크 242대, 야포 728문, 함정 110척 등이 포함되었다. 중국도 북한의 공격 준비를 도왔다. 중국은 1948년 중공군 내의 조선인 병사를 1차로 북한에 보내주고 국공 내전이 끝나가던 1949년 5월에는 중공군 제4야전군 소속의 조선인으로 편성된 2개 사단을 북한에 보내 북한 인민군 제5·6사단으로 재편시켰고 1950년 4월에는 1만 2천 명의 조선인 병사를 더 귀환시켜 인민군 제7사단으로 편성시켰다. 6·25전쟁 개전시의 북한 인민군은 19만 8천 명의 병력을 가지게 되었다. 이 중 3분의 1은 6·25전쟁 직전까지 중국에서 국공 내전에 참가했던 전투 경험을 가진 병사였다.

이에 비하여 한국군은 '경비대 수준'의 9만 5천 명의 전투 경험이 없는 병력을 가진 허약한 군대였다. 정규군 6만 5천 명에 해안경찰대 4천 명, 경찰 4만 5천 명으로 북한 침략군에 대응하였다. 무기도 거의 갖지 못했다. 전차는 없었고, 야포도 소구경 곡사포 91문만을 가졌을 뿐이었다. 공군은 업무연락기(L-4, 5) 약 10대, 연습기(T-6) 10대를 가지고 있었고 해군은 미국에서 구입한 경비정 2척(백두산함 등)을 가지고 있었을 뿐이었다. 북한의 남침 위협을 알고 미국에 계속 무기 원조를 요청했었으나 미국은 주지 않았다. 한국에서 일본군을 무장해제 시켰을 때 확보한 전투기, 중화기 등도 모두 폐기하고 한국군에 주지 않았다.

6·25전쟁은 1950년 6월 25일 04시에 38도선 전 전선에서 시작되었다. 전력에서 절대적으로 우세한 북한 인민군은 3일 만에 서울을 점령하고 남진을 계속하였다. 이것이 한국 국민 240만 명을 희생시킨 6·25전쟁의 시작이었다.

6·25전쟁은 미군이 참전하고 국제연합 총회결의로 16개 회원국이 파병해준 유엔군의 도움으로 북한군을 패퇴시킨 제1단계의 성공적인 반격전을 18개 사단의 중공군이 참전하면서 휴전선 부근에서 진행된 제2단계의 교착전으로 전환하여 진행되었다. 3년간 진행된 전쟁은 양측 인명 피해 총 530만 명을 기록하면서 6·25전쟁을 역사상 세 번째로 격렬도가 높은 전쟁으로 만들었다.

한국의 인명 피해는 240만 명, 북한의 인명 피해 290만 명으로 남북 합계 530만 명이었는데 당시 총인구의 15%에 해당되는 피해였다. 한국의 경우 군인의 피해는 98만 7천 명(전사 14만 7천 명, 부상 70만 9천 명, 실종 13만 1천 명)이었고 민간인 피학살 12만 4천 명, 사망 24만 5천 명, 부상 23만 명, 피납 8만 4천 명, 행방불명 33만 명으로 민간인 인명 피해만 140만 명에 이르렀다. 여기에 북한이 서울 등 남쪽 점령 지역에서 강제 징집한 '의용군' 20만 명을 더하면 한국은 재기하기 어려울 정도의 큰 인명 피해를 입었다. 특히 북한이 전쟁 중 학살하거나 납치해간 20만 명의 한국인은 한국 사회를 지탱하던 전문 지식인들이어서 한국 사회에 끼친 피해는 엄청났다.

6·25전쟁은 1953년 7월 27일 휴전협정으로 '교전이 끝난 전쟁 상태'로 들어섰다. 법적으로 2023년 현재까지 국제연합군과 북한 인민군 및 '중국 인민지원군' 간의 전쟁은 역사상 최장의 휴전 상태를 지속하고 있다.

2. 몸으로 겪은 6·25

6·25 전쟁을 한국 현대사 수업시간에 배우거나 책을 읽어 알고 있는 전후 세대의 '6·25 인식'과 그 전쟁을 직접 겪은 세대의 인식은 같을 수가 없다. 6·25전쟁에 병사로 참전했다가 살아남은 세대(1930년생 이상)와 어린 나이에 인민군 점령 하에서 살아남은 세대(1930~1950년생), 그리고 전쟁이 끝난 이후 폐허에서 고생을 겪은 세대(1950~1960년생)와 전쟁을 책으로 배운 그다음 세대의 6·25 인식은 극명하게 다르다. 그리고 그 다름이 한국 국민의 북한에 대한 인식, 공산주의 이념에 대한 인식, 미국 등 우방에 대한 인식 등의 차이를 만들어 사회통합에 어려움을 주고 있다. 예를 들어 휴전 이후 1970년대 까지 한국 사회의 주류를 이루던 반공 의식이 강한 세대가 사회 각계의 중추 세력으로 활동하던 시대가 끝나고 전후 세대가 중심 세력으로 성장한 1980년대 이후에는 공산체제를 겪어 보지 못한 새 세대가 사회의 주류를 이루면서 반공 의식이 옅어지고 남북한의 이념 차이는 '관념화' 되어 반공 의식에 있어 세대 갈등을 만들어내고 있다. 6·25전쟁을 겪은 세대가 현직에서 물러나고 그다음 세대가 정부와 정당, 기업체의 중견으로 자리 잡은 21세기 상황에서 '친중-친북' 세력이 정권을 장악하게 된 것은 이러한 '6·25 인식차'에서 일어난 현상이다.

마르크스-레닌의 저작을 읽은 사람은 공산주의자가 되고 공산정부 치하에서 잠깐이라도 살았던 사람은 반공 투사가 된다고 한다. 수긍할 만한 이야기이다. 1983년 봄 내가 프린스턴 대학의 연구교수로 가 있을 때 마침 조지 오웰George Orwell의 『1984』를 주제로 하는 국제 심포지엄이 그곳에서 열려 참석했었다. 오웰이 1948년에 소련 점령 하의 동유럽이 공산화되는 것을 보고 걱정하면서 공산화가 몇십 년 진행되면 그 사회가 어떤 모습이 될까를 내다보는 소설을 썼다. 책을 쓴 해가 1948년이어서 뒤 숫자를 바꾸어 책 제목을 『1984』라고 했었는데 1983년은 그 1984년을 한 해 앞둔 해여서 그런 모임을 열었다고 했다. 오웰이 그려놓은 1984년의 공산 사회는 소름 끼칠 정도의 사회였다. 그 소설의 모형이 소련이어서 '예측된 소련'과 '현재의 소련'을 비교하면서 오웰의 천재성을 경탄하는 발표자가 많았었다. 그러나 그중 한 참석자는 오웰이 만일 「북한의 1984」를 알았다면 책을 다시 썼을 것이라고 날카롭게 지적했다. 오웰이 상상한 것 이상으로 국민을 황폐화 시킨 전체주의 독재체제가 북한이라고 지적했다.

1919년 3·1운동 이후 중국 등지에 나가 독립운동을 하던 지식인들과 일본 대학에 다니던 지식인들은 1917년 러시아 10월혁명의 성공에 자극받아 마르크스-레닌의 주장에 관심을 두었다. 특히 레닌이 국제공산당을 만들고 피압박 식민지 지식인들을 앞세워 나라마다 공산당을 만들어 주권 회복 운동을 돕고 이어 이들이 프롤레타리아 혁명을 추진하도록 유도하면서 한 나라에 하나씩 공산당을 만들도록 지원하면서 독립운동을 하던 많은 한국인 지식인들이 이에 호응하였다. 이동휘李東輝 등도 레닌을 만난 후 조선공산당을 조직하고 상해 임시정부를 공산정부로 만들려고 많은 노력을 폈다. 상해 임시정부가 진통을 겪었던 것도 공산주의자들의 참여로 정부 내에서 이념 투쟁이 벌어졌기 때문이었고 임시정부가 만든 광복군도 좌파 지도자들이 광복군의 상당 병사를 데리고 중국 인민군(第八路軍)으로 가는 사태가 벌어지면서 제대로 전투 한 번 해보지 못한 군대로 되어 버렸다.

1950년 6월 25일은 일요일이었다. 나는 봉래(蓬萊) 국민학교 6학년생이었다. 그해는 정부의 학기 조정 정책으로 6월 1일이 학년이 시작되는 해였다. 38선에서 총격전이 벌어졌다는 라디오 방송으로 어른들의 긴장한 모습을 보면서 나는 주말을 즐기고 있었다. 다음날 아침에 나는 정상적으로 등교했다. 봉래국민학교는 서울역 뒤 만리동 산꼭대기에 있는데 나는 안암동에 살고 있어 등교하려면 서울 시내를 가로질러 가야 했다. 해방 후 북한에서 월남한 피난민이 쏟아져 들어와 학교마다 학생이 몇천 명씩 밀려 빈자리를 찾다 보니 그곳까지 갔다. 교실이 모자라 복도와 층계에서 수업하던 때였다.

등교 후 첫 시간에 담임선생님이 교실에 들어와 반장이던 나에게 지시하기를 긴급 교무회의가 있어 선생님이 참가하여야 하니 자습시키라고 하셨다. 자습 시작 후 얼마 만에 갑자기 비행기 소리가 나서 창밖을 내다보니 비행기 두 대가 공중전을 하고 있었다. 피격된 항공기가 여의도 부근으로 추락했다. 이것이 나의 6·25전쟁의 시작이었다. 학교는 임시휴교에 들어가서 집으로 왔다. 오후부터는 소달구지에 이부자리 등을 싣고 내려오는 난민들이 보였다. 도봉산 앞 창동에서 전투 중이라고 했다. 다음날 27일에는 안암동 뒷산에 국군들이 참호를 파기 시작했고 미아리 쪽에서 포성이 들리기 시작했다. 우선 포격을 피해야 한다고 어른들이 서둘러 간단히 짐을 챙겨 동대문 안쪽에 사는 친척 집으로 어머님이 우리 형제들을 데리고 갔다. 할머님이 걷기 불편하셔서 아버님과 큰형님이 모시고 집에 남았다.

6월 28일 새벽 낙산에서 인민군과 국군의 교전이 벌어지고 있었다. 그때 큰 형님이 할머니를 업고 우리가 있는 곳까지 뛰어오셨다. 우리 집이 포탄에 맞아 집의 반이 날아갔다고 했다. 새벽에 총성이 멎어 작은 형과 길에 나가 보았다. 탱크 위에 상체를 들어낸 인민군이 개선장군처럼 종로로 들어섰다. '적치하(赤治下) 3개월'의 시작이었다.

완장을 찬 젊은이들이 나서서 각 집의 세대주는 동사무소로 나오라고 소리치고 다녔다. 아버님이 나가셨다. 그렇게 모인 세대주 중 북한에서 월남한 사람을 골라 그길로 북으로 데려갔다. 아버님은 의정부에 못 미쳐서 공습 중에 탈주하여 산을 타고 29일 새벽 집에 오셨다. 서울대학교 공과대학 1학년생이던 큰 형님은 동정을 살핀다고 시내에 나갔다가 잡혀 수송국민학교 마당에 끌려갔다. 길에서 잡은 젊은이는 모두 '의용군'으로 데려간다고 했다. 기계체조를 잘하던 형님은 저녁때 경비병을 때려눕히고 담을 넘어 탈주하여 산을 타고 새벽에 집에 왔다. 그때부터 아버님과 큰 형, 고교생이던 둘째 형은 지붕과 천장 사이에서 석 달을 살았다. 유엔군의 인천 상륙 후 9월 28일 유엔군이 서울에 입성할 때 엄청난 포격이 있었다. 그때 그 포격으로 큰 형님은 세상을 떴다.

6·25전쟁 3개월 동안 가장 어려웠던 것은 먹을 것을 구하는 일이었다. 폭격으로 허물어진 건물의 깨진 벽돌을 치우는 노동으로 어머님이 삯으로 받아온 보리 5홉으로 아홉 식구가 살아남아야 했다. 나도 이것저것 장사를 해보았으나 소득은 별로 없었다.

완장을 찬 사람들이 어른들을 잡아 학교 운동장에 꿇어앉히고 동네 사람을 모아 둘러서게 한 다음, 한 사람이 나와 '악덕 지주'라고 논고하고는 그 자리에서 사형을 선고하고 돌로 타살하는 인민재판을 보면서 '공산당은 사람 죽이는 악마'라는 인식이 주민들에게 깊이 심어졌다. 서울에는 매일 낮에 한 차례 함재기 편대에 의한 폭격이 있었고 밤에 다시 한 차례 있었다. 용산 폭격 때는 B-29 폭격기 49기가 노량진부터 서울역까지 '멍석말이 폭격'을 해서 한강로변의 집들은 한 번에 초토화되었다.

9월 28일 국군과 미군이 서울에 들어왔다. 누가 시킨 것도 아닌데 살아남은 사람들은 모두 태극기를 찾아들고 길에 나와 만세를 불렀다. 모두 울었다. 시내에는 사방에 시체가 널려 있었다.

학교가 다시 개강했다. 포탄 맞은 교실의 깨진 유리와 벽돌들을 치웠다. 그리고 다시 1·4 후퇴.

동짓날 중공군이 개성에 들어왔다. 국군과 유엔군은 계속 후퇴하고 있었다. 동짓날 트럭 한 대에 네 집 가족이 올라타고 피난길에 올랐다. 하나뿐인 한강 다리는 이미 6월 27일에 깨어져 건널 수 없었다. 다행히 한강이 두껍게 얼어 얼음 위로 강을 건넜다. 사흘 걸려 대구에 도착. 피난민 생활의 시작이었다. 배낭을 지고 반야월 시장까지 가서 무를 지고 대구 시내로 들어오는 장사도 해보았고 구두닦이도 해보았다. 다음해 4월 부산으로 갔다. 부산 토성국민학교에 등록했다. 거기서 '국가시험'을 치고 7월에 서울중학교에 입학했다. 학교는 송도해수욕장 가는 길에 있는 채석장 위에 쳐놓은 천막이었다. 채석장 바닥은 용산중학교 차지였다. 1953년 휴전 직후 중학교 3학년생으로 서울로 환도하여 영국군이 주둔하고 있던 교사의 일부에 입주하고 있던 서울고등학교에 들어갔다. 이것이 나의 6·25였다.

　부산 피난 중에는 수업이 끝나면 국제시장에 있는 인쇄소에서 종이 절단기를 돌리는 일, 책 제본 하는 일 등을 했다. 형님은 부두 노동을 했다. 어려서 군인으로 전투에 참가하지는 않았지만 전쟁이 무엇인지, 얼마나 무서운지를 매일의 삶을 통해 배웠고 공산주의 이념에 물들면 사람이 얼마나 무서운 악마로 변할 수 있는지를 배웠다. 내가 평생의 과업으로 전쟁과 평화 연구를 택한 것도 6·25의 경험이 나를 이끌었기 때문이라고 생각한다.

　나는 대학에서 공산주의를 강의하면서 공산주의 교리를 앞세우고 만든 나라들의 백성들이 어떤 생각을 하는지를 알고 싶어 기회가 되는대로 공산 국가들을 찾아다녔다. 1979년에는 세계정치학자대회 참가를 기회로 삼아 소련을 보름 동안 방문했다. 모스크바, 레닌그라드(지금의 상트페테르부르크), 키이우(키예프)를 돌아보았다. 집단농장도 가보았다. 한·중 수교 전 1989년 2월 대한항공 임원연수팀과 함께 북경에 갔었다. 소련은 개혁개방 이후 여러 차례 갔었고 동유럽의 폴란드, 체코, 헝가리도 가보았다. 중국에는 한·중 회의에 참가하느라 자주 갔었다. 몽골에는 18년간 22회 방문했다. 베트남도 가보았다. 결론은 간단했다. 이론으로 공산주의는 인민들을 매혹 시킬 수 있을지 모르나 공산주의 국가에서 살고 싶어 하는 백성은 없다고 결론지었다. 특히 1985년 남북 적십자회의 자문위원으로 평양에 갔을 때 만난 사람들과의 대화에서 공산주의 국가에서 살고 싶어 하는 백성은 없다는 확실한 믿음을 갖게 되었다. 책으로 배운 공산주의와 살면서 깨달은 공산주의의 정체는 전혀 다르다는 것을 밝혀 둔다.

3. 국민 모두가 싸운 전쟁

가난한 신생 독립국 대한민국이 막강한 두 공산국가 소련과 중국이 지원하는 북한의 무력남침을 이겨내고 자유민주공화국의 정체성을 지켜냈다는 것은 기적에 가깝다. 한국 국민은 위대했다.

전투 경험 없는 젊은이들로 창설한 빈약한 국군으로 막강한 북한 인민군과 싸워 부산 교두보를 지켜내고 나아가서 북한군을 궤멸시키고 압록강, 두만강까지 잃어버렸던 북한 땅을 다시 찾았다는 것은 역사에 남을 일이다. 물론 미군이 거들고 16개의 유엔 회원국이 파병하여 우리를 도와주어서 이룬 일이지만 국군이 그렇게 헌신적으로 전쟁을 주도하지 않았으면 이룰 수 없는 일이었다. 낙동강 방어선을 지키던 국군의 다부동 전투, 9·28 서울 수복 때 선두에 섰던 국군. 38선을 넘어 북진을 강행한 것도 우리 국군이었고 평양에 제일 먼저 입성한 것도 국군이었고 압록강, 두만강에 도착했던 부대도 국군 부대였다.

6·25전쟁 개전 사흘 만에 미군으로부터 F-51 무스탕 전투기 10대를 지원받아 북한군 보급차단, 지상군 지원에 나섰던 한국 공군도, 그리고 초계함, 호위구축함, 경비함 등을 확보하여 지상군 지원 작전을 편 해군도 6·25 승전에 크게 기여하였다. 전쟁 중 창설된 해병대도 가장 험난한 전투를 도맡아 해결하여 미군 등 국제연합군들을 감동시켰었다.

대한민국 정부는 전쟁 초기 북한 인민군의 공세에 밀려 부산으로 피난하였다. 북한 인민군과 낙동강 전선에서 마주하고 혈전을 벌이던 때도 부산 임시 수도에서 흔들림 없이 한국정부는 제 기능을 다하였다. 인민군 점령 지역의 중·고등학교, 대학교는 모두 부산에 임시교사를 마련하고 수업도, 입시도 모두 정상적으로 수행하였다. 비록 천막으로 임시교사를 마련하였으나 수업은 정상적으로 다했다. 국회도 열렸고 법원도 임무를 수행했다. 은행도, 소규모 기업도 모두 영업을 했다. 병원도 문을 열었다.

6·25전쟁은 국민 모두가 하나가 되어 싸워 이긴 전쟁이었다. '발췌개헌' 투쟁 등 정치집단 간의 갈등이 역사 교과서에서 크게 소개되고 있으나 전쟁 수행이라는 큰일을 해나가는 데서는 국민들은 단합된 뜻으로 정부를 지원했다. 우리 국민 모두가 힘을 합쳐 자유민주공화국 대한민국을 지켜낸 전쟁이었다.

4. 이승만의 지도력

6·25 전쟁을 승전으로 이끈 지도자를 굳이 짚어 내라면 역시 이승만 대통령을 꼽아야 할 것 같다.

이승만 대통령은 북한의 남침을 예상하고 이에 대응할 수 있는 가능한 모든 조치를 취했다.

이승만 대통령은 국민의 단합을 위하여 정부의 요직을 다양한 정치세력을 대표하는 지도자들에게 안배하여 통합내각을 구성하였다. 상해 임시정부에서 활약했던 원로 지도자 이시영을 부통령으로, 그리고 역시 임시정부의 요직을 두루 맡았던 신익희 선생을 국회의장으로 모시고 최대 정당으로 호남 지주들을 대표하던 한민당(韓民黨)의 대표격인 김병로 변호사를 대법원장으로 안배하였다. 그리고 국무총리로는 임시정부 광복군 참모장을 맡았던 이범석 장군을 임명했다. 이승만 초대 내각에는 일제 강점기 국내외에서 독립운동에 앞장섰던 지도자들을 고르게 참여시켰다. 대북 투쟁에서 가장 중요한 국론통합을 이루기 위한 기초를 통합내각 구성으로 이루었다.

북한이 내세우는 공산주의 체제의 핵심 가치는 평등이고 지주 등 가진 자로부터 노동자 농민을 해방한다는 것이 가장 눈에 띄는 정책이었다. 한국처럼 농민이 인구의 70%를 넘는 농업 국가에서는 소수의 지주들로부터 대다수의 소작인을 해방시키는 농지 개혁이 공산주의자들이 내세우는 정책이었다. 이미 북한에서는 해방 직후 소련 군정 시대에 무상몰수 무상분배의 혁명적 방법으로 농지 개혁을 단행했었다. 1946년

2월 북한인민위원회령으로 모든 지주들의 농지를 정부가 몰수하여 소작인들에게 무상으로 분배해주었다. 중국 공산당도 국민정부와의 내전에서 농지 개혁을 앞세워 인구의 대다수를 차지하던 농민의 지지를 받아 냉전을 승리로 마무리했었다.

이승만 대통령은 개인의 소유권을 중시하는 자유민주의 시장경제 체제를 가진 대한민국이 공산당처럼 무상몰수 무상분배를 할 수는 없어서 그 대안으로 유상구매 유상판매의 농지 개혁을 단행하였다. 농민 중 14%만이 자작농이고 소작농이 농민의 대부분이었던 한국 농촌에서 이승만 정부는 경자유전(耕者有田)의 원칙을 내세우고 소작제에 묶여있던 151만 정보 중 45%에 해당하는 68만 정보를 지주와 소작인 간의 매매를 유도하여 소작인의 소유로 전환시켰다. 그리고 1949년 6월 농지개혁법을 제정하여 3정보 이상의 지주의 농지를 국가가 매수하여 농지가 없는 소작인에게 10년 분할상환 조건으로 분배하였다. 국가가 매수한 농지에 대해서는 국채인 지가증권을 발행하여 대가를 지불하고 지가증권을 가진 지주들은 그 증권으로 일본인 소유였던 공장 등 적산기업체를 매수할 수 있도록 하여 기업인이 되도록 유도하였다.

이승만 대통령은 공산주의자였던 조봉암을 농림부장관으로 임명하여 농지개혁 업무를 수행하게 하여 좌파의 저항을 막았다. 6·25전쟁 이전에 농지 개혁을 마쳐 농민들이 북한 정부에 농지 개혁을 기대하지 않도록 선제적 조치를 한 셈이었다. 후에 밝혀진 바와 같이 북한 인민정부는 6·25 남침계획을 세우면서 남침하여 3일 만에 서울을 점령하면 농민들이 들고 일어나 북한 침략군을 환영하리라고 예상하고 전쟁 계획을 세웠다고 했다. 이승만 대통령의 선제 조치가 이를 막은 셈이다.

대한민국 건국과 더불어 창설된 한국군은 미군 군정 때 점령군이 치안을 위하여 창설했던 국방경비대를 모체로 창설하였다. 군정청은 1946년 초부터 각 도에 1개 중대씩 경비대를 창설해나갔다. 이어서 이 중대들을 여단으로 증편해나갔다. 1948년까지 서울, 부산, 대전에 각 1개 여단의 경비대가 설치되었다.

1948년 8월 15일 정부가 수립된 다음날 새로 창설된 국방부 훈령 제1호로 경비대를 국군으로 그 지위를 바꾸었다. 당시 총병력 규모는 육군 5개 여단 5만 명, 해군 6천 명 등 5만 8천 명이었다. 다음해 10월 공군도 창설하였다.

이승만 대통령은 국군 창설에서도 다양한 배경을 가진 군 경험자들을 고르게 임용하여 파벌 투쟁이 일어나지 않도록 배려했다. 우선 국군의 주요 보직은 광복군 출신 장교로 충원하여 임시정부의 정통성을 인정하였다. 이범석 장군을 국방장관에 임명하고 광복군총사령관이던 지청천 장군을 무임소장관에 임명하여 군 창설기획에 참여하도록 하였다. 광복군 참장(參將: 준장에 해당)이던 최용덕崔用德 장군을 공군 제2대 참모총장으로 기용했다. 그리고 각급 지휘관 참모로는 일본군과 만주군에서 군 경력을 쌓았던 장교들을 선발하였다.

1949년 6월 주한미군이 철수했을 때 한국군 규모는 육군 15개 연대 5만 명, 해군 7천 명의 병력에 4척의 함정을 보유하고 있었고 그해 가을에 창설된 공군은 T-6 연습기 10대와 2천 명의 병력으로 편성되어 있었다. 한국군은 다음해 6·25전쟁이 발발했을 때는 총병력 9만 5천 명으로 늘어 있었다.

이승만 대통령은 무기 지원을 미국에 끈질기게 요청했으나 미국은 한국을 방위 대상에 넣지 않고 있어 지원을 거부하였다. 이승만 대통령은 차선책으로 동경에 와 있던 태평양지구 사령관 맥아더^{Douglas MacArthur} 원수에게 북한의 남침계획을 알리고 미군의 지원 획득에 협조를 당부하였다. 6·25전쟁이 시작된 당일 이승만 대통령은 맥아더 원수에 사태를 알리고 맥아더는 이틀 만에 주일미군에서 차출한 1개 대대(Smith대대)를 파병하여 북한군에 미군 참전의 의지를 보여주어 사기를 저하시켰다. 북한 남침을 소련의 아시아 지역 진출 계획의 전초전으로 인식시킨 이승만 대통령의 주장에 설득된 미국 트루먼^{Harry S. Truman} 대통령의 결단으로 미군의 참전이 결정되어 한국이 파멸을 면하게 되었다.

6·25전쟁에서 한국군이 가장 어려움을 겪었던 것 중 하나는 전투 경험이 많은 고급 지휘관의 부족이었다. 대한제국 군대가 해산된 1907년 이후 국군을 가져보지 못한 한국은 전투 경험을 가진 사단장급 지휘관을 가질 수가 없었다. 1986년 7월 동경에서 열린 한·중·일 3개국 안보회의에 참가했을 때 중국에서 참석한 대표(陶炳蔚 등)들과 저녁을 할 때 한국전에 사단장으로 참전했었다는 한 중국대표가 "이승만이 참 불쌍하다… 저렇게 어린애들을 지휘관으로 데리고 싸우려니"라고 자기들끼리 이 대통령을 동정했었다고 말했다. 전쟁 중에는 미국이 한국군 장교들을 미국의 각종 군사학교에 데려가 훈련시켜 전쟁이 끝날 때쯤에는 유능한 장교 집단이 지휘하는 한국군으로 성장했었다.

6·25전쟁은 국제연합의 도움을 얻어 한국의 승리로 이끌 수 있었다. 전쟁발발 직후 국제연합 총회결의로 16개 회원국에서 파병하여 도와주어 큰 힘이 되었었다. 국제연합이 한국 방위를 위해 집단으로 나서 준 것은 신생 대한민국이 1948년 국제연합 총회에서 찬성 48표, 반대 6표, 기권 1표라는 압도적 지지를 얻어 독립 주권국가의 지위를 인정받았기 때문이었다. 이 인정은 건국 직후부터 이승만 정부가 집요하게 회원국들에게 접근하여 동의를 받아냈기 때문에 가능했다.

6·25전쟁이라는 엄청난 도전을 이겨내고 대한민국을 지켜낸 한국민은 위대한 국민이었고, 한국민을 하나로 단결시켜 나라를 위해 헌신적 노력을 펼 수 있게 만든 사람은 이승만 대통령이었다.

5. 싸우면서 한국군을 키운 분들

전쟁은 결국 군대가 승패를 결정한다. 전쟁은 군인 간의 투쟁이기 때문이다. 6·25전쟁을 승리로 매듭지은 것은 잘 싸워준 한국군 장병들의 높은 전쟁 의지와 싸우면서 급히 익힌 전투 능력의 덕분이었다.

앞서 지적했던 대로 대한민국을 건국하던 1948년에는 군대라고는 미군정청이 치안을 위해 조직해놓은 경비대 수준의 8개 여단이 전부였다. 전투항공기, 전차, 중포, 함정 그 어느 것도 갖추지 못한 경무장의 병력만을 가진 8개 보병사단이 38도선의 전선을 지키고 있었다. 최고 지휘부는 임시정부 광복군 출신의 장군들로 구성했으나 전투부대의 지휘관들은 거의 전부가 일본군에서 전기(戰技)를 익힌 위관(尉官)급과 소수의 영관(領官)급 장교들이었다. 개전 이후 급속히 병력을 늘리면서 사단, 군단 등을 창설하면서 이들 젊은 장교들을 승진시켜 사단장, 군단장으로 충원하다보니 앞에서 소개한 것처럼 한국전 참전 중국 인민해방군 장교들이 '철없는 아이들'이라고 한국군 지휘관들을 폄하했었다. 그러나 그들이 간과한 것이 있었다. 한국군의 젊은 장교들은 정규사관학교를 졸업한 잘 훈련된 장교였고 특히 나라를 지키겠다는 높은 전의(戰意)를 갖추고 있어 강제 동원된 북한군 장병이나 중국 인민해방군 장병과는 비교가 안 되는 전사(戰士)들이였다는 점이다. 특히 한국군 장병의 반 이상이 북한 공산정권이 싫어 월남한 반공 청년이어서 그들의 사기는 아주 높았다.

1970년대에 나는 3년에 걸쳐 합동참모본부의 연구 용역을 맡아 '장기전략체계', '무기체계', '장차전 양상' 등을 다루었다. 그때 구해본 북한 자료에서 한국군을 평가한 대목을 보고 우리 군에 대해 자부심을 갖게 되었다. 북한은 한국군 장교들의 현대전 전술 교육 수준이 높은 점, 월남 전에서 현대전 경험을 쌓은 하사관들, 그리고 '세계에서 제일 높은 교육 수준'의 병사들을 상대해야 한다고 분석하고 있었다. 당시는 9년 교육(중학교 졸업)을 이수하지 않은 자는 징병 대상에서 제외하고 있었다. 전세계에서 이렇게 병사의 교육 수준을 징병 기준으로 삼는 나라는 한국밖에 없었다. 교육 수준 높은 병사들이어서 전차, 장갑차, 야포, 각종 전자기기를 쉽게 다룰 줄 알아 현대전 전장에서 높은 전투력을 발휘할 수 있었다.

고급 지휘관들도 연령은 낮아도 전투 경험도 많고, 군사 지식수준이 높아 중국 인민해방군의 장교들과 비교가 되지 않았다. 게릴라전에서 병사에서 진급한 무학의 인민해방군 장군들에 비할 데 일본 육군사관학교를 졸업하고 제2차 세계대전에 참전했던 한국군 장교들과 대학 재학 중 입대하여 초급 지휘관이 된 한국군 장교들의 부대 지휘 능력은 비교할 수 없었다. 6·25 개전 때 개성을 지키던 제1사단의 백선엽白善燁, 1920~2020 사단장은 30세였다. 백 장군은 32세에 대장으로 진급하였다. 백 장군은 2군단장, 제1군 사령관, 육군참모총장, 합참의장을 모두 거쳤다.

정일권丁一權, 1917~1994 장군도 6·25 개전 때는 33세였다. 만주 봉천군관학교, 일본 육군사관학교를 마치고 만주군 대위로 전투에 참가했던 경력을 인정받아 미국 군정 시에 군사영어학교를 거쳐 한국군 대위로 임관되었다. 6·25 개전 때는 소장으로 진급하여 1950년 7월 채병덕 장군에 이어 육·해·공군 총사령관이 되어 6·25전쟁을 지휘하였다. 정일권 장군은 1954년 대장으로 진급하여 육군참모총장을 역임하고 1957년 전역한 후 1964년 총리로, 그리고 1973년에는 국회의장직을 맡아 일했다.

강영훈姜英勳, 1922~2016 총리도 한국군 창군 요원 중 한 분이다. 강 장군은 1941년 만주 건국대학 재학 중 징병으로 소집되어 봉천보병학교와 랴오닝 예비사관학교를 졸업하고 만주군 소위로 임관하였다. 해방 후 귀국, 월남하여 군사영어학교를 다니고 육군 소위로 임관하였다. 연대장을 거쳐 6·25 개전 때는 국방부 관리국장, 제3군부군단장을 역임하였다. 6·25 개전 때는 28세였다. 전쟁 중인 1952년 주미무관으로 나갔다가 1953년 국방차관을 맡았었다. 1960년 제6군단장(38세), 1961년 육군사관학교 교장(39세) 때 5·16 혁명에 협조하지 않는다고 중장 예편되었다.

국군은 나라를 지키기 위해 목숨을 바치는 위국헌신(爲國獻身)의 정신을 생명으로 하는 집단이어야 하며 정치에 간여해서는 안 된다는 믿음을 가진 강영훈 장군은 혁명 참가 장교들이 육사 생도들을 동원하여 혁명지지 시가행진을 하도록 지시해달라고 요청했을 때 이를 거절하였다. 생도들은 5월 18일 동대문에서 시청 앞 광장까지 행진했고 시청 앞 광장에서 혁명 주체였던 장도영 장군과 박정희 장군에게 지지성명을 낭독했다. 강영훈 장군은 강제 전역되어 구금되었다가 몇 달 후 해외로 나갈 것을 종용받았다.

강영훈 장군은 군이 정치화되어서는 안 된다는 그의 믿음을 전 장병에게 행동으로 보여주었다. 이신작칙(以身作則)의 전범(典範)이 되었었다.

채명신蔡命新, 1926~2013 장군도 창군 원로 중 한 분이다. 1947년 북한에서 월남하여 육사 제5기로 1948년 소위로 임관하였다. 6·25전쟁 1년 전 개성 송악산전투에 중대장으로 참전하였으며 6·25전쟁이 시작될 때는 제25연대 제1대대장으로 전투에 참가하였다. 그때 나이가 24세였다. 전쟁 중이던 1950년에는 적후방에서 게릴라전을 펴던 유격부대 '백골병단'을 지휘하여 많은 공을 세웠다. 1951년 7사단 5연대장을 거쳐 20사단 60연대장(대령) 때 휴전을 맞이하였다. 1958년 준장으로 진급하여 제1군 작전참모를 맡았다가 1961년 5사단장을 맡았을 때 5·16 혁명에 참가하여 '혁명5인위원회'에 참가하였다.

채 장군은 1964년 제3관구사령관을 거쳐 1965년 주월사령관으로 월남전에 참전하여 명성을 얻었다. 1969년 귀국하여 제2군사령관을 맡았으며 1972년 육군 중장으로 전역하였다. 1977년 주브라질 한국 대사로 나가 있다가 UC 버클리(UC Berkeley)에서 연구원으로, 그 뒤 1980년에 귀국하여 현역 활동에서 은퇴하였다.

위에 예시한 몇 분 창군 원로들은 내가 자주 만나 그분들의 경험을 들어왔기에 본보기로 소개한 것이다.

백선엽 장군은 조선일보사가 제정한 '위국헌신상(爲國獻身賞)' 심사위원으로 여러 해 함께 일하면서 이야기 나눌 기회를 자주 가졌다. 위국헌신상은 조선일보가 안중근 의사(安重根 義士) 순국 100주년을 기념하여 2009년 제정한 것인데 현역 장병 중에서 나라를 위해 헌신적으로 군복무를 한 장병을 해마다 선임하여 표창하는 사업으로 상 제정을 치하하기 위하여 백 장군이 조선일보를 방문하였을 때 우리가 권해서 심사위원장을 맡도록 했다. 5년쯤 함께 일한 후 내가 위원장직을 인계받았다. 6·25 개전 당시의 어려움, 장병들의 헌신적 복무에 관한 이야기를 오랫동안 여러 번 들었다.

강영훈 장군은 자기가 미국에서 발행했던 〈Journal of Korean Affairs〉를 한국에서 속간하시고 싶어하셔서 내가 이 일을 맡아 통일부의 지원을 받아 〈Journal of Korea and World Affairs〉라는 계간지로 확대하여 편집을 맡으면서 자주 만나기 시작했다. 이 잡지는 내 손으로 30년 동안 120호를 만들었다. 강 장군이 외교안보연구원장직을 맡았을 때도 자주 만났다. 그 연구원 개편 작업을 내가 맡았었기 때문이다. 강 장군이 총리직을 맡았을 때는 내가 청와대 소속의 '21세기위원회' 일을 맡아 하면서 협조를 얻어야 할 일이 많아 자주 뵈었다. 미래를 생각하는 방향이 나와 같아 자주 뵈었다. 강영훈 장군이 남북 총리회담을 마치고 평양에서 돌아오던 날 강 총리가 회담 내용을 자연스럽게 국민들에게 보고하려고 KBS에 출연하면서 대담의 상대역으로 나를 지명하여 함께 출연하였다. 그리고 적십자 총재 때는 제네바에서 열린 세계적십자 총회에 함께 참여하여 매일 회의에서 할 강 총재의 연설문을 논의하고 함께 작성했다. 이런 인연으로 내가 1993년 신아시아연구소를 창설했을 때 강 장군이 흔쾌히 고문직을 수락하셔서 20년을 함께 연구소 일을 논의했었다. 오랫동안 강 장군과 이야기를 나누면서 창군 때, 6·25전쟁 때 이야기를 소상하게 들을 수 있었다.

채명신 장군과의 인연은 좀 특이하다. 채 장군의 동생이 나의 고교 동기동창이어서 첫 만남을 가졌고 브라질 대사를 마치고 캘리포니아 버클리대학교의 동아시아연구소(Robert Scalapino 소장)에서 연구원으로 머물 때 내가 샌프란시스코에 회의 참석차 들리면서 자주 저녁을 모셨고 채 장군 귀국 후에는 자주 점심을 같이 하면서 창군 때 이야기, 6·25전쟁 이야기, 그리고 월남전 이야기를 나누었다.

전쟁은 군인이 한다. 그 군인의 의지, 능력이 전력이 된다. 6·25전쟁은 어려운 조건에서 싸운 전쟁이었다. 소련과 중국의 조직적인 지원을 받은 북한 인민군을 오직 나라를 지켜내겠다는 강한 의지 하나로 한국군이 싸워 이긴 전쟁이다. 한국군은 6·25 개전 때는 빈약한 무기와 수적 열세로 고전하였으나 싸우면서 급속히 커지고 강해졌다. 물론 미국의 전폭적 지원이 있어 장비도 마련하고 장교들을 미국에서 훈련받도록 미국 교육 시설을 열어주어 가능했다. 6·25전쟁으로 한국군은 싸우면서 컸고, 크면서 싸웠다.

6. 6·25전쟁으로 얻은 깨우침

6·25전쟁으로 한국은 200만 명 이상의 인명 손실을 입고 전 국토가 초토화되는 피해를 입었다. 그러나 몇 가지 긍정적인 결과도 나타났다.

첫째로 국민들이 북한 공산주의에 대한 확실한 인식을 갖게 되었다. 한국 정치 지도자들 중에는 대한민국 건국을 근본적으로 반대하던 좌익도 있었으나 민족주의를 내세운 우익 인사들 중에는 이념을 초월한 남북 통일정부 수립을 주장하면서 남한에 단독정부를 세우는 것을 반대하던 좌우협상파와 중간파가 다수를 차지하고 있었다. 6·25전쟁 직전 5월 30일에 있었던 국회의원 선거에서도 이들 중간 세력이 다수 의석을 차지하여 이승만 정부는 많은 견제를 받고 있었다. 중간파를 대표하던 조소앙, 안재홍, 원세훈元世勳 등이 국회를 주도하였었다. 그러나 6·25전쟁을 겪으면서 남북협상파와 중간파에 대한 국민들의 지지는 허물어졌다. 국민들이 북한 공산주의자들의 반민주적, 반민족적, 반인권주의적 현실을 직접 겪으면서 알게 되었기 때문이었다. 이 배움은 그 이후 상당 기간 한국 국민들의 반공 의식을 지배했고 그 결과로 국민의 정부에 대한 단합된 신뢰를 살려 냈다. 한국정치의 우익적, 반공적 정치질서를 안정화 시키는 데도 큰 도움을 주었다.

같은 이유로 6·25전쟁을 겪으면서 한국민의 친미 성향이 굳어졌다. 그리고 한국의 안전보장을 위해서는 미국과의 동맹이 필수적이라는 생각이 국민들의 의식 속에 굳게 새겨졌다. 이러한 친미 성향의 연장으로 국제연합의 권위에 대해서도 존중하는 마음가짐이 자리 잡았다.

가장 중요한 것은 국민들이 한국의 자유민주공화 정치질서를 유지하기 위해서는 부국강병이 절대적으로 필요하다는 인식을 갖게 된 것이다. 강한 군대 없이는 북한과 중국 등 공산국가의 위협을 막아낼 수 없고 경제발전 없이는 강한 군대를 유지할 수 없을 뿐만 아니라 국제사회에서 응분의 대접을 받지 못한다는 것을 절실히 느꼈다. 이 배움은 전쟁 이후 한국정부의 정책 노선 선택에 큰 영향을 미쳤다.

6·25전쟁이 가져온 또 하나의 큰 변화는 남북한 간의 인구 이동이다. 전쟁의 와중에 경계선이 무너진 틈을 타 북한에서 많은 주민들이 남쪽으로 내려왔다. 평안도와 황해도는 바다와 섬으로 이어지는 서해안 바다를 건너 내려왔으며 동쪽에서는 미군이 장진호전투에서 중공군 포위를 뚫고 흥남에서 철수할 때에 그곳 주민 30만 명이 따라 내려왔다. 북한 공산정부 치하에서 5년 살아본 난민들의 경험이 남쪽 주민들에게 확산, 전달되면서 북한정치의 실체에 대한 한국민의 인식이 높아져 6·25전쟁 중 북한 인민군이 점령하지 못했던 부산 중심의 경남도민들도 북한정치 실체를 간접적으로 터득하게 되었다. 그 결과로 한국 사회에서 반공 정서는 보편화 되었다.

6·25전쟁은 한국의 통일 정책의 방향을 결정하는데 큰 영향을 주었다. 북한정치체제가 민주공화제로 변하지 않는 한 협상에 의한 통일은 한국민이 받아들일 수 없게 되어 '공존을 합의한 좋은 이웃'으로 사는 것이 무리한 통일보다 낫다는 인식이 한국민들의 의식 속에 깊게 새겨졌다.

제6장
전후 복구와
부국의 기초를 다진 분들

일본 식민통치 속에서 살았던 가난한 농민들과 전란으로 황폐화된 도시에서 삶의 터전을 모두 잃은 도시 빈민들이 국민의 대다수를 차지하던 1950년대 한국사회에서 공산주의의 선전선동을 이겨내고 자유민주 공화정치가 뿌리를 내리게 하려면 빠른 경제발전을 이루어 국민 대부분이 안정된 생활을 누릴 수 있는 사회를 건설해야 했다. 자유민주공화정이 안정적으로 자리 잡게 하려면 주권자의 중추를 이루는 중산층을 두껍게 형성하여야 했다.

세계 최빈국의 하나로 전락한 한국을 빠른 시간 내에 국민 대부분이 기초생활을 누릴 수 있는 경제적 중진국으로 만들어야 했다. 이 막중한 과업을 추진하기 위하여 온 국민이 나섰다.

이 장에서는 자유민주공화정을 자리 잡게 만든 경제발전 노력 과정에서 가장 큰 공을 세운 분들을 소개한다. 정치 지도자, 관리, 기업인들 중에서 본보기로 몇 분씩 골라 소개한다. "뜻이 있는 곳에 길이 있다"는 말을 입증하는 사람들의 이야기이다.

1. 자유민주주의 실천을 가능하게 한 경제발전

대한민국의 국시(國是)는 '인권이 보장된 자유'와 '평등한 참정권'을 모든 국민에게 보장하는 나라를 만든다는 것이다. 하루 세끼 밥을 먹을 수 없는 사람에게 자유란 의미가 없다. 그들에게 통치자를 선택하는 투표권을 보장해준다는 법적 약속은 무슨 의미를 가지는가? 자유민주주의 공화정치가 제대로 실천되려면 모든 국민에게 최소한의 기초생활 조건이 마련되어야 하고 국민들이 주권자로서의 자기 지위에 대한 자각을 가진 깨인 시민이어야 한다.

가난했던 식민지 백성들이 신생 자유민주공화국 대한민국 국민이 된 지 2년 만에 맞이한 6·25전쟁은 한국 사회를 초토화시켜 놓았다. 젊은이 41만 명이 싸움터에서 목숨을 잃고 43만 명이 부상당했다. 20만 명이 북한 인민군으로 잡혀갔다. 민간인 12만 4천 명이 북한군에 학살당했고 24만 5천 명이 폭격 등으로 사망했고 23만 명이 불구가 되었다. 그리고 약 9만 명의 지식인들이 북한으로 납치되었다. 행방불명자도 33만 명이다. 합계 140만 명의 민간인이 희생되었다. 국군과 민간인을 합친 인적 손실은 250만 명에 달했다.

공장, 건물 등 시설물의 약 반이 초토화되었고 전쟁 전의 제조업체 5,000곳 중 반이 깨지고 2,474곳만 남았다. 그리고 생활 기반의 거의 모두가 붕괴되었다. 주택, 학교, 병원, 상하수도, 전신전화 등도 대부분 파괴되었다. 살림집 40만 채가 부서졌고 인구의 12%가 집을 잃었다. 가장의 희생으로 많은 가정도 붕괴되었다. 미망인 30만 명에 전쟁고아가

20만 명이었다. 여기에 북에서 월남한 사람과 합쳐 600만 명이 피난민이 되었다.

한마디로 한국은 세계 최빈국으로 전락했다. 미국 정부 기관에서 한국 경제 재건을 위해 작성한 조사보고서인 1959년 발간의 콜론보고서(Colon Association Institution 보고서)에서 한국은 국민의 약 75%가 농업과 어업에 종사하며 1인당 총생산(GDP)은 미화 50달러 미만의 빈한한 국가로 기술하고 있었다.

6·25전쟁 이후 한국은 미국 등의 원조로 전쟁의 폐허를 복구하면서 살아남았다. 미국은 휴전 후 1960년까지 7년간 3억 달러 상당의 산업시설 재건용 기자재 등을 지원해주었으며 ICA 원조로 식량 등 15억 달러 상당의 구호품을 보내주었다. 그밖에 미국의 여러 민간자선단체에서 구호품을 보내주었으며 전쟁고아 20만 명 중 15만 명을 미국에 데려다 입양시켰다.

교육 영역에서도 미국은 많은 도움을 주었다. 각급 학교의 파괴된 건물을 복구하는 자재와 교육 기자재도 지원해주었고 휴전 후 1960년까지 해외에 나간 유학생 7,398명 중 86%에 해당하는 6,368명을 미국 각급 학교에서 수용하여 교육시켰다. 그리고 국군 20개 사단을 유지하는 비용을 지원해주고 매년 한국군 장병 9천 명씩을 미국의 각종 특기별 학교에서 훈련시켜 보냈다.

UNKRA(United Nations Korean Reconstruction Agency, 유엔 한국재건단)는 유엔총회 결의(1950. 12. 1)로 창설된 한국돕기 유엔 기구인데 1958년까지 민간 긴급구호를 벌여 사회 안정화에 많은 도움이 되었었다. UNKRA는 36개 회원국이 갹출한 2억 5천만 달러로 사업을 벌였다.

미국과 국제연합의 여러 나라가 한국의 재건을 도운 것은 어려운 환경에서 대한민국이 추구 가치인 자유민주주의 이념 실현을 위하여 고투를 벌이고 있다고 생각해서였다. 국제연합 설립 취지가 20세기 시대 흐름이 된 자유민주주의 이념의 확산이어서 한국이 그 흐름에 합류하는 것을 도우려 한 것이다.

한국은 6·25전쟁을 휴전으로 멈춘 후 1960년까지 이러한 우방국들의 도움으로 매년 5~8%의 경제성장을 유지했다. 그러나 초토화된 전쟁 폐허에서 자체 생산 능력을 키울 때까지는 자유민주공화정이라는 이상적 정치체제를 유지할 만큼 국민의 빈곤을 극복하는 데는 미흡했다.

예로, 미국의 식량 원조로 아사자의 출현을 겨우 막을 수 있었으나 1960년대까지도 해마다 춘궁기가 되면 매일 신문에 절량농가 몇만 호라는 기사가 올라왔다. 그리고 공무원, 군장병 등 정부에서 봉급을 받는 사람들도 봉급으로 가족을 부양하기 어려웠다. 봉급으로 반달치 식량을 겨우 살 수 있을 정도였다. 이러한 빈곤 속에서는 국민들이 높은 수준의 민주시민 의식을 갖기를 기대하기 어려웠다.

자유민주주의 정치체제에서 보장하는 사회 구성원의 권리 중 하나는 '생산에 기여한데 비례해서, 생산에 공헌한 만큼 보상받을 수 있는 권리'인데 공산주의 경제체제에서는 "능력에 따라 일하고 필요에 따라 보상받는 것"을 국가가 보장한다고 선전하고 있다. 국민의 평균적 생활수준이 높은 사회에서는 기여한 만큼 보상받는다는 원칙을 정의로 받아들이기 쉽지만 빈곤한 기초생활 환경에서는 "필요에 따라 소비하는 것"을 정부가 보장해준다는 공산주의가 더 매력적으로 받아들이게 된다. 특히 한국처럼 국토의 반에 마르크스-레닌주의를 앞세운 국가가 들어서서 한국을 공산화하기 위해 지속적으로 정치전, 무력전을 펴는 상황에서 빈곤은 곧 공산주의자들의 침투의 길을 열어주는 대문이 되었다. 그래서 의회는 좌우익 정당 간의 대립으로 제 기능을 못하고 거리에서는 노동자들의 데모, 농민의 데모, 이들의 주장을 대변하는 학생들의 데모가 끊이지 않았다.

생산성이 높은 산업화를 성취하여 국부(國富)를 키우려는 정부의 노력은 좌우익 정당간의 투쟁에 묶여 아무런 성과도 내지 못했다. 특히 '인권이 보장된 자유'와 '만민평등'을 무제한 보장하는 과정에서 자유민주공화정이라는 이상은 뿌리를 내리지 못했다. 그 결과가 1960년 '4·19 학생의거'이고 다음 해인 1961년 '5·16 군사혁명'이었다. '4·19 학생의거'는 정부의 무능에 국민의 불만이 쌓여갈 때 집권 여당이던 자유당이 집권 연장을 위하여 대통령-부통령 선거에서 투표에서 패배한 자기 당 부통령 후보를 개표 부정으로 당선시키는 불법을 저질러 이에 분노한 전국의 학생들이 '부정선거 다시 하자'는 구호를 내걸고 벌인 투쟁이다. 이 학생의거로 이승만 대통령이 하야하고 불법으로 당선된 이기붕李起鵬 부통령은 아들 손에 의해 사살되는 불상사가 일어났다. 이 의거를 계기로 헌법을 고쳐 내각책임제의 제2공화국이 출현하고 야당이던 민주당(民主黨)이 집권 여당으로 나섰다. 그러나 민주당도 좌우익으로 나뉜 국민들 간의 투쟁과 이를 이용한 북한 공산정권의 집요한 정치 개입으로 사회 안정을 이루지 못하고 경제개발의 기초도 마련하지 못했다. 이 혼란을 극복하기 위하여 군이 나선 것이 '5·16 군사혁명'이었다.

무능한 정부는 앞길을 보여주지 못하고 정치 지도자들은 국가의 이익 아닌 자파(自派)의 이익만 내세우며 서로 싸우고 법치(法治)가 흔들려 불법이 정상이 되어버린 사회상을 보면서 책에서 배운 바른 민주정치, 기강 잡힌 사회, 건설적인 정책을 펴는 '바른나라'를 만들자고 소리를 모아 외친 것이 4·19 학생의거였다. 당시 서울대학교 법과대학 4학년 학생이었던 내가 4월 19일 서울 시내를 헤매면서 관찰한 4·19가 이런 것이었다. 행사 준비를 위한 각 대학 대표들의 모임에서 나온 이야기는 '터키의 케말파샤', '선의의 독재' 등이었다. 국회의사당 앞에서 토론을 벌일 때는 내가 사회를 맡았었다. 우리도 힘을 모아 잘 사는 나라를 만들자가 논의의 핵심이었다.

1년 뒤의 5·16 군사혁명을 나는 한국일보 기자로 취재했다. 혁명군과 경찰이 교전하던 서울역 광장, 혁명군 전방지휘부가 되었던 군이 점령한 용산경찰서를 거쳐 혁명군 장교들이 첫 모임을 가졌던 새벽의 육군본부 강당까지 쫓아다녔고 낮에는 공수특전단 김재민 중령을 덕수궁에서 인터뷰했다. 5월 18일 육군사관생도들의 시가행진을 뒤쫓아와서 서울시청 앞 광장에서 혁명군 지휘부를 대표한 장도영張都暎 장군이 생도들에게 연설하는 것을 취재하기도 했다. 5·16 혁명은 역사상 보기 드문 군사혁명이었다. 단 한 사람도 죽지 않은 무혈혁명이었다. 막을 사람, 말릴 사람이 없었다는 것은 국민 모두가 묵시적으로 혁명에 나선 젊은 군인들의 목적을 이해해주고 있었기 때문이라고 나는 생각했다. 혁명 공약 첫 항목이 '반공을 국시로 삼고, 지금까지 형식적이고 구호에만 그친 반공 태세를 재정비 강화한다'였고 이어서 유엔 헌장 준수, 국제협약 존중, 미국을 비롯한 자유 우방과의 유대 강화, 부패와 구악 일소, 민족정기 바로잡기, 기아 선상에서 허덕이는 민생고를 해결하고 자주 경제재건에 총력 경주 등을 열거했다. 그 내용은 대한민국 건국 이념과 다를 바가 없다. 다만 흩어진 기강을 바로잡는다는 강력한 의지가 담긴 것뿐이다.

혁명 정부가 들어서면서 밀수품을 모두 압수하여 남대문 광장에서 불을 지르고, 병역 기피자들을 모든 기구에서 찾아내서 징병 해당자는 군에 입대시키고 나이가 많은 자는 '국토건설대'라는 노무부대로 편성하여 도로공사에 투입하였다. 이들이 만든 대표적 도로가 한라산 동쪽 기슭을 따라 제주도를 횡단하는 '5·16도로'이다. 그밖에도 밀수범을 엄하게 처벌하고 횡단보도가 아닌 차도로 건너는 사람을 즉결 처벌하고 깡패를 전방부대에 보내서 특별 훈련을 시키는 등 사회 기강 확립에 군이 적극 나섰다. 무질서 속에서 무능한 정부를 못 마땅히 여기던 국민 대부분은 5·16 군사혁명을 '올 것이 왔다'라고 받아들이면서 환영했다.

5·16 군사혁명으로 등장한 군사 통치는 대체로 1972년 10월의 '10월 유신(維新)'까지는 국민들이 용인하였으나 유신체제 7년, 그리고 1979년

10·26 사태에 이어 12·12 하극상 혁명을 거친 후 출범해서 1987년까지 지속된 제5공화국 시대는 국민들의 강한 저항을 받았다. 명분이 약한 전제적 통치였기 때문이다. 5·16 군사혁명과 그 뒤를 이은 군사 정부들이 내세운 명분은 '부국강병'을 위한 국력 집중이었다. 소모적인 좌우 이념투쟁을 막고 잘 사는 나라, 강한 나라를 만드는데 나라의 모든 힘을 모으겠다는 취지였다. 그러나 시간이 가면서 초지(初志)는 흐려지고 전제적 통치의 맛에 젖은 통치자들이 정권 유지에만 관심을 가졌기 때문에 국민들의 저항을 받게 되었다.

민주주의를 앞세웠던 제2공화국에서 시작하지 못했던 부국강병은 5·16에서 시작되었다.

2. 박정희 대통령의 10-100-1,000 구상

5·16 군사혁명을 주도했던 박정희朴正熙 장군 등 혁명위원들은 자유민주주의를 정착시키고 자유시장경제체제가 자리 잡게 하기 위한 기초를 다지기 위해서는 정부가 앞장서서 경제발전 계획을 반대하는 세력을 통제하면서 일정 기간 국민 모두가 정부 계획을 따르게 하자는 전제적 방법을 구상했었다. '10-100-1,000 구상'이라고 내부에서 이름 붙인 이 구상은 10년 내에 100억 달러 수출, 1인당 소득 1,000달러가 될 때까지 계획경제를 실시한다는 구상이었다.

경제발전의 세 가지 요소로 꼽는 것은 '3M', 즉 사람(man), 자원(materials), 자본(money)이다. 전쟁의 폐허에서 미국 등의 원조로 연명하는 상황에서 자본 축적이 있을 수 없었고 부존자원도 거의 없는 상황에서 동원할 수 있는 것은 사람뿐이었다. 경제발전 요소로서의 사람은 지식과 의욕을 갖춘 근로자, 각종 사업을 관리할 수 있는 경제관료, 잘 짜인 계획을 만들어낼 전문인력, 그리고 이 모든 요소를 동원할 수 있는 강력한 지도력을 가진 통치자를 말한다. 이 중 어느 하나가 미흡해도 군사작전 같은 경제발전 계획은 차질을 가져온다.

한국은 '가난한 선진국'이었던 적은 있었으나 후진국인 적은 없었다고 나는 국제회의에서 항상 강조했다. 지식과 계획을 중시하는 선비 정신, 근검절약하면서 몸을 아끼지 않고 일에 매진하는 근로정신, 자기가 노동한 만큼 보상받는 것이 도리라고 생각하는 정신문화 등을 갖춘 한 국민들이 지켜온 나라가 어떻게 후진국이라 할 수 있는가. 다만 환경과

박정희(朴正熙, 1917~1979)

체제가 나빠 가난했었을 뿐이다라는 것이 나의 주장이었다.

1960년 기준으로 한국의 1인당 GDP가 100달러가 되지 않았지만 한국민의 평균 교육 수준은 어느 선진국보다 못하지 않았다. 교육을 중시하는 한국민들은 아무리 가난해도 자식들 교육에는 열성적이다. 해방 당시의 한국 국민 중 초등학교를 포함한 정규교육을 받은 인구는 전체 인구의 25%밖에 되지 않았고 문맹률은 80%에 이르렀다. 그러나 교육입국(教育立國)을 내걸고 교육혁명에 나선 이승만 정부의 노력으로 1958년에는 문맹률이 4%로 세계에서 가장 높은 문자 해독률을 기록했다. 전국민이 6년의 초등교육을 의무적으로 이수하도록 법을 만들고 초등학교를 산간벽지까지 설립하였다. 1959년 아동 취학률은 96%에 이르렀다.

대학교육도 강화해나갔다. 해방 당시 전국에 대학교는 1개교(경성제국대학)뿐이었고 전문학교가 18개교 있었다. 대학-전문학교 재학 한국 학생은 1945년 기준 7천8백 명에 불과했으나 1960년 4·19 학생의거 때는 대학교 재학생이 8만 명에 이르렀다. 전후 미국의 도움으로 7천 명 이상이 미국에 유학을 갔다.

없는 자본은 사람의 노동력으로 메꾸었다. 중동 건설공사장에 수만 명 노동자가 일하러 나갔다. 독일에는 광부와 간호원을 보냈다. 국내 수출자유지역 내의 외국 공장에 직공으로 가서 일했다. 이들의 임금이 산업화의 자본이 되었다.

수출할 수 있는 것은 모두 수출했다. 바다 속 김을 건져 일본에 수출했고 처녀들 머리를 잘라 가발을 만들어 미국에 수출했다.

여론에 밀려 미루어 놓았던 한일 관계도 과감하게 진전시켜 차관, 독립축하금 등 명목의 무상 원조금 등을 받아 중화학공업의 기초 자금으로 활용하였다.

사람 요소 중에서 정책을 세우고 장기 기획을 하는 경제관료는 미국 유학생을 활용하였다. 학업이 끝나가는 유학생들에게 귀국 여비를 국고로 부담하고 직책을 사전에 결정해주면서 등용했다.

박정희 정부는 공산국에서만 채택하던 경제개발 5개년계획 제도를 도입하여 신설한 경제기획원에서 계획을 수립, 실천, 감독을 했다. 자유민주주의 존중과 시장경제체제 유지라는 민주국가의 두 가지 큰 틀을 유지하면서 사회주의-전체주의 국가에서 채택하고 있는 장기 경제계획 제도를 도입하였다.

가장 중요한 정치적 리더십 문제는 신념과 의지를 가진 대통령이 해결했다. 박정희 대통령이 직접 나서서 주요 기업체장들과 정부 내 관련 장관들을 한자리에 모아 놓고 정부가 무엇을 도울까를 논의하는 수출확대회의를 매달 열어 제도 개선, 융자 알선, 행정 지원, 외교적 자원 등 기업 성장 여건 개선에 정부가 적극적으로 나섰다.

5·16 군사혁명이 내세운 목표는 조국 근대화였고 조국 근대화의 제

김재익(金在益, 1938~1983)

1차적 목표는 자립경제 구축이었다. 세계 최빈국의 하나로 머물러서는 자주적 민주국가로 발전할 수가 없다고 생각했기 때문이다. 경제개발 5개년계획은 제1차(1962~1966) 계획에 이어 제3차까지 세 번 실시하고 이어서 1976년부터는 경제사회발전 5개년계획으로 확장하여 세 번 더 실시하였다. 제3차까지의 성과로 경제발전의 기반이 어느 정도 확립되어서 건강보험 등 사회복지 영역으로 계획 범위를 넓히기 위해서였다. 1981년에 발표된 제5차 경제사회발전 5개년계획(1982~1986)은 당시 청와대 경제수석비서관직을 맡고 있던 김재익金在益, 1938~1983 박사가 주관하여 만들었다. 김재익은 미국 스탠포드(Stanford)대학교에서 경제학 박사를 받은 후 1973년 귀국하여 경제기획원 기획국장, 1980년에는 국가보위비상대책위원회 경제과학분과위원장을 맡았었고 1980년 9월부터 청와대 경제수석비서관직을 맡은 '경제기획 전문가'였다. 나와는 서울대학교 대학원에서 국제법 강의를 함께 들은 친우로 미국 국무성에서 만든 동서문화센터(East-West Cultural Center) 장학금을 받아 하와이대학에서 같이 공부하였고 스탠포드 대학에서도 함께 공부했다. 나와 김 박사는 매주 한 번 정도 만나 경제발전 계획의 여러 문제를 토론했다. 특히 자기가 책임 맡은 제5차 계획에서는 건강보험, 교육 등 사회발전 계획으로 확대할 때의 경제 외적 여건에 관해 함께 많은 논의를 했었다. 마침 대만에서도 경제발전 계획을 하고 있어 그 계획을 지휘하고 있던 국가고핵위원회(國家考核委員會)의 위원장 웨이융魏鏞 박사가 내 절친한 친우여서 두 사람이 만나 서로의 경험을 나누고 사회발전으로 확대할 때의 문제를 함께 논하도록 내가 주선해주었다.

경제개발 5개년계획은 성공적으로 시행되었다. 1961년 5·16 혁명 때에 82달러이던 1인당 국민소득은 박정희 대통령이 시해 당했던 1979년에는 1,647달러로 20배로 늘었다. 그리고 농업 등 1차산업이 39.1% 차지하던 1961년 산업 구조가 2차산업 비중이 38.8%를 차지하는 '산업화 초기'에 들어서고 있었다. 그리고 민간 자본 축적이 빈약하여 제철, 운수통신, 금융업 등 대규모 기업을 공기업으로 시작했던 것을 1970년대 들어서서부터는 민간 기업을 앞세우기 시작해서 1980년대부터는 시장 경제체제가 자리 잡도록 유도했다. 1961년 5·16 혁명 때 내세웠던 '10-100-1,000 구상'은 달성되었다. 연간 성장 10~20%를 유지하면서 1977년에 100억 달러 수출, 1인당 국민소득 1,000달러 선을 넘어섰다. 그리고 농업 등 1차산업 중심이던 한국 경제를 중화학공업 비중이 전체 제조업 중 54%를 차지하는 선진국형 산업 국가로 변신하였다.

이 기간 동안 국민들의 자조(自助) 정신을 함양하기 위하여 농촌의 사회간접 시설은 주민이 약간의 자재를 정부에서 지원받아 자체적으로 갖추도록 유도하였다. '새마을운동'으로 도로, 수원지 건설, 산림녹화 사업 등을 성공적으로 진행하여 국토를 선진국형으로 바꾸어 놓는 데 성공했다.

최빈국이던 대한민국을 반세기 만에 선진공업국의 하나로 변신시킨 '한강의 기적'은 박정희 대통령의 지도력과 깨인 지식인들의 헌신적 노력, 그리고 빈 땅에 중공업 시설을 만들어낸 기업가들의 안목과 노력으로 이룰 수 있었다.

역사는 사람이 만든다.

3. 부국의 기초를 다진 깨인 지식인들

$6 \cdot 25$ 전쟁으로 폐허가 된 나라, 해마다 수많은 농민들이 '절량(絶糧)의 봄'을 겪던 나라. 5·16 혁명이 나던 1961년 한국의 1인당 국민소득은 82달러였다. 통계 대상국 103개국 중에서 87위에 머물러 있었다. 아프리카 가봉의 4분의 1 수준이었다. 그러던 한국이 2021년에는 1인당 국민소득이 3만 5천 달러가 넘는 경제선진국으로 올라서서 G20 국가 대열에 들어서 있다. 미국의 경제원조로 겨우 국민들을 굶기지 않던 나라가 이제 다른 나라에 경제 원조를 주는 나라가 되었다. 국제사회에서는 한국의 성장을 '한강의 기적'이라고 부른다. 그러나 나는 기적이라 생각하지 않는다. 한국 국민이 피땀 흘려 이룬 성과이지 기적이 아니다.

경제개발이라는 국가의 운명을 건 사업이 성공하려면 사업에 참여하여야 할 여러 층의 사람들이 필요하다. 우선 바른 비전을 가진 강력한 지도자가 있어야 한다. 전문가의 도움을 받아 장기 계획을 세우고 계획 참가자들을 독려하여 전체 계획을 이끌어 나갈 지도자가 있어야 한다.

다음으로 지식과 경험, 지혜를 가진 지식인 집단이 있어야 한다. 나라 안팎의 사정을 파악하고 역사 흐름을 짚어 가면서 국민 모두가 따를 합리적 계획안을 짜는데 힘을 보탤 사람들이 있어야 한다. 경제관료, 학자 등 훈련된 전문가 집단이 있어야 한다. 계획이 마련되면 이를 실천해나 갈 훈련된 일꾼들이 있어야 한다.

이 모든 참가자들이 한마음으로 맡은 일을 해주어서 이룬 성과로 최빈국 대한민국은 반세기 만에 선진국 대열에 들어서게 되었다. 결코 '기적'이 아니다.

박정희 대통령의 위국헌신 충정은 잘 알려져 있다. 대한민국을 번듯한 나라로 만들어 후손에게 남겨 줄 수 있다면 무슨 희생도 감수하겠다고 했다. 그의 유명한 말 "내 무덤에 침을 뱉어라"가 담고 있는 그의 진심이다.

5·16 혁명 후 국가재건최고회의 의장 자격으로 박정희 소장은 미국 케네디John F. Kennedy 대통령을 만나러 워싱턴에 갔었다. 미 공군에서 마련해준 군수송기를 타고 군복을 입은 채 갔었다고 한다. 박정희 장군은 케네디 대통령과 법무장관이던 로버트 케네디Robert F. Kennedy를 만났다. 만남에서 케네디 형제로부터 모욕에 가까운 대우를 받았다. 혁명을 탐탁지 않게 여긴 케네디는 앞으로의 민정이양 계획만 따졌다고 한다. 귀국길에 박정희 장군은 비행기 속에서 분한 눈물만 흘렸다고 한다. 그리고 기필코 대한민국을 번듯한 나라로 만들어 이런 수모를 받는 한국 대통령이 다시는 나오지 않게 하겠다고 했다. 통역으로 수행했던 분이 내게 전해준 이야기이다.

박정희 대통령을 가장 가까이에서 모신 김성진 장관은 박정희 대통령의 경제발전 계획에 대한 열정은 '민족주의적 정열'이라고 표현했다. 박정희 대통령은 북한 공산주의자들의 집요한 군사 위협을 이겨내고 미국 등의 지원을 받지 않고 떳떳하게 사는 나라를 만들겠다는 집념으로 "일하면서 싸우고, 싸우면서 일하자"라는 구호를 내걸고 자주(自主), 자립(自立), 자위(自衛)의 기초를 닦기 위해 경제발전을 추구한다는 확고한 뜻을 밝혔다.

박정희 대통령은 평생 군인으로 살아온 사람으로 지식, 지혜, 경험이 한정되었다는 것을 자인하고 지식과 지혜를 빌리기 위해 여러 어른들을 만났다. 한일 간에 얽힌 법적 문제는 국제법 대가인 이한기李漢基 교수를

신현확(申鉉碻, 1920~2007)

모시고 해설을 들었다. 국민들이 문화민족으로서의 자긍심을 갖도록 하기 위하여 문화전통과 민족정신을 다듬어 국민교육을 펴는 일은 원로 철학 교수 박종홍朴鍾鴻, 1903~1976 교수를 고문으로 모시고 상의했다. 1970 년대에 학교를 다닌 사람들이라면 지금도 외울 수 있는 「국민교육헌장」 은 박 교수와 협력해서 만든 것이다. 박 대통령은 매달 한 번씩 시인 구 상具常 선생과 만나 '삼학소주'를 마시면서 자기가 수행하고 있는 대통령 직을 평가받았다. 대통령이 주변에 있는 사람들 이야기만 듣게 되면 국 민 일반의 생각을 알기 어려워 '인(人)의 장막'을 깨고 직접 국민들의 이 야기를 접하지 않으면 '닻줄 끊어진 배'처럼 자기가 어디로 흘러가고 있 는지도 모르게 된다고 시간을 내어 자기를 만난다고 했다고 구상 선생 이 내게 해준 이야기이다.

경제개발계획은 5·16 혁명 직후부터 기획되었다. 자유당 말기 경제재 건 업무를 주관하던 부흥부(復興部)가 중심이 되어 장기 계획을 준비해

남덕우(南悳祐, 1924~2013)

오던 것을 모체로 혁명 후 부흥부를 대신할 경제기획원을 1961년 7월에 신설하면서 5개년계획 수립에 착수하였다. 경제개발 5개년계획은 모두 경제기획원에서 수립하고 집행하였다.

5개년계획은 가장 우수한 경제관료들에게 맡겼다. 일본 식민지 시대 일본제국 상무성에서 사무관으로 일했던 신현확申鉉碻, 1920~2007 총리, 남덕우南悳祐, 1924~2013 총리, 이한빈李漢彬, 1926~2004 부총리 등을 동원했다. 그리고 제5차 계획(1982~1986)부터는 해외에서 훈련받은 새 시대의 엘리트 경제학자들을 동원하여 맡겼다. 김재익 경제수석비서관, 서석준徐錫俊, 1938~1983 부총리, 서상철徐相喆, 1935~1983 장관 등이 제5차 계획을 작성하였으나 모두 1983년 아웅산 테러로 순국하였다. 많은 전문학자, 관리가 참가했으나 본보기로 위 몇 사람을 소개한다.

신현확 총리는 일제시대 일본 정부에서 훈련받은 가장 두드러지는 행정관리였다. 경성제국대학 법문학부를 졸업한 후 1943년 고등문관시험

행정과에 합격, 일본 정부 상무성에서 사무관으로 관료 생활을 시작하였다. 1945년 해방 후 귀국하여 1947년 대구대학에서 교수로 근무했으며 6·25전쟁 중 부산 임시수도에서 상공부 공무원으로 관직 생활을 재개하였다. 상공부 공업국장을 거쳐 1957년 부흥부 차관, 1959년 최연소 부흥부 장관이 되었다. 취임 당시 39세였다.

민주공화당 국회의원을 거쳐 1975년에는 보사부 장관을 맡았고 1978년 부총리 겸 경제기획원 장관에 취임하였다. 1979년 10·26 사태로 최규하崔圭夏, 1919~2006 총리가 대통령직을 승계함에 따라 그해 12월 총리직을 맡았다. 1980년 5·18 사태 수습 과정에서 군부와 마찰을 빚고 5월 21일 사임하였다. 관직에서 물러난 후에는 삼성물산 회장, 박정희기념사업회 회장 등 정부 외에서 활동하였다.

10·26 이후 북한의 무력 위협으로 불안하던 때 12월 26일 나는 총리실에서 신현확 총리를 만났다. 북한이 인민군부대를 휴전선 북쪽으로 전방 추진하여 공격배치를 해놓은 상태여서 대책을 강구 중인데 국방장관이나 육군참모총장을 불러 물어보아도 설명 없이 '각하 제가 있지 않습니까? 제게 맡기시고 마음 편히 가지십시오'라고만 대답해서 답답해 상의하려고 나를 불렀다고 했다. 나는 남북한 전력 비교를 간단히 보고드리고 총리가 당장 취해야 할 조치를 몇 가지 정리하여 드렸다. 그날 대화에서 신 총리의 직무수행 자세가 다른 어떤 공무원보다도 짜임새 있다고 느꼈다. 왜 나를 찾았느냐고 물으니까 예비조사를 했다고 했다. 그리고 10여 년 뒤 1993년 초 내가 게이오 대학에 연구교수로 가 있을 때 그곳으로 전화하셔서 2월에 함께 파리로 갈 수 있겠는가고 물었다. 세계전직 국가원수회의(InterAction Council)의 정기회의가 2월 15일 파리에서 열리는데 마침 독일통일이 이루어진지 얼마 되지 않아 독일통일 경험 이야기를 들으려 한다고 했다. 그때 신 총리가 헬무트 슈미트 Helmut Schmidt 수상과 전직 국가원수회의 공동의장을 맡고 있어 신 총리가 슈미트 수

상에게 부탁해놓았다고 했다. 나는 신 총리를 수행해서 파리에 가서 이틀 동안 슈미트와 함께 온 통일 당시의 동서독 국방장관, 중앙은행장, 경제장관 등과 독일통일 과정에서 있었던 어려움 등을 상세히 들을 수 있었다. 나는 귀국하는 비행기에서 왜 하필 나를 선정해서 이 귀한 모임에 참가하게 했느냐고 물었더니 신 총리는 이렇게 대답하셨다. 통일 관련 인사 네 명에게 '배우러 가는데 적합한 사람' 4명씩을 서열 순으로 추천해달라고 부탁해서 그 결과를 합산하여 제1순위를 선택한 것이었다고 대답하셨다. 그의 공무원으로서 일하는 방식에 크게 감명 받았었다.

최초의 경제개발 5개년계획의 바탕이 된 것은 5·16혁명 전 신 총리가 부흥부 장관 때 부원들을 동원하여 만들었던 계획이었다.

남덕우 총리는 신현확 총리의 바로 앞 부총리 겸 경제기획원 장관이었다. 남 총리는 미국 오클라호마(Oklahoma) 대학교에서 경제학 박사학위를 받은 후 귀국하여 1964년부터 1969년까지 서강대학교 교수로 근무했다. 그해 박정희 대통령에 의하여 재무장관으로 발탁되었다. 남 총리는 '한강의 기적'을 이끈 통칭 '서강학파'의 좌장이었다. 남 총리는 1969년부터 1974년까지 재무장관으로 일한 후 부총리 겸 경제기획원 장관을 맡아 제3차 5개년계획의 집행 그리고 제4차, 제5차 5개년계획의 작성 책임을 맡았었다. 남 총리는 1980년 광주 5·18 사태 수습 과정에서 총리직을 내려놓은 신현확 총리의 뒤를 이어 1982년까지 국무총리직을 맡았다.

남 총리는 1968년 풀브라이트Fulbright 교환교수 계획에 따라 1년간 스탠포드 대학에 머물렀다. 마침 그때 나도 '방문학생' 자격으로 스탠포드대학에 가 있었다. 나는 하와이대학 박사과정에 있으면서 미 국방성 DARPA(방위고등연구계획국)가 하와이대학에 설치하여 운영하던 DON Project(국가차원연구소) 연구원으로 일하고 있을 때여서 계량적 방법을 훈련받으러 스탠포드대학에 가 있었다. 그때 남 총리와 수리경제학 과목을 함께 수강하였다. 그 강의조교가 김재익이었다. 그 인연으로 김재익 박사는 1973년 귀국 후 남덕우 경제기획원 장관 비서실장, 기획국장을 맡게 되었다.

이한빈 박사는 해방 후 서울대학교 영문과를 졸업하고 문교부 공무원으로 관직 생활을 시작하였다. 1949년 이 박사는 국비 장학생으로 선발되어 하버드대학교에서 MBA 과정을 마치고 1951년 전쟁 중에 귀국하여 기획처 예산국 제2과장으로 다시 공직 생활을 했다. 1958년 재무부로 옮겨 예산국장을 거쳐 1961년에는 재무부 차관으로 일했다. 이 박사는 재무부에 있으면서 1959년부터 2년간 신설된 서울대학교 행정대학원에 강사로 나가면서 학교 틀을 잡는 일을 했다. 1961년 제네바공사, 1963년부터 1965년까지 초대 스위스 대사로 나가 오스트리아, 유럽경제공동체(EEC), 바티칸의 겸임대사로 일하면서 외교관 생활도 했다. 1966년에 학교로 돌아와 서울대학교 행정대학원장을 맡았었다. 1970년부터 1973년까지 하와이에 있는 동서문화센터(EWC)의 기술발전연구소(Technology and Development Institute) 소장직을 맡아 주전공인 행정학 중 institution building을 연구하고 가르쳤다. 이 박사는 1973년 귀국하여 숭전대학교 총장, 신설 아주공대 학장을 맡았다.

1979년 이한빈 박사는 10·26 사태 후 출범한 과도정부의 부총리 겸 경제기획원 장관을 맡았었다. 이 박사는 경제개발을 뒷받침할 연구소와 특수대학원 설립을 위해 많은 노력을 했으며 그 결과로 만들어진 KAIST, KIST의 이사장도 직접 맡아 두 기구가 자리 잡는 일을 도왔다.

이한빈 박사의 가장 큰 공적은 미래학회 창설이다. 1968년 이 박사는 이헌조李憲祖, 1932~2015 LG전자 회장, 최정호崔禎鎬, 1933~ 성균관대 교수 등과 함께 '한국미래학회'를 창설하였다. 한국의 미래를 함께 논하는 각계의 인사들이 모인 '집단지성'의 모임으로 초기에는 서른 명 정도의 학자, 언론인, 기업인 등이 모였다. 〈미래를 묻는다〉는 잡지도 출간했다. 이한빈 박사가 내게 참여를 권할 때 내가 물었다. "미래학이 아직 자리 잡힌 학

이한빈(李漢彬, 1926~2004)

문 분야가 아닌데 무슨 미래학회냐"고 했다. 이 박사는 내게 띄어쓰기를 잘 보라고 하면서 '앞으로 올 학회, 즉 미래 학회'라고 하셨다. 한국미래학회는 이제 창설 60주년을 내다보고 있는 큰 학회가 되었다. 그뿐만 아니라 미래학회가 한국 지식인들의 생각 틀을 고쳐주는데 큰 기여를 하였다. 온고지신(溫故知新)이라는 말이 있다. 지나온 역사를 바로 이해해야 오늘을 바로 알 수 있다는 뜻을 담은 말이다. 과거의 흐름이 닿은 곳이 오늘이니까. 그러나 미래학회는 미래에서 역시간(逆時間)으로 현재를 보면 원하는 미래를 위해 오늘 우리가 무엇을 해야 할지를 알게 된다는 사고의 흐름을 놓고 각 분야의 지식인들이 만나 서로 배움을 얻자는 생각으로 우리의 시각을 돌려놓았다.

1985년 조선일보 창간 65주년을 맞이하여 조선일보가 특집을 구상할 때 나는 최병렬崔秉烈 편집국장에게 21세기의 한국을 내다보며 오늘의 문제를 짚어 논하는 특집을 권했다. 나의 제의가 받아져서 '조선일보 21세기모임'이 구성되었다. 이홍구李洪九 교수, 김학준金學俊 교수, 김우창金禹昌 교수, 이인호李仁浩 교수, 정근모鄭根謨 교수, 한승수韓昇洙 교수, 권태준權泰埈 교수, 권태완權泰完 교수, 서광선徐洸善 교수 등 10명의 기획위원들이 주제를 골라 매주 해당 분야 전문가를 모셔 몇 시간 토론하고 그 결과를 매주 조선일보에 게재하는 작업이 시작되었다. 내가 간사를 맡아 36회의 집담회를 가지고 그 결과를 정리하여 조선일보에 매주 실었다. 인보길印輔吉, 1940~ 부국장이 정리를 도왔다. 그리고 이 모임을 최병렬 국장을 승계한 안병훈安秉勳, 1938~ 국장이 주관하여 1987년에 『한국 21세기: 오늘의 문제와 내일의 과제』라는 단행본으로 출간하였다. 내일의 한국을 걱정하면서 오늘 해놓아야 할 일을 심도 있게 논의했던 모임에는 모두 146명의 학계, 관계, 업계, 문화계의 지도급 인사들이 참여하였다. 한국의 경제사회발전 기획을 할 때 많은 자극을 받았다.

조선일보 21세기 위원회가 큰 반향을 일으켜 이를 더욱 확대하려고 측근들이 노태우 대통령을 설득하여 1989년 6월 1일 대통령령으로 '대통령자문 21세기위원회'를 창설하였다. '21세기의 한국의 선택'을 연구목표로, 그리고 구체적으로 '조화를 이룬 한민족 민주공동체 건설'을 연구 방향으로 설정하고 각계 지도급 인사 52명으로 위원회를 구성하였다. 사무실은 삼청공원 안에 있는 남북회담사무국 건물을 쓰기로 했다. 초대 위원장은 나웅배羅雄培 장관이, 2대는 이관李寬 장관이 맡았다. 나는 창립 때부터 부위원장을 맡았다가 1993년부터는 위원장을 맡았다. 그해 취임한 김영삼金泳三 대통령과 합의하여 위원회 존속기간을 1999년 말까지 연장하였으나 1994년 5월 갑자기 대통령이 해체시켰다. 5년간 존속했던 21세기위원회는 각계 지도급 지식인 400여 명을 초빙하여 집담회, 간담회, 세미나, 공동연구를 진행하여 그 결과를 1994년 『21세기의 한국』이라는 1,400페이지의 책자로 만들어 출간하였다. 주제별 보고서는 직접 청와대에 제출했다.

이한빈 박사가 일으킨 '미래 바람'은 30년 동안 '21세기에 만들어야 할 한국'을 생각하는 바람이 되어 부국강병을 기획하는 실무자들에게 큰 영향을 끼쳤다.

제5차 경제사회발전 5개년 계획이 시작되던 1980년대에 들어서면서 해방 1세대, 즉 해방 이후 초등학교부터 한글로 공부하면서 국내 또는 미국 등 해외에서 대학교육을 받은 '일제의 때가 묻지 않은 순수 국산 지식인'들이 부국과 강병의 기초를 닦는 일을 맡기 시작하였다. 경제, 사회, 문화 모든 분야에서 새 바람이 불기 시작하였다. 부국의 기초를 닦는 경제개발계획에 참여하면서 새 세대의 지식인들은 모든 것을 국제 기준에 맞추기 시작했다. 그리고 '자유민주주의-시장경제'라는 목표 가치에 대해서도 확고한 수호 결의를 갖게 되어 사회경제 발전 방향도 국가 목표 가치에 조준점을 두게 되었다.

경제개발계획을 수립하는 핵심 경제관료들에 엘리트 지식인들이 모두 투입되었다. 본보기로 몇 사람만 소개한다.

우선 김재익 박사를 소개한다. 김 박사는 쌓아온 지식과 지혜를 쏟아 자유민주공화국 대한민국의 안정된 성장에 힘을 보태기 시작하던 젊은 나이에 아웅산에서 순국하여 뜻을 제대로 펴볼 수 없었다. 김 박사는 마흔다섯 나이에 부총리나 장관 자리가 아닌 청와대 경제수석비서관에 머물다 세상을 떠났지만 그가 끼친 영향은 40년이 지난 지금까지도 한국 경제 틀에 남아 있다. 김 박사가 세상을 떠난 지 30년이 되어 쓴 고승철, 이완배의 『김재익 평전』에서도 한국 경제발전 틀을 정리된 사상을 바탕으로 바꾸어 놓은 '한국 경제 기적의 주인공'으로 평가하고 있다. 이 책에서 저자들은 김재익이 남긴 가장 소중한 유산을 세 가지로 꼽았다. 첫째는 '안정 속의 성장'이었다. 그동안 정부의 정책은 정부가 나서서 가시적인 성장만을 바라보고 시장 기능을 무시한 채 가시적 성과 창출을 추구하는 '개발 독재'였다. 돈을 찍어 내어 투자 자본을 기업에 주고 더 큰 사업을 하게 하면 우선 가시적 성장이 이루어진다. 그러나 돈을 나누어 주는 정부의 자의가 부패의 원천이 된다. 김 박사는 우선 통화를 억제하고 저축을 유도하여 투자 자본을 창출하였다. 이렇게 되면 물가가 안정되어 소비자의 저축 여력이 생기고 저축 증대는 금융 기능을 높여주어 기업의 자본 조달도 쉬워진다. 김 박사는 여기에 수입을 자유화하면 시장의 고유 기능이 회복되어 소비자의 선택의 폭이 넓어지고 높아지는 경쟁 속에서 기업의 경쟁력 높이는 노력이 커진다고 했다. 이렇게 시장 기능을 살려 내면 안정 속의 성장이 가능해진다.

두 번째는 정치가 경제에 손을 댈 수 없게 하면 정치민주화가 쉽게 이루어진다고 했다. 정치가 권력과 돈을 장악하면 민주화는 어려워진다. 지배자는 돈을 장악하기 위해 권력을 놓지 않으려 하기 때문이다. 김 박사는 경제적 민주화가 정치적 민주주의를 앞당길 것이라고 하면서 1982년에 시작된 제5차 경제개발계획 수립 때 여러 가지 장치를 계획에 포함시켰다. 1987년 군정 종식의 민주화혁명은 김 박사의 구상이 적중했음을 보여준다.

셋째는 시장경제 개념을 우리나라에 제대로 심어 놓았다는 사실이다. 시장경제체제의 핵심은 사유재산 인정과 시장의 자율적 기능을 존중하는 것이다. 이 두 가지 원칙이 지켜지면 기업가의 창의적인 도전이 활성화되어 국제 시장에서 경쟁력을 가지는 제품을 만들어 낼 수 있다. 1980년대 이후 한국 기업이 전자통신제품, 가전제품, 자동차, 선박제조 등 선진국 기업들이 독점하고 있던 중화학공업에서 경쟁력을 가지게 된 것은 우리가 시장경제 원칙을 지키고 시장의 자율 기능을 존중하는 정부 정책 때문이라고 할 수 있다.

김 박사는 철저한 민주주의자이다. 1980년 국가보위비상대책위원회가 출범하면서 신군부에서 김 박사를 경제과학위원장으로 '징집'할 때 김 박사가 피하지 않고 참여했던 것은 정치민주화 촉진을 위한 길을 열겠다는 생각 때문이었다. 나도 그때 '징집'되어 나와 김 박사는 오랫동

서석준(徐錫俊, 1938~1983)

안 참여할지 말지에 대하여 논의했었다. 김 박사의 뜻을 이해하고 나는 김 박사에게 참여를 권했다. 나는 내게 맡기려는 일이 감당하기 어려운 일이어서 거부했었다.

서석준 부총리는 김재익 박사와 서울대 외교학과 동기 동창이다. 두 사람 모두 고교 2학년을 마치고 검정고시로 입학한 수재들이었다. 서 부총리는 재학 중 고등고시 행정과에 합격하여 경제기획원에 들어갔다. 서 부총리는 경제기획원에서 기획국장, 차관(두 차례)으로 일했고 1980년부터 1982년까지 상공부 장관으로 일했던 가장 주목받던 경제관료였다. 서 부총리는 1964년부터 2년간 밴더빌트(Vanderbilt) 대학교 경제학부에서 AID 장학생으로 유학했다. 1983년 관료 생활을 마치고 학계로 직을 옮길 생각으로 하와이 동서문화센터에 연수를 떠났을 때 김재익 박사의 설득으로 귀국하여 부총리 겸 경제기획원 장관직을 맡았다. 서석준 부총리는 김재익 박사와 함께 제5차 경제발전계획을 짰다.

서상철(徐相喆, 1935~1983)

　서상철 장관도 해방 1세대에 속하는 엘리트 경제전문가이다. 1954년 서울대학교 상과대학에 입학했으나 1955년 미국으로 유학 가서 클라크 대학교 경제학과에서 석사학위를 받고 이어서 1964년 하버드대학교에서 경제학 박사학위를 받았다. 학위 후 세계은행(IBRD)에서 근무하다가 1972년 귀국하여 고려대학교 경제학 교수로 지냈다. 1982년 건설부 차관을 거쳐 동자부 장관에 취임하였다. 미국에서 오래 일했던 경험으로 한국 경제발전 모델을 개발하는데 크게 기여하였다.

　1983년 초 김재익 박사는 정부의 경제부처에 최고 엘리트 경제전문가를 다 모아 놓았다고 '드림팀(Dream Team)'을 마련했으니 한 번 멋지게 한국 경제발전의 틀을 짜보겠다고 내게 포부를 밝혔는데 그해 가을 미얀마 아웅산 묘소에서 모두 함께 순직했다. 북한의 아웅산 테러는 '또 한 번의 남침'이라고 할 만큼 한국에 큰 충격을 주었다. 한국의 '부국(富國)의 기초'를 닦을 가장 소중한 인적 자원을 일시에 잃었다.

신동식(申東植, 1932~)

　2023년 현재 한국은 무기 수출국으로 선진국들이 주목하는 공업선진국으로 올라서고 있다. 2022년에 전투기, 전차, 자주포 등 무기를 팔아 173억 달러의 수출고를 올렸다. 이 추세라면 2027년에는 미국, 러시아, 프랑스 다음으로 세계 제4위 무기 수출국이 된다고 예상하고 있다. 조선업에 있어서도 한국은 두각을 나타내고 있다. 현재 전 세계 해양을 누비는 5만 톤급 이상의 선박 중 85%가 한국에서 만든 것이다.

　어선 하나도 제대로 만들지 못하던 한국을 세계 제일의 조선(造船) 왕국으로 올라서게 만든 것은 뒤에서 소개하는 바와 같이 현대조선의 정주영 회장 등의 공(功)도 크지만 해양입국의 뜻을 세우고 조선 사업을 키우려고 결심했던 박정희 대통령의 의지와 그 뜻을 현실화시키는 계획을 세우고 남보다 앞서는 기술을 공급한 '㈜한국해사기술(KOMAC : Korea Maritime Consultants Co., Ltd)' 회장 신동식申東植,1932~ 선생의 공헌이 있어서 가능했다.

신동식 회장은 서울대 조선공학과를 졸업한 후 스웨덴, 영국 등에서 선박 설계를 습득하고 미국 선급협회에서 일하던 조선 전문 기술인이었는데 미국을 방문했던 박정희 대통령의 간곡한 요청에 응하여 1965년 귀국하여 초대 경제수석비서관으로 일하면서 조선공업의 중장기 발전 계획을 세웠다. 신동식 회장의 기술 지원과 정부 정책 지원에 힘입어 현대조선, 대우조선, 한진중공업 등 대형 조선회사들이 세계 1위의 조선 주도국으로 한국을 밀어 올릴 수 있었다.

　이들이 짜놓은 경제발전의 로드맵(Road Map, 진로)을 따라 패기 넘치는 창의적 기업인들이 나서서 '한강의 기적'을 만들어냈다.

4. 뜻을 가진 기업인들이 이루어 놓은 부국의 기초

시장경제체제에서는 모든 생산은 개인, 그리고 개인들이 모여 만든 기업이 담당한다. 공동체 전체의 대부분의 부는 기업이 창출한다. 정부는 기업이 생산을 하는 환경을 만들어준다. 제도를 손질하여 기업의 생산 활동이 순탄하게 이루어지도록 해주고 필요한 자금, 노동력, 기술, 시장 등을 손쉽게 확보할 수 있도록 도와준다. 개인이 만든 사기업(私企業)이 감당하기 어려운 대규모 사업, 모든 국민이 혜택을 누려야 하는 산업 등은 정부가 직접 나서서 공기업(公企業)을 만들어 산업 활동을 한다.

빈곤한 경제 후진국 한국을 반세기 만에 경제선진국 대열에 올려놓은 놀랄만한 속도의 산업화는 정부가 만든 틀에 맞추어 직접 생산 활동을 편 기업이 이루었다. 한국의 경우 선조로부터 물려받은 기업, 공장, 농지로 대기업을 일군 사람은 없다. 식민지 시대 자산은 거의 모두 일본인 소유였고 그들이 남긴 산업 시설은 거의 모두 6·25전쟁으로 파괴되었다. 농지는 농지개혁 정책에 따라 경자유전(耕者有田)의 원칙대로 농민에게 분양되었다. 한국의 산업화는 결국 무(無)에서 유(有)를 창출해낸 뜻있는 기업인들의 불굴의 의지로 이루어진 셈이다. 대기업과 중소기업은 규모의 차이가 있었지만 창업자들의 의지와 안목, 그리고 노력은 모두 같았다.

무에서 유를 만든 초기의 창업자들은 한국 경제발전의 기적을 이룬 제1세대 기업인들이다. 해방 전에 기업에 종사하던 분들이 대부분이다.

6·25전쟁이 남긴 폐허에서 당장에 아쉬운 생활용품을 만들고 수송 등 간단한 서비스업을 하는 기업들을 창업한 분들이 경제혁명의 출발선에 나선 제1세대의 기업인들이다. 1950년대와 1960대가 이분들이 투쟁하던 시대였다.

1970년대에 들어서면 제2세대의 인재들이 나선다. 1950년대와 1960년대에 어려운 환경에서 새로 만든 학교에서 키워낸 인재들이 그 주역들이다. 급조된 대학에서 새 시대의 지식과 기술을 배운 분들이다. 그중 일부는 미국, 일본, 서유럽의 대학에 유학한 고급 인재도 있었다. 제2세대 인재들 중 일부는 선대가 창업한 기업에 들어가 그 기업을 키웠다. 그리고 대부분의 인재들은 제1세대가 키운 기업에 직원으로 들어가 그 기업을 국제 기준에 맞도록 정비하고 해외 진출을 할 수 있도록 다듬었다. 이들의 노력으로 1970년대부터는 국제 경쟁력을 갖춘 기업들이 출현하기 시작하였다.

한국 기업들이 전세계를 무대로 진출하여 앞선 나라의 일류 기업과 경쟁을 하면서 한국 경제의 운신의 폭을 넓힌 것은 제1세대, 제2세대가 키워 놓은 제3세대 인재들이었다. 선진국 대학과 견주어 손색없는 교육 훈련을 하는 대학들이 나라 안에서도 자리 잡혔고, 한국과학기술연구원(KIST), 국방연구소(ADD: Agency for Defense Development) 등 첨단과학기술을 다루는 국립연구소들이 창설되면서 고급 인재들이 참여하는 연구개발이 활성화되었다. 이러한 기구에서 배출한 인재들을 받아들이고 이들 연구소에서 제공하는 신기술 지원을 받게 되면서 한국 기업도 세계 무대에서 선두를 달리는 기업으로 커졌다. 한국 경제가 세계 수준으로 틀을 잡게 된 때가 이들 제3세대 인재들이 활동하기 시작한 1990년대부터이다.

제3세대 기업인들은 대학교, 기업, 연구소, 그리고 해외에서의 훈련 등을 거치면서 축적한 지식과 기술을 바탕으로 자신감을 가지고 창업에 나서기 시작했다. 디지털혁명으로 삶의 양식이 혁명적으로 바뀌는 21세기적 환경에 맞추어 새로운 영역, 새로운 방식으로 새로운 기업을 창업해 나가기 시작했다. 그래픽 온라인 게임이라는 새로운 영역에 진출하여 세계적인 게임회사 NEXON을 만든 김정주金正宙, 1968~2022가 그 예이다.

사람이 역사를 만든다. 자원도, 물려받은 산업 시설도 없던 빈곤 국가 대한민국을 반세기만에 세계 선진공업국의 모임인 G20의 회원으로 올라서게 만든 것은 사람이었다. 역사 흐름을 직시하고 사람 중심의 과감한 경제개발 계획을 세우고 이끌었던 지도자들, 무에서 유를 만들어낸 도전 정신으로 맨땅에 공장들을 세웠던 제1세대 기업인들, 그들의 뒤를 이어 새로 등장한 배움을 갖춘 제2세대 인재들, 그리고 앞선 세대가 키워낸 패기만만한 제3세대 기업인들이 "자유민주주의 정치체제를 안정되게 유지해나갈 경제적 기반"을 구축해 놓았다.

반세기에 걸쳐 한국의 산업화를 일군 기업인들의 모습을 몇 분을 골라 본보기로 소개한다.

1) 젊은이들에게 길을 열어준 사람들

대한항공, 한진중공업, 한진해운 등을 창업했던 조중훈趙重勳, 1920~2002 회장은 우리 국민들, 특히 우리 젊은이들이 밝은 세상으로 나아가는 '길'을 열어주기 위해 기업을 일군 분이다. 조 회장은 해방 직후 인천에서 트럭 두 대로 1945년 한진상사(韓進商社)라는 조그마한 회사를 차렸다. 시작은 미미해 보였겠지만 뜻은 장대하였다. 한국(韓)이 앞으로 나아갈(進) 길을 열겠다는 포부를 담은 기업이었다. 조 회장은 화물자동차 운송업으로 자리 잡은 후 1961년에는 한국항공(대한항공 전신), 한진관광, 그리고 1967년에 대진해운(한진해운의 전신)을 설립하고 1968년에는 인하대

조중훈(趙重勳, 1920~2002)

학교를 인수하였다. 1977년에는 항공기 제조사업을 시작하여 1982년에는 국산 전투기 제공호(制空號: 미국 F-5기)를 만들기 시작했다. 1989년에는 대한조선공사도 인수했다. 1980년대 말에 이르러 한진은 육해공 운수업과 항공기, 선박제조까지 아우르는 운송 관련 사업 재벌로 자리 잡았다. 국내 고속도로는 한진의 트럭으로 덮고, 오대양은 한진의 화물선이 누비고 온 세계의 주요 도시에는 태극마크가 선명한 KAL(대한항공) 여객기가 주기(駐機)하는 시대가 열렸다.

　1988년 한진그룹은 사보(社報)로 〈길〉이라는 격월간 고급 교양지를 창간했다. 사보는 유재천劉載天, 피터 현 두 분과 내가 편집위원이 되어 만들었다. 사보 제호를 '길'이라 했다. 조 회장이 일군 기업은 모두 땅길, 바닷길, 하늘길과 관련되었음을 상징하기 위함이었다. 조중훈 회장은 창간사를 쓰면서 제호의 뜻에 본인의 뜻을 더 담아 '길'을 설명했다. 조 회장은 서양 언어의 길을 뜻하는 road 등은 단순히 공간에서의 두 점을 잇는 통로의 의미만 가지고 있지만 동양의 길은 도(道)로 표시하는데 공간 연계의 물리적 통로의 뜻에 더하여 우주의 근본인 도, 사람이 따라야 할 대자연의 섭리라는 뜻도 포함하는 것이 아니겠느냐고 하면서 자기 평생의 뜻이 우리 젊은이들에게 밝은 미래로 가는 길을 열어주는 것이었다고 하면서 사보의 제호 '길'을 아주 흡족해 하면서 붓글씨로 제자해 주었다.

조중훈 회장은 젊은이들에게 앞길을 열어주는 뜻을 펴기 위하여 많은 노력을 기울였다. 인하대학교, 인하전문대학, 한국항공대학 등도 운영하였을 뿐 아니라 1991년에는 '21세기 한국연구재단'을 설립하여 한국의 미래를 설계하는 대학원생들에게 연구비를 보태주고 신문-방송사에서 일하는 젊은이들의 안목을 넓혀 주기 위하여 일본 연수 프로그램을 운영하여 100명에 달하는 기자들을 10년에 걸쳐 일본에 유학 보냈다. 제주도 중·고등학교 학생들에게 장학금을, 인천 지역의 소년·소녀 가장들에게 공부할 기회를 열어주었다. 몽골을 돕기 위해 매년 몽골 학생 7~8명을 선발하여 한국에서 대학교육을 받을 수 있게 해주었다. 몽골을 돕는 목적 외에 한국 학생들에게 몽골 진출의 기회를 마련해주기 위해서였다.

한진그룹 내에는 고졸 직원들에게 대학교육을 시키는 사내 대학이 설치되어 있었다. 퇴근 후 다시 직장 내 교실에서 외래강사를 초빙하여 수업을 하는 사내 대학을 운영하였다.

1996년 회고록을 쓸 때 책 제호를 무엇으로 해야겠느냐고 내게 물어 나는 서슴없이 『내가 걸어온 길』이라고 붙여 드렸다. 이 나라 젊은이들에게 일할 자리를 만들어 주고 나라를 위해 공헌할 수 있도록 길을 열어준 일, 그것이 조 회장이 걸어온 길이었기 때문이다.

남들이 '한강의 기적'이라고 감탄하는 한국의 빠른 경제성장은 조중훈 회장과 같은 위국헌신(爲國獻身)의 뜻을 가진 기업인들이 있어 가능했다.

2) 위국헌신의 뜻을 세워 21세기 한국을 준비한 사람들

삼성 이병철李秉喆, 1910~1987 회장과의 만남의 기억에서 가장 오래 남는 것은 처음 만났을 때였다. 1970년대 말이라고 기억된다. 북한에 대하여 물을 것이 있다고 해서 만났다. 그때 나는 서강대학교에서 북한정치를 강의하고 있었다.

이 회장의 첫 질문은 "북한의 논 단보당 쌀 생산량이 얼마입니까?"였다. 나는 잘 모르겠다고 했다. 당시 우리나라의 논의 단보당 쌀 생산량은 300kg 정도였다. 북한은 비료도 부족하고 관개 시설이 제대로 되지 않아 우리의 반 정도일 것이라고 답했다. 그리고 왜 이 숫자에 관심을 가지느냐고 되물었더니 이 회장은 "이 박사, 앞으로 남북 관계는 이 숫자로 판가름 납니다"라고 했다. 지나고 보니 탁견이었다. 김일성이 우리 수준으로 북한 주민을 먹일 수 있게 되면 약속대로 '이밥에 고깃국'을 먹일 수 있어 인민을 통제할 수 있게 되고 여유 있게 한국을 압박할 수 있게 되었을 것이다.

그날 나는 만난 김에 한국에서 가장 성공한 기업인으로 이루어 놓은 자산으로 무엇을 할 생각이냐고 물었다. 이 회장은 주저 없이 답을 했다. 이 회장은 나머지 인생은 21세기에 한국 국민이 먹고 살 수 있는 산업의 기초를 닦는데 바칠 생각이라고 했다. 이 회장은 이어서 "오랜 검토 끝에 전자산업과 항공산업을 생각하고 있다"고 했다. 당시 전자산업에서 선두를 달리던 일본이 '64K 램 메모리셀'을 만들 때였다. 삼성은 그 일본을 제치고 앞서 나가는 한국을 만들었다. 많은 자산을 버려서라도 한국 국민의 삶을 보장하는 산업의 기초를 마련하겠다는 이 회장의 생각에 감동을 받았다.

이병철 회장의 '뜻'과 그 뜻을 펴기 위해 그분이 펼친 노력의 결과, 예견했던 대로 21세기 한국 전자공업이 세계에서 제일 앞서게 되었고 그

이병철(李秉喆, 1910~1987)

덕분에 한국이 경제선진국에 들어설 수 있게 되었다. 2022년 현재 반도체 생산에서 삼성전자가 세계 70%를 차지하고 있다. 나아가서 삼성전자는 미국에 170억 달러를 투자하여 반도체 공장을 짓기로 했다. 2022년 5월 한국을 방문한 미국 바이든 대통령Joe Biden이 첫 방문지로 삼성전자 평택공장을 택하고 한국과의 동맹을 전자공업을 같이 협력해서 발전시키는 경제협력으로 확장하는 '포괄동맹'을 제안했다. 뜻을 가진 한 사람의 기업인이 한국의 운명을 결정한다는 것을 보여주는 사례이다. 손자인 이재용李在鎔, 1968~ 삼성전자 부회장이 대를 이어 오면서 이병철 회장의 큰 뜻은 빛을 보아 '한국인이 21세기에 먹고 살 수 있는 기반'이 마련되었다.

이 회장은 정부의 북방외교 시작보다 한발 앞서서 삼성 내에 '북방개척팀'을 만들어 놓고 준비하고 있었다. 삼성은 소련이 개혁개방을 하면서 혼란을 겪을 때 소련이 개발에 앞섰던 레이저 기술 등 선진 기술을 도입하여 상용화하는데 성공했다. 이병철 회장의 미래 지향의 넓은 안목이 그 길을 열었다. 나는 북방개척팀의 자문을 맡았었다.

한국 경제의 고속성장은 삼성뿐 아니라 현대, 한화, SK, LG 등 대기업 경영인들의 앞을 내다보는 안목과 기업인으로서 국민의 앞날의 먹거리를 마련하겠다는 위국헌신의 정신이 있었기 때문에 가능했다.

3) 투지 하나로 선진공업국의 기초를 닦은 분들

1980년 현대자동차에서 승용차 '포니'를 세상에 내놓았다. 꿈같았다. 우리 세대는 우리 생전에 자가용차를 가져볼 수 없으리라 생각했다. 어디에 내어놓아도 손색없는 소형 승용차였다. 수출도 했다. 대만에서는 '샤오마(小馬)'라 불렸다. 인기가 있었다. 남미 칠레에서는 택시로 쓴다고 했다. 포니의 엔진은 일본, 설계는 이탈리아의 유명한 디자이너가 했다.

현대자동차는 남양에 연구소를 차리고 엔진부터 자동차 모든 부품을 만드는 연구를 시작했다. 세계적인 엔진설계 전문가인 이현순李賢淳, 1950~ 박사를 모셔다 엔진을 개발했다. 알파, 베타 순으로 이름 지어진 엔진들을 만들어내었다. 소나타에 장착한 세타 엔진은 세계 제일이라는 평가를 받았다. 이어서 세계 무대에서 경쟁하는 품질의 엔진을 계속 개발하여 미국, 일본에 기술을 수출했다. 포니를 만들 때는 차부품의 90%를 수입하여 우리가 조립한 정도였지만 점차로 자체 제작 부품으로 교체하면서 명실상부한 국산 자동차가 되었다. 소나타, 그랜저를 거쳐 제네시스까지 세계 시장에서 품질평가 1위를 차지하는 자동차를 내어놓는 자동차회사로 현대자동차는 자리 잡았다.

정주영鄭周永, 1915~2001 회장의 꿈도 아들 정몽구鄭夢九, 1938~ 현대자동차그룹 명예회장을 거쳐 손자인 정의선鄭義宣, 1970~ 현대자동차그룹 회장이 대를 이어 오고 있다. 2022년 5월 미국에 100억 달러가 넘게 투자하기

정주영(鄭周永, 1915~2001)

로 하여 새 시대를 내다보는 전기차 공장을 짓는 세계적 기업으로 컸다. 한국을 경제선진국으로 만드는데 크게 기여하고 있다.

조선(造船)에서도 현대는 세계 무대에서 제일 앞서고 있다. 1972년에 미포조선소 설립 계획을 세우고 바닷가 모래사장 사진을 들고 그리스로 가서 배를 주문하면 그 돈으로 조선소를 지어 배를 만들어주겠다는 정주영 회장의 투지에 선주가 손을 들었다. 애틀랜틱 배런(Atlantic Baron) 이라는 26만 톤급 화물선 두 척을 만들어 납품했다. 엔진은 일본에서, 철판도 일본에서 사 왔다. 설계는 영국 회사가 맡았다. 이렇게 시작한 현대조선은 엔진 공장을 짓고 현대제철을 만들어 엔진도, 철판도 모두 자체 생산하는 조선회사로 성장하였다. 한국 해군의 주력 함정들의 반을 현대조선이 만들었다.

1993년 9월 한·러 수교를 기념하여 한국 해군에서 호위함(FF) 두 척으로 블라디보스토크로 친선 방문단을 보냈다. 1,800톤급 호위함 전남

함에 나도 탑승하였다. 러시아 측에서 우달로이급 구축함 비노그라도 프(9,200톤)가 마중 나왔다. 행사 중에 러시아 해군대표단이 우리 배에, 그리고 우리가 러시아 배에 각각 승선하여 간담회를 가졌다. 러시아 장 교들은 우리 배를 보고 감탄했다. 가장 앞선 각종 장치를 다 갖추었다 고 놀라면서 이 배가 한국에서 설계·제작되었다는 데에 더 놀라워했다.

조선업의 발전은 세계를 놀라게 하였다. 1960년대까지 한국에서는 조선소라고 할만한 것이 없었다. 수공으로 연안 어선을 수리하는 수준 이었다. 그러던 한국이 현대조선의 등장으로 불과 10년 만인 1983년에 세계 선박수주 및 건조량 1위, 그리고 2015년 5월에 선박 인도수 2천 척 을 넘긴 기록을 세웠다. 2022년 현재까지 현대조선은 52개국 343개 선 주사에 2,234척을 인도하여 당당히 세계 1위의 조선소로 올라섰다. 한 국 해군함정의 상당수는 현대조선에서 만들었다. 현대조선의 건조 선박 은 대형 살물선, 컨테이너선, 가스운반선, 유조선 등 모든 영역의 선박을 포함하고 있다. 그리고 연안초계함, 잠수함, 구축함, 상륙지원함 등의 군 함도 포함하고 있다.

조선공업 영역에는 대우조선, 한진중공업 등 현대조선에 뒤처지지 않 는 대형 조선소들이 있다. 여기에 해양석유탐사 시설 등 다양한 해상 시 설물까지 포함하면 바다와 관련된 모든 선박 영역에서 한국이 선두를 달린다고 할 수 있다.

선진공업국의 상징인 자동차공업과 조선공업에서 한국이 미국, 일본, 독일 등과 당당히 맞서게 된 것은 모두가 놀랄만한 일이지만 그런 성취 가 정주영 회장과 같은 기업인의 투지와 무(無)에서 유(有)를 만들어낸 각 회사 임직원들의 피땀 나는 노력이 있어 가능했다는 사실을 기억해 야 한다.

정주영 회장 못지않게 무에서 유를 만들어낸 개척자들이 여러 명 더 있 다. 우선 포항제철을 만들어낸 박태준朴泰俊, 1927~2011 회장을 꼽아야 한다.

박태준(朴泰俊, 1927~2011)

　박태준 회장은 어려서 일본에 건너가 그곳에서 자랐다. 와세다 대학에 입학했다가 해방을 맞이하여 귀국하였다. 귀국 후 1947년 육사 6기로 입학하여 다음 해 소위로 임관했다. 생도 때 교관이던 박정희 대위를 만나 인연을 맺었다. 1961년 5·16 군사혁명에 참가하여 국가재건최고회의 위원이 되어 경제개발 5개년계획을 입안할 때 참여하였다. 1963년 육군 소장으로 예편한 후 1964년 대한중석 사장에 취임하였다.

　중화학공업을 일으키려면 기초가 되는 제철공업이 뒷받침되어야 한다. 공업화를 바탕으로 경제개발의 꿈을 이루기 위해 제3공화국은 제철소 건립을 국가 목표로 삼고 필요한 자금과 기술 지원을 일본에서 얻어내기로 했다. 박정희 대통령은 1951년부터 지루하게 진행되던 한·일 수교 교섭을 과감하게 매듭짓고 1965년 한일기본조약을 맺었다. 학생 중심의 거센 저항으로 일어났던 6·3사태라는 어려운 정치적 도전을 극복하고 1965년 6월에 7개 조로 된 '대한민국과 일본국 간의 기본 관계에 관한 조약(기본조약)'을 체결하였다. 그리고 이 조약의 부속 협정으로 '청구권·경제협력에 관한 협정'을 체결하고 무상원조 3억 달러, 차관 2억 달러를 받기로 합의하고 이 돈으로 제철소를 만들기로 했다.

박정희 대통령은 이 작업을 가장 신뢰할만한 박태준 회장에게 맡겼다. 포항의 바닷가 빈 땅에 신일본(新日本)제철회사의 기술지원을 받아 1967년 제철소 건설에 들어갔다. 박태준 회장은 투지 하나로 1973년에 이 큰 공사를 성공적으로 마쳤다. 박태준 회장은 그 후 1992년까지 25년간 포항제철 사장, 이사장으로 있으면서 포항제철을 경쟁력 세계 최고의 제철소로 키워냈다. 포항에 이어 광양만에 건설한 제2제철소까지 합쳐 2009년에는 조강생산 약 3천만 톤의 세계 제4위 제철소로 커진 포스코(2002년 회사명 개칭)는 한국 경제개발계획의 핵심을 이루는 중화학공업을 뒷받침하고 있다.

박태준 회장은 포항제철 공업이 자리 잡은 1986년 포항공과대학교를 설립했다. 과학기술 분야의 선구적 인재양성 대학교로 만든 이 대학은 이미 세계 대학평가 기관들이 상위 20위 안에 항상 포함시키는 '한국의 자산'이라 할 대학교가 되었다. 포항공대는 박태준 회장의 뜻과 초대 학장 김호길金浩吉 박사의 폭넓은 안목으로 짧은 시간 안에 한국 최고, 아시아에서도 최고라는 공과대학으로 자리 잡았다.

김호길 박사는 한국미래학회에서 나와 함께 여러 가지 일을 하면서 알게 된 분으로 그는 높은 안목, 깊은 애국심, 폭넓은 지식, 그리고 누구도 쫓아가지 못할 열의를 갖춘 선각자여서 나는 깊이 존경했던 분이다. 너무 일찍 세상을 떠나 모두 아까워했다. 나는 김 박사의 청에 의해 포항공대에 가서 몇 번 특강을 했었다.

포스텍(Postech, 포항공대)은 KAIST와 함께 한국 경제발전을 이끈 인재들을 공급해온 중요한 자산으로 기록될 것이다.

4) 선진국 대열에 한국을 밀어 올린 제2세대 기업인들

6·25전쟁으로 초토화된 한국에 경제발전의 기초를 닦은 제1세대 기업인들을 이어 나타난 제2세대 기업인들이 한국 경제의 무대를 세계로 넓히고 기업의 경쟁력을 세계 수준으로 높여 한국은 경제선진국으로 올라섰다. 제1세대 기업인이 일궈 낸 기업을 물려받아 발전시킨 제2세대도 있지만 한국 사회가 키워낸 새 세대의 젊은 기업인들이 넓어진 안목으로 전세계를 무대로 활동 범위를 넓히면서 새로운 기업을 창출하면서 한국 경제를 세계화, 선진화시켜 나갔다. 본보기로 몇 사람을 소개한다.

최종현崔鍾賢, 1929~1998 회장은 6·25전쟁 때는 대학생(서울대 농대)이었다. 1952년 미국으로 가서 위스콘신대학에서 학사, 시카고대학에서 경제학 석사를 받았다. 1962년에 귀국하여 형님 최종건崔鍾建이 창업한 선경직물에 들어가 이사, 부사장을 역임하고 1973년에 별세한 형님을 이어 선경합섬 대표이사, 1978년부터 1997년까지 선경(1998년 SK로 개칭) 회장을 역임하였다. 최 회장은 1998년 지병으로 별세하였다.

최 회장은 SK를 한국 굴지의 대기업으로 키운 사람으로도 주목받았지만 한국고등교육재단을 설립하여 한국 최고의 인재들을 선발하여 미국에 유학시켜 한국 사회의 각 영역에서 나라를 이끌게 만든 일로 더 유명하다. 최 회장은 1973년 미국 유학에서 귀국하자 곧 이 재단을 설립하여 '인재양성을 위한 100년의 길'을 내걸고 전국에서 유능한 대학원생을 선발하여 전 경비를 지원하여 미국의 저명 대학에서 박사학위를 이수하고 귀국하게 하는 장학제도를 시작하였다. 설립 48년이 된 2021년 기준으로 재단이 배출한 박사학위 소지자는 820명, 재학 중인 유학생은 251명이다. 그리고 국내 대학 학부 학생지원 등 인재로 육성한 사람이 4,078명이었다. '선경장학금'은 그 자체로 수혜자의 능력을 보증하는 신표가

최종현(崔鍾賢, 1929~1998)

되었다. 선경에서 양성한 인재들은 지금 국내의 대학, 연구소, 기업 등에서 활동하면서 한국 사회의 대외 경쟁력을 높이는데 크게 기여하고 있다.

최종현 회장이 별세한 지 20년이 되던 2018년 한국고등교육재단을 모체로 최종현학술원을 만들어 외교, 국제 정세, 과학기술과 세계 현안 문제를 다루는 연구소로 운영하고 있다. 최종현학술원은 해외에 분원을 두고 서로 연계하여 활동함으로써 한국의 지적 지평을 세계로 넓히고 있다.

김우중金宇中, 1936~2019 회장은 전후 세대에 속한다. 6·25전쟁 중에는 경기중학교 학생이었다. 1956년 연세대학교 경제학과에 입학, 1960년 졸업 후 한성실업에 직원으로 들어갔다. 6년간 무역업 경험을 쌓은 후 1967년 대우실업(大宇實業)을 설립하였다. 제1세대가 닦아놓은 기업 토양에 새로운 감각과 새 지식을 연계하여 과감하게 새로운 기업 영토를 펼쳐 나갔다.

김우중 회장은 1970년대에 대우건설, 대우증권, 대우전자, 대우조선

김우중(金宇中, 1936~2019)

을 창립하여 대우실업을 하나의 기업군(企業群)으로 만들었다. 김 회장은 이미 1974년에 1억 달러 수출을 달성하여 '재벌'의 지위에 올라섰다. 1981년 김 회장은 대우 회장에 취임하고 1982년 ㈜대우는 재계 4위, 1998년에는 재계 2위의 재벌이 되었다.

김우중의 생각은 그의 저서 『세계는 넓고 할 일은 많다』(1989)와 그의 평전 『역사는 꿈꾸는 자의 것이다』(2020)에 잘 담겨 있다.

김우중 회장은 나의 가까운 친우 이태원李泰元, 1937~2022 전 한진(韓進) 사장과 고교 동기 동창으로 여러 기회에 나와 만남을 가졌다. 한·중협력회의에도 나는 김 회장과 함께 참석 하였다(杭州, 瀋陽). 나와 같은 연배이면서도 전세계를 하나로 보는 넓은 안목에 감탄했었다. 그 넓은 세상을 모두 기업을 펼칠 장소로 머리에 넣고 새 일을 구상하고 있었다. 그런 안목과 열정을 가진 김우중과 같은 젊은 기업인이 한국의 경제 무대 지평을 5대양 6대주로 넓혔다.

신원식(申元植, 1938~)

　빈손으로 오직 도전 정신 하나로 무(無)에서 유(有)를 창출한 또 한 사람의 기업인으로 신원식申元植, 1938~ 태양연마（주） 회장을 소개한다.

　신 회장은 1938년생으로 해방 1세대에 속한다. 1961년 서울대학교 법대를 졸업하면서 연마포(研磨布), 연마지(研磨紙)를 만드는 '고려연마'라는 회사를 창업하였다. 아무도 가지 않은 길을 개척하려니 어려움이 많았다. 기술을 배우기 위해 일본의 관계학회 회원으로 가입하여 학술회의를 쫓아다니면서 기술을 배웠다. 각종 기계류, 선박, 자동차 등 철판으로 만든 제품은 도장하기 전에 연마제로 표면을 닦아야 한다. 산업화에 들어선 한국의 공업 발전과 비례하여 연마제의 수요는 급등하였다. 신 회장은 고생 끝에 '고려연마'를 키워 1970년 '태양연마 공업사(Sun Abrasives Co.)'를 창립하였다. 그리고 제품의 질 경쟁에 앞서가게 되면서 미국과 유럽에 수출하는 국제적 기업으로 확장하였다. 1988년에는 접착제와 연마제로 세계 시장을 지배하던 미국의 3M사와 기술 제휴를 하고

조덕영(趙德英, 1938~)

2005년에는 Sunmight USA를 설립했다. 2014년에는 매출의 80%를 미국과 유럽으로 수출하여 '7천만불 수출의 탑'을 수상하였다. 2022년 '태양연마'는 연매출 1,000억 원의 회사로 성장했다.

신 회장은 창업 때부터 '어려운 사람 돕기'를 해왔다. 소문내지 않고 지난 40년 동안 꾸준히 기부해왔다. 2021년에는 사회복지공동모금회를 통하여 '사랑의 열매'에 10억 원을 기부하여 '아너 소사이어티' 회원이 되었으며 제10호 '기부자 맞춤기금' 기부자가 되었다.

대한민국은 신 회장 같은 도전 정신 하나로 맨손으로 세계적 기업을 만들어낸 선구자들의 힘으로 경제 대국에 올라설 수 있었다.

조덕영趙德英, 1938~ 회장은 1959년 경기고등학교 졸업, 1964년 연세대학교를 졸업한 대표적 제2세대 기업인이다. 조 회장은 1967년 영유통(英流通)이라는 무역회사를 창립하고 무역업부터 시작하였다. 당시 한국의 산업 수준이 미미하여 수출품이 별로 없었다. 그러나 무에서 유를 창조하는 도전 정신으로 가발 수출, 가발가공 수출로 기업의 기반을 잡고 적은 자본으로 할 수 있는 시계 제작 판매에 착목하여 '한독 시계'를 창업하여 세계 무대로 나섰다. 한때 한독 시계는 손목시계 시장에서 가장 큰 자리를 차지했었다. 조 회장은 컴퓨터 디스플레이 제작에도 도전했었고 Mnet 방송사도 창립했었다. 해외에 진출하여 일본 북해도에 있는 골프-스키 리조트 'Northern Arc'를 인수하여 확장 운영했다.

조 회장은 1995년 소련이 해체되는 과정에서 세계 최대를 자랑하던 태평양함대를 유지할 비용이 없어 규모를 줄이면서 고철로 내어놓은 함정 259척 중 34척을 사서 가져왔다. 한때 한국, 일본을 긴장시키던 항공모함 노보로시스크(Novorossiysk: 38,000톤)함과 민스크(Minsk: 38,000톤)도 포함되어 있었다. 이 소식을 듣고 일본이 놀라 매일 언론에서 한국의 '의도'를 의심하는 기사를 다루었다. 한국에서 해체하면서 중요 정보를 얻었으면 좋을 뻔했는데 우리 정부가 무시하였다. 민스크호는 중국에 팔고 나머지는 동남아 각국에서 해체하였다. 나는 1996년 4월 21일 포항 군부두에 계류되어있는 노보로시스크호에 승함하여 하루 종일 돌아보았다. 민스크호는 1998년 진해 앞바다에 예인하여 가져왔을 때 외형만 관찰했다. 조 회장의 기업인으로서의 안목에는 온 세계가 활동 무대로 들어와 있었다.

조 회장은 나의 반세기가 넘는 오랜 친우이다. 조 회장은 내가 1993년에 창립한 연구소(新亞細亞研究所)의 창립 동인으로 지금도 이사직을 맡아 도와주고 있다. 조 회장은 기업인이기 이전에 한국인이라는 강한 의식을 가지고 기업을 운영하고 있어 외형은 크지 않지만 한국 젊은이들에게 많은 교훈을 주는 '기업인 훈련소'를 운영한다는 생각으로 일한다.

반세기 만에 최빈국에서 선진국 대열에 올라선 것을 외국인들은 '한강의 기적'이라고 경탄하고 있다. 그러나 이런 성취는 기적이 아니다. "역사가 사람을 만들고 사람이 역사를 만든다"라는 말대로 넓은 세상으로

박영주(朴英珠, 1941~2023)

눈을 돌리고 먼 앞날을 내다보면서 헌신해온 기업인들의 노력으로 선진 한국이 이루어진 것이다.

오늘날 한국 경제를 이끌고 있는 대기업은 대부분 제1세대의 창립자가 만든 작은 회사를 제2세대의 자손들이 물려받아 대기업으로 키운 것들이다.

JW중외제약은 해방 직후 이기석 사장이 창업한 조선중외제약소를 아들 이종호李宗鎬, 1932~ 회장이 이어받아 세계적 제약회사로 키웠다. 오늘날 국내에서 소비하는 링거 수액 40%를 생산하는 큰 회사가 될 때까지 이종호 회장이 자기의 평생을 바쳤다. "이윤이 남지 않더라도 내 나라 국민을 치료하는 약은 내가 만든다"는 생각으로 헌신해온 결과 오늘의 중외제약이 탄생했다.

박영주朴英珠, 1941~2023이건(利建)산업 회장은 1972년에 설립된 이건합판 공장을 1978년 인수하여 공장을 확장하고 원료인 목재를 공급하는

승은호(承銀鎬, 1942~)

인도네시아로 진출, 솔로몬군도의 초이슬섬까지 진출하여 이건창호를 키웠다. 오늘날 건축자재 업계의 선두를 달리는 이건창호는 제대로 교육받은 제2세대 기업인의 넓은 안목과 기업 경영 능력이 기업 국제화에 어떻게 기여하는가를 잘 보여주는 사례이다.

KORINDO의 승은호承銀鎬, 1942~ 회장의 경우도 비슷하다. 승 회장은 선친 승상배 회장이 창업한 동화기업에서 나와 1976년 인도네시아에서 목재산업, 오일팜사업, 중공업 등을 아우르는 KORINDO그룹을 창설하여 현지 기업 랭킹 20위 안에 드는 거대 기업으로 키웠다. KORINDO는 동남아 제일의 제지 공장도 운영하고 있다. KORINDO는 계열사 60여 개, 연매출 12억 달러의 대기업으로 성장했다.

제2세대 기업인들 대부분은 제1세대가 창업한 회사에 들어가 그 회사를 새 시대에 맞는 기업으로 변신시키는 일을 담당했다. 예를 들어 두산(斗山)은 우리나라 대표적인 양조 회사였다. OB맥주를 생산하는 회사였다. 한일성韓一成, 1940~2018 두산공업 사장은 두산에 입사한 후 평생을 두산의 현대화를 위해 노력했다. 한 사장은 기업주를 설득하여 두산공업을 창설하는데 성공했다. 오늘날 두산은 방산업계를 주도하는 두산중공업을 가지고 있다.

현대(現代)는 건설업으로 시작된 기업이다. 작은 토목공사를 하던 현대를 해외 건설 중심의 거대한 건설회사로 만들고 나아가 자동차, 조선 등 중공업 중심의 회사로 만든 데는 수많은 제2세대 전문가, 기술자, 경영인이 회사를 '현대화' 시켰기 때문에 가능했다. 자동차공업의 시작도, 조선공업의 시작도, 그리고 중동의 여러 대형 건설공사 수주도 일류 제2세대 인재들을 활용하였기에 가능한 일이었다. 현대자동차를 세계 최고 수준급으로 만든 데는 이현순 같은 세계 최고의 엔진설계사를 모셔왔기 때문에 가능했고 1974년 사우디아라비아의 주바일 항만공사를 낙찰 받을 수 있었던 것도 조상행曺常行, 1938~2022 미주본부장 같은 특출한 경영전문가가 있었기 때문에 가능했다. 주바일 항만공사는 공사비 10억 달러로 단일 공사로는 당시 세계 최대 공사였다.

뜻 하나로 무(無)에서 유(有)를, 그것도 세상을 놀라게 한 큰 기업을 일구어낸 기업인으로 동원그룹 김재철金在哲, 1934~ 회장을 소개한다.

김 회장은 1934년 전남 강진에서 태어나 강진농업고등학교를 졸업한 후 부산수산대학교 어로과에서 공부했다. 재학 중 실습 항해사 자격으로 우리나라 최초의 원양어선 지남호(指南號)를 타고 인도양을 다녀왔다. 그리고 졸업과 동시에 지남호 일등항해사, 이어서 지남2호의 선장으로 일하면서 원양어업의 선두에 서게 되었다. 이러한 경험을 바탕으로 김 회장은 1969년 동원산업을 설립하여 본격적으로 원양어업에 나섰다. 동원31호… 81호, 91호로 선박수를 늘려 태평양, 인도양, 대서양으로 출어 범위를 넓혀 나가면서 사모아, 라스팔마스, 마다가스카르의 타마타브, 가나의 테마 등에 해외기지도 건설해 나갔다.

김재철(金在哲, 1934~)

　김 회장은 점차 사업을 확장하여 전세계에서 제일 많은 어선을 보유하고 전세계 모든 해역에서 어로 작업을 하는 최대의 원양어업 회사로 동원산업을 키웠으며 여기에 동원참치 통조림 공장 등 수산물 가공 공장을 만들기 시작했고 1996년에는 동원을 어로-가공-판매를 하는 종합기업으로 확대하여 동원그룹으로 만들었다. 2008년에는 미국 최대의 참치 가공회사인 StarKist를 인수하였다. 김 회장은 2003년 동원금융지주회사(한국투자금융지주회사 전신)도 창설하여 동원을 1차, 2차, 3차 산업을 모두 포함하는 그룹으로 만들었다. 김 회장의 활동으로 전세계 바다가 한국의 일터로 변했다.

　김 회장은 뜻을 세워 누구의 도움이 없었지만 홀로 성실하게 일을 해나가면서 바다를 한국의 일터로 만드는 기적 같은 일을 성취하였다. 새시대의 한국 젊은이들에게 '뜻을 세워 노력하면 기적을 만들 수 있다'는 것을 보여 주었다.

김 회장은 21세기 한국을 이끌어갈 젊은이들에게 큰 가르침을 주었다. 좁은 영토를 넓힐 수 있는 곳은 바다임을 깨닫고 김 회장은 그 바다를 지배하려는 큰 꿈을 안고 그 길을 여는 데 앞장섰다. 김 회장은 누구나 힘닿는 대로 한 발자국씩 나아가면 그 꿈을 이룰 수 있다는 것을 자기의 삶으로 보여 주었다. 또 하나의 가르침은 어려운 일일수록 뜻을 같이하는 사람들과 함께 나아가야 한다는 협동 정신이다.

김 회장은 동원산업을 설립한 후 몇 년 되지 않은 1974년에 '목요 세미나'를 시작해서 1995년 1,000회를 돌파했다. 내가 김 회장을 처음 만난 것도 목요 세미나에서였다. 1974년으로 기억된다. 미국에서 막 귀국한 나에게 김 회장이 사원 교육 특강을 요청했다. 봉래동에 있던 회사 사무실을 찾아갔다. 놀랐다. 방 한 칸에 직원 10여 명 정도 있었는데 그곳에서 강의했다. 김 회장은 함께 일하는 직원, 선원과 호흡을 맞추기 위해서 시작한 모임이라 했다. 그 만남이 계기가 되어 나는 김 회장의 일하는 모습에 관심을 가지게 되었다. 양재동 사옥에서 내가 특강을 했을 때는 수백 명이 참가하는 큰 모임이 되었다. 그때도 '함께'라는 정신은 마찬가지였다. 2005년 김 회장은 세종연구소 이사직을 맡았다. 나도 이사로 함께 몇 년 일을 했다. 함께 일하는 사람들과 호흡을 같이 한다는 김 회장의 정신은 변함없었다.

김 회장은 KAIST에 500억 원을 기부하였다. 고려대, 서울대에도 많은 기부금을 기탁하였다. 동원육영재단을 만들어 수십 년 동안 어려운 학생들에게 장학금을 대어 주었다. 기업은 개인의 부를 창출하기 위한 수단으로 경영하는 것이 아니라 공익을 위한 것임을 실천을 통해 보여 주었다. 새로 사회에 진출하는 새 시대 젊은이에게 큰 가르침이 되리라 생각한다.

5) 1, 2세대가 키운 제3세대 기업인의 약진

제1세대 기업인들이 뜻 하나로 빈 땅에 공업화의 기초를 닦았다면 제2세대는 자리 잡힌 환경에서 대학교육을 받고 해외 유학을 하면서 새로운 지식을 얻어 이를 바탕으로 국제 수준의 기업을 창출해 나갔다. 그리고 제1세대, 제2세대가 키운 제3세대의 기업인들이 새로운 영역을 개척하면서 한국 경제를 선진국 대열에 올려놓았다. 이들은 앞서는 기술과 지식으로 당당하게 선진국 기업과 경쟁하면서 창의적인 새 영역을 개척하여 한국 경제의 특색을 만들어 나갔다.

역사는 사람이 만든다. 경제혁명을 거쳐 잘 사는 나라를 만들려면 혁명을 이끌 사람, 혁명이 필요로 하는 사람을 키워내야 한다. 새 시대 환경에서 공업 입국을 하려면 필요한 기술을 익힌 유능한 기술 인력을 길러야 한다.

해방 당시 한국에는 대학교가 하나뿐이었다. 경성제국대학이 그 하나이고 그밖에 전문대학들과 전문고등학교들이 있었다. 대한민국 건국과 동시에 정부는 대학교를 만들기 시작하였다. 각 도에 '거점대학교'로 국립대학교 1개교씩 만들고 전문학교들을 대학교로 개편하였다. 그러나 교수도 모자라고 교실 등 학교시설을 만들 예산도 마련되지 않았다. 그나마 건국 후 2년 만에 6·25전쟁이 벌어져 대부분의 교사는 파괴되었다.

이러한 어려움 속에서 정부의 '의지'와 교원, 학생들의 열의가 어울려 전시에는 '피난학교'로 전후에는 빈 교정에서도 교육은 계속했다. 서울에 있던 대학교는 임시수도 부산의 주변 야산에 천막을 치고 수업을 계속했다. 종전 이후에는 폐허가 된 교사를 재건하면서 수업을 계속했다.

제1세대 후반에 속하는 1920년대와 1930년대 전반에 태어난 분들은 6·25전쟁의 최대 희생자였다. 해방 전에는 학병으로, 그다음은 6·25전쟁의 참전용사로 학업의 기회를 놓치고 전쟁에서 목숨을 잃은 사람이 대부분이었다. 이에 비하면 제2세대에 속하는 1930년대 후반 출생한 사람들과 1940년대에 태어난 사람들은 환경 여건은 나빴으나 교육을 받을 기회를 가졌고 제1세대가 창업한 기업에서 일할 수 있는 기회를 가졌었다. 비록 교육 환경은 열악했으나 뜻 있는 교원들의 열의로 '질 높은 정신교육'을 받을 수 있었다.

나는 1938년생이다. 제2세대 선두에 속한다. 일본 식민지 시대 초등학교에 입학하여 해방 후 북한 땅에서 인민학교에 다니다 월남하여 서울에서 국민학교에 다녔다. 6·25전쟁 중에는 임시수도 부산에서 '피난학교'를 다녔다. 중학교는 천막 교실에서, 고등학교는 영국군이 주둔한 학교에서 마쳤다. 내가 서울대학교 법대에 입학했던 1957년에는 교수 21명 중 최종 학력이 학사 아닌 분이 1명뿐이었다. 그래도 우리 세대는 교수들의 열의와 학생들의 향학열로 훌륭한 대학교육을 받을 수 있었다. 미국 유학을 했을 때도 미국 학생들보다 오히려 앞설 수 있었다.

제2세대가 사회에 주류로 나서면서 키워낸 세대가 제3세대이다. 1970년대에는 이미 대학-전문학교가 100곳을 넘었고 교수들도 거의 모두 외국에서 학위를 한 분들이었다. 인재양성에서 질과 양에서 결코 선진국에 뒤지지 않았다. 제3세대 인재들이 사회에 진출하면서 한국의 기업 풍토는 혁명을 일으켰다. 기업 경영, 기술 개발, 국제협력 모든 분야에서 한국 경제를 선진화시켜 앞선 나라의 기업과 같은 수준으로 한국 기업들을 변화시켰다.

제3세대 인재들은 기존의 기업들을 근대화, 국제화시켰을 뿐 아니라 새로운 기업을 창출하여 국제적 경쟁에 나섰다. 6·25전쟁이 끝난 후 전후복구 산업의 일환으로 미국 원조로 정부청사(현 미국대사관)를 지을 때 그 정도 크기의 건물을 지을 수 있는 회사가 없어 외국 회사에 공사를 맡겼다. 그러던 한국 건설회사들이 지금 중동 국가, 동남아 지역의 큰 토목 공사와 고층 건물 공사는 모두 독점하고 있다. 터키의 아시아-유럽을 잇는 세계 최장의 사장교도 한국 회사가 세웠다. 원자력발전소 건설에서도 한국 회사가 제일 앞서고 있다. 소총 조차 만들지 못하던 한국이 세계 제일이라는 K-9 자주포를 수출하고 K-2 흑표전차도 수출하고 있다. 방산수출 세계 4위에 올라서 있다. 모두가 제3세대 인재들이 기업에 투신하면서 이루어낸 성과이다.

게임산업의 선두주자인 3N-넥슨, 엔씨소프트, 넷마블-은 이 분야에서 세계 시장을 석권하고 있다. 모두 제3세대 창업자들이 이루어낸 성과이다. 넥슨의 모기업 NXC의 김정주 회장은 1991년 서울대학교 컴퓨터공학과를 졸업한 제3세대 기업인이다. 1994년에 NEXON을 창립하여 그래픽 온라인게임 '바람의 나라'를 출시한 이래 NEXON-JAPAN, NEXON-AMERICA를 잇따라 창업하면서 NXC 지주회사로 확대하여 2021년에는 한국 제2위의 자산가(137억 달러, 한화 15조 원)가 되었다.

제3세대 인재들이 한국 경제를 이끌면서 한국 기업은 이제 세계 어느 나라의 기업과도 경쟁이 가능한 수준으로 올라섰다. 전자공업, 원자력공업, 자동차공업, 조선공업, 가전제품공업 등 모든 영역에서 한국 산업 수준은 세계 최고 수준에 도달하고 있다.

제3세대 기업인들의 대표적인 인사로 휠라홀딩스 윤윤수尹潤洙, 1945~ 회장을 소개한다. 골프, 정구 등 스포츠용 신발과 옷으로 전세계를 석권해온 FILA 회사가 한국 회사라는 것을 모르는 사람이 아직도 많다. 이탈리아에서 1911년 창업한 FILA는 지난 100년 동안 스포츠 의류와 장비 시장을 석권해온 회사인데 FILA 직원이던 윤윤수 회장이 2007년 인수하고 나아가서 2011년 아쿠쉬네트 홀딩스를 인수하여 '골프업계 세계 제1의 기업' 주인이 되었다. 신화같은 이야기를 좀 더 상세히 추적해본다.

1945년 경기도 농촌에서 태어난 윤 회장은 일찍이 부모를 여의고 어렵게 학업을 계속했다. 서울고등학교를 거쳐 서울대학교 치과대학에 진학했다가 뜻한 바 있어 한국외국어대학교 정치외교학과에 다시 입학하였다. 윤 회장은 KATUSA로 군복무를 마친 후 나이 서른 살에 ㈜한진해운에 입사하였다가 미국 회사인 JC페니를 거쳐 신발 수출을 하던 ㈜

윤윤수(尹潤洙, 1945~)

화승에 임원으로 들어갔다. 그동안 쌓아온 명성으로 1991년 한국에 진출한 이탈리아 회사인 FILA가 윤 회장을 휠라코리아㈜ 회장으로 영입하였다. 부진하던 휠라코리아를 키워 대표적 수출 기업으로 성장시킨 윤 회장은 경영난을 겪던 휠라코리아를 2005년에 인수하여 2007년 완전 소유하게 되었다. 이어 2011년 아쿠쉬네트 홀딩스를 인수하여 골프용품 업계 세계 1위 기업의 주인이 되었다.

　윤 회장의 성공은 단순한 기업인의 성공으로 그치는 것이 아니라 전 세계에 '선진국 한국'의 이미지를 각인시키는데 큰 기여를 했다. 윤 회장은 성공한 기업인으로 한국의 젊은이들에게 희망과 용기를 불어넣어 주었다. 윤 회장은 서울대학교 졸업식에 초청받아 사회에 첫발을 내딛는 젊은이들에게 용기를 주는 명연설을 하였다. 윤 회장은 자기가 걸어온 길을 일러주면서 "뜻이 있는 곳에 길이 있다"는 것을 직접 보여주어 세상에 그의 성공담이 널리 알려지기도 했다.

제7장
한국군을
키운 사람들

어렵게 세우고 지켜온 자유민주공화국 대한민국을 지키려면 든든한 국군을 유지해야 한다. 국제사회는 국가들의 협의체인 국제연합이라는 조직만 가지고 있을 뿐 국제연합 회원국의 안전을 지켜줄 중앙정부가 없다. 회원 모두가 스스로를 지켜야 한다. 국제사회의 일원으로 자주독립 국가의 위상을 지키기 위하여, 그리고 우리 국민의 안위와 우리의 국토를 지키기 위하여 우리가 자위력을 갖춘 국군을 보유해야 한다. 군사적으로 위협하는 가상 적국의 침략 의도를 사전에 분쇄할 수 있는 억지전력을 갖추어야 한다. 그리고 억제에 실패하여 적국이 군사 공격을 해 올 경우 이를 저지할 수 있는 방어력을 갖춘 국군을 보유해야 한다.

대한제국 군대가 1907년 일본에 의해 강제 해산된 후 1948년 대한민국 건국과 더불어 국군을 창설할 때까지 41년 동안 우리는 국군을 가지지 못했다. 해산된 대한제국 국군 병사들의 의병 활동, 한일합방 이후 만주 지역에서 생겨난 독립군들의 활동, 그리고 상해 임시정부가 창설한 소규모 광복군 등 여러 군사조직이 있었으나 국제사회에서 인정받는 주권국가의 정규군은 가지지 못했다.

1948년 8월 대한민국 건국과 더불어 미국군의 군정을 지원하기 위하여 창설했던 국방경비대를 모체로 정부는 15개 연대의 한국군을 창설하였다. 치안담당 경비군으로 발족했던 경무장의 한국 육군은 2년 뒤에 발발한 6·25전쟁을 치르면서 강력한 전투부대로 성장하여 1953년 휴전 당시에는 20개 보병사단, 병력 50만 명을 가진 대군으로 성장하였다. 10대의 연습기를 가지고 창설된 공군도 6·25전쟁을 거치면서 F-51 무스탕 전투기로 무장한 2개 비행단을 가진 공군으로 성장했으며 해군도 30여 척의 전투함정을 가진 연안경비 작전을 수행할 수 있는 해군으로 성장했다.

1953년 휴전 이후에도 병력수로 세계 3위인 북한의 끊임없는 군사 위협에 대응하기 위하여 한국군의 증편, 무기 고도화 사업을 계속하였다. 산업화가 진행되면서 무기 국산화가 가능해지면서 한국군의 역량은 급격히 늘어났다. 21세기에 들어서면서 한국은 방위비 지출 서열에서 세계 10위, 병력수에서 6위, 종합 군사력 서열에서 미국, 중국, 러시아, 인도에 이어 5위로 평가되는 군사 강국으로 올라섰다.

한국군의 발전 과정과 강군 건설에 기여한 군인들을 소개한다.

1. 국군의 뿌리

해방과 더불어 북위 38도선 이남에 진주한 미군은 군정을 실시하면서 점령 지역의 치안 유지를 위하여 경찰과 '남조선국방경비대'를 창설하였다. 이 경비대가 한국군의 모체가 된다. 미군정청은 1946년 1월 서울에 1개 중대를 창설하고 이어서 8개 도청 소재지마다 1개 중대씩 창설해나갔다. 국방경비대는 1946년 5월 조선경비대로 개편되었고 1947년에는 서울, 부산, 대전의 경비대를 여단으로 증편했다. 이런 증편은 다른 지역에서도 계속되었다.

1948년 8월 15일 대한민국 정부가 수립된 다음 날 국방부 훈령 1호로 조선경비대를 대한민국 국군으로 그 지위를 바꾸었다. 이때의 국군 병력 규모는 육군 5개 여단 15개 연대, 병력 5만 명, 해군 6천 명 등 총 병력 5만 8천 명 규모였다. 이어서 같은 해 11월 30일 법률 제9호 국군 조직법을 제정하여 육군 편제와 해군 편제를 법제화하고 다음 해 10월 공군을 창설하였다.

1949년 6월 주한미군은 한국에서 철수하였다. 같은 기간 북한은 소련의 지원을 받아 전차, 중포, 전투기를 구비한 13만 5천 명의 정규군을 갖추었다. 한국 정부는 미국에 군사원조를 강력히 요청했으나 미국은 지원하지 않았다.

이러한 긴박한 상황에서 국군을 '싸울 수 있는 군대'로 만들기 위하여 군 경력을 가진 지원자들을 중심으로 미국군의 틀을 참고하여 국군을 긴급히 편성해 나갔다. 군 경력자로는 만주에서 독립군을 편성하여

이범석(李範奭, 1900~1972)

만주 주둔 일본 정규군, 그리고 일본이 세운 만주국군을 대상으로 전투를 벌였던 독립군 장병들이 있었고, 상해 임시정부가 1940년 중경에서 창설한 광복군 장병들이 있었다. 그리고 일본 육사 출신의 장교들과 징집당하여 일본군에서 전투에 참가했던 병사들, 그리고 소수이지만 만주국군 출신 장교들이 있었다.

이러한 다양한 배경을 가진 군 경력자들을 하나의 군대로 조직하기 위하여 이승만 대통령은 임시정부에서 조직한 광복군을 중심으로 국군을 편성한다는 기본 원칙을 세우고 만주독립군의 핵심이던 북로군정서 교관을 거쳐 김좌진 장군을 도와 청산리전투에 대대장으로 참전했던 이범석 장군을 초대 국방장관 겸 국무총리로 임명하고 다양한 이력을 가진 군 경력자들을 하나의 단합된 국군으로 만들었다. 이범석 장군은 1940년 임시정부가 광복군 총사령부를 창설했을 때 제2지대장을 맡았으며 해방 당시는 광복군 참모장을 맡았었다.

정일권(丁一權, 1917~1994)

　배경이 다른 군 경력자를 하나로 묶는데 군사영어학교가 크게 기여하였다. 1945년 12월에 창설된 군사영어학교에 일본군 출신 87명, 만주군 출신 21명, 광복군 출신 2명 등을 입교시켰고 졸업 후 경력을 고려하여 소위부터 대위까지 임관시켰다. 그리고 예외적으로 창군 작업에 꼭 필요한 경력자를 골라 이형근李亨根, 채병덕蔡秉德, 유재흥劉載興, 정일권 등은 대위로, 이성가李成佳, 백선엽, 김백일金白一, 최남근崔楠根을 중위로 임관시켰다. 창군의 산파역을 맡았던 이응준李應俊은 대령으로 임관시켰다. 대체로 이분들이 한국군 창설 작업을 맡았었다. 군사영어학교는 1946년 5월 경비사관학교로 개편되고 건국과 동시에 육군사관학교로 되었다.

　해군은 손원일孫元一, 1909~1980 제독이 창군의 주역을 맡았다. 중국 중앙대학 항해학과를 마치고 3등 항해사 자격을 받은 손원일은 중국에서 해운업에 종사하다 해방 후 귀국하여 해군 창설 준비로 해방병단(海防兵

손원일(孫元一, 1909~1980)

團)을 창설하였다. 이 해방병단이 한국 해군의 모체가 된다. 1946년 해
방병단이 해안경비대로 개칭되고 후에 해군사관학교가 되는 해군병학
교가 창설된다. 손원일 제독이 해안경비대장, 해군병학교 교장을 맡았다.
1948년 대한민국 정부가 수립되면서 12월 15일 해안경비대가 해군으로
국군에 편입되고 손원일 제독이 초대 해군참모총장이 되었다.

건국 후 1949년 10월에 육군항공사령부를 육군에서 분리하여 공군
으로 독립시켰다. 해방 전 일본, 중국의 항공부대에서 근무했던 사람들
중에서 김정열金貞烈, 최용덕, 박범집朴範集, 장덕창張德昌, 이근석李根晳, 김영
환金英煥, 이영무李英茂 등 7명이 조선경비대 보병학교에 들어가 1948년
5월 육군 소위로 임관되어 항공부대 창설에 나섰다. 그리고 해외에서 외
국 항공계에 종사한 경험이 있는 사람 78명을 항공병 1기생으로 입대시
켜 항공부대 창설 준비를 했다. 1948년 7월 항공기지부대를 모체로 항
공기지사령부를 창설하고 건국과 동시에 이를 대한민국 육군항공사령

김정열(金貞烈, 1917~1992)

부로 개편하였다. 그리고 1949년 10월 1일 육군에서 독립하여 대한민국 공군으로 편제하였다. 김정열 대령이 초대 참모총장에 취임하였다. 공군 창설에 따라 간부 양성 기관인 육군항공사관학교를 공군사관학교로 개편하고 비행부대를 공군비행단으로 재편하였다.

2. 6·25전쟁으로 틀을 갖춘 국군

창군 2년 만에 6·25전쟁이 발발했다. 소련의 지원을 받아 242대의 T-34 전차, 100기의 YAK 전투기, 70기의 폭격기로 무장한 13만 5천 명의 북한 인민군의 기습 공격을 경찰 수준으로 무장을 한 15개 연대 병력의 한국군으로는 막아낼 수 없었다. 전쟁발발 이틀 후 6월 27일 국제연합 안전보장이사회는 북한군과 싸우는 한국군을 회원국들이 지원할 것을 결의했다. 미국 등 16개국이 전투부대를 파병하였다. 5개국이 의무부대를 보내주었다. 개전 후 두 달 만에 낙동강 전선에서 북한 인민군의 공격을 유엔군이 저지했다. 유엔군은 9월 15일에 인천 상륙을 감행, 10월 1일에는 38도선을 넘어 인민군을 추격하였다. 10월에 중국이 30만 명의 지상군을 투입함으로써 전쟁은 다시 38도선 부근에서 교착상태에 들어갔다. 3년에 걸친 공방전 끝에 1953년 7월 27일 38도선 부근에 휴전선을 긋고 장기 휴전으로 들어갔다.

6·25전쟁은 한국군과 한국 국민에 큰 타격을 주었다. 한국군 14만 7천 명이 전사하고 70만 9천 명이 부상당했다. 13만 1천 명이 실종되었다. 총 100만 명의 인적 피해를 입었다. 민간인 피해도 컸다. 12만 4천 명이 공산군에 의하여 학살당하고 전투 중에 24만 5천 명의 민간이 사망했다. 23만 명이 부상했다. 9만 6천 명이 납북되고 33만 명이 행방불명되었다. 그리고 북한 공산군에 강제 징집된 젊은이도 40만 명에 이르렀다. 6·25전쟁으로 북한은 한국민 240만 명을 희생시켰다.

한국군은 6·25전쟁을 치르는 동안 크게 성장하였다. 지상군은 전쟁

초에 10개 사단 병력 규모였으나 1953년 말에는 10개 사단이 추가되어 총 20개 사단 50만 명 규모로 성장했다. '함정 없는 해군', '전투기 없는 공군'으로 6·25전쟁을 맞이했던 해공군도 전쟁 중 미국의 군사원조로 전투 가능한 군대로 성장했다. 해군은 미국으로부터 2,200톤급 경비함 4척을 포함한 30여 척의 전투함정을 인수받아 연안 해군의 기능을 발휘할 수 있게 되었다. 그리고 공군은 6·25전쟁이 시작된 다음 날 F-51 무스탕 전투기 10대를 인수받아 7월 3일부터 전투에 나섰다. 공군은 전쟁 중 F-51 전투기 75기를 추가로 도입했다.

휴전은 전쟁 종결이 아니다. 아무 때나 전쟁이 계속될 수 있는 상태다. 더구나 북한은 소련과 중국, 그리고 동유럽 공산국가들의 지원을 받아 빠른 속도로 군비를 재건하고 있어 여기에 대응하지 않을 수 없었다. 한국은 초토화된 산업 시설을 재건함과 동시에 자위에 필요한 현대적 국군을 만들어 나가지 않을 수 없었다. 한국은 미국 군사원조를 받아 군을 재건하기 시작했다. 휴전 후 10년 동안은 매년 1억 5천만 달러의 원조를 받았으나 1965년 한국군 월남 파병을 계기로 1966년부터 1970년까지는 약 16억 8천만 달러의 군사 원조를 받았다. 한국군은 1980년 군사 원조가 끝날 때까지 M-16 소총 등을 국산화하고 해군 구축함을 도입하고 F-4 팬텀 전폭기를 확보하였다. 한국은 미국으로부터 총 90억 달러의 군원을 받아 현대전 수행 능력을 갖춘 국군을 건설할 수 있었다.

한국은 경제개발 5개년계획을 시작하면서 무기 국산화를 시작하였으며 1990년 이후에는 소요 장비의 70%를 국산화하는 데 성공하였다. 1,200 톤급 잠수함 HDW-209도 자체 생산하고 3,000톤급 구축함, 4,000톤급 이지스함도 자체 생산하기 시작했고 수리온 헬리콥터, T-50 연습기도 자체 개발했으며 K-2 전차, K-9 자주포, 그리고 각종 미사일도 자체 개발하여 보유하게 되었다. 한국은 미국의 군사력 평가 기관인 글로벌파이어파워(GFP)가 분석한 군사력 평가에서 2022년 세계 140개국 중 6위를 차지하였다.

3. 자주국방계획

1969년 미국 닉슨^{Richard Nixon} 정부는 중국과 화해하고 한국 등 미국 동맹국은 스스로 국방을 책임지게 한다는 닉슨 독트린(Nixon Doctrine)을 채택하였다. 그 실천으로 미국은 1971년 한국에 주둔하고 있던 미국군 2개 사단 중 하나인 제7사단을 철수했다. 이에 자극받아 한국 정부는 자주국방계획을 세우며 새로운 상황에서의 전략을 세우고 군 구조를 재편하고 독자적 무기조달계획을 세웠다.

1973년 정부는 '자주적 군사력 건설계획'이라는 8개년 계획을 완성했다. 그리고 이에 앞서 1972년부터 무기 국산화 계획인 '율곡사업'을 시작했다. 율곡사업은 3차(1차 1974~1981년, 2차 1982~1986년, 3차 1987~1992년)로 나누어 진행했으며 총 22조원의 예산이 투입되었다. 이 기간 동안 지상군의 기본 화기 교체를 완료하고 17개 사단에 105㎜ 포병대를 창설하였다. 해군은 고속정 90척을 건조하였고 공군은 신형 전투기를 도입하였다.

정부는 한국이 독자적 자위 능력을 갖출 수 있는 자주국방계획을 세우고 이에 따라 꾸준히 군전략 목표의 구체화, 전력 구조 조정, 무기체계 수립, 작전계획 등을 다듬어 나갔다. 그 결과로 21세기에 들어서면서 세계 6위의 군사 강국으로 올라설 수 있었다.

국방력은 3가지 요소가 갖추어져야 완성된다. 첫째는 군사력을 어떤 목적으로 어떻게 활용할지를 결정하는 '전략기획'이다. 둘째는 전력 구성 요소 중 가장 핵심이 되는 인적 구성, 즉 훈련된 장병을 확보하여 전투편제로 편성하는 작업이다. 그리고 셋째는 군이 사용할 무기와 장비를 갖추는 일이다.

자주국방계획은 이 세 가지 요소를 갖추는 작업이다. 각 요소별로 좀 더 상세히 자주국방계획을 살펴본다.

1) 전략 : 적극방어에서 적극억제로

1970년대에 세웠던 전략의 핵심은 '적극방어(positive defense)' 계획이었다. 서울은 휴전선에서 50km 이내에 있어 전면전이 시작될 때 방어하기 어렵다. 서울은 한국의 중심이어서 서울은 반드시 지켜야 한다. 그래서 전쟁이 시작되면 휴전선과 북한의 사리원선 사이를 주전장으로 잡고 강력한 기동부대를 여기에 투입하자는 계획을 세웠다. 그 구상에 따라 수도기계화사단을 예하에 둔 제3야전군이 창설되었다. 1988년에 노태우 대통령 지시로 시작되어 1991년에 완성된 '818계획', 노무현 정부에서 만들어진 '국방개혁 2020', 그리고 이명박 정부에서 만든 '국방개혁 307계획' 등은 급속히 변화하는 전쟁 환경에 대응하여 한국의 자위력을 확실히 갖출 수 있도록 국군을 현대화시키려는 계획이었다. 2022년 현재 한국은 한미 동맹을 기반으로 주변 핵강국의 군사 위협을 억지하며 그 틀 속에서 한국이 적극억제 능력을 갖추어 국가의 안전을 지키는 '적극억제(proactive deterrence)' 전략에 따라 '3축체계'(Kill Chain, KAMD, KMPR)라는 억제전략 전쟁계획으로 목표를 바꾸고 있다.

전략기획은 주변 정세와 우리의 국력, 동맹 관계 등을 고려하여 정치지도자들이 정하는 정책의 틀 속에서 조정되므로 어떤 성격의 정부가 출현하는가에 따라 변하고 있다. 후술하는 바와 같이 대한민국의 정세는 보수-진보-보수 정권으로 바뀌면서 크게 흔들려 왔다. 흔들리는 전쟁기획으로 한국의 자주국방계획 자체가 안정을 찾지 못했었다.

2) 병력 확보 : 다양한 배경을 가진 군수뇌부의 협동

1948년 건국과 동시에 출범한 치안경비대 수준의 국군을 불과 70년 만에 세계 6위의 강군으로 건설할 수 있었던 것은 국가 안보를 튼튼히 하여 되찾은 자주독립 국가의 위상을 지키려는 국가 지도자, 창군에 참여했던 독립군 장병, 그리고 각종 사관학교에 지원해서 군간부가 되려고 나선 뜻있는 새 시대 지식인들의 힘이 모두 모아졌기 때문이다.

6·25전쟁에 참전했던 젊은 장교들은 싸우면서 급속히 커진 국군을 어느 나라 군대 못지않게 다듬어 내었으며 휴전 후 급속히 변화하는 전쟁 환경에 맞추어 힘을 모아 장기 발전 계획을 세워 나간 장병과 관계 전문가들의 노력이 있어 현대화된 오늘의 국군을 만들어 놓을 수 있었다. 강군 건설에 참여한 군인과 국민 모두의 공적으로 군사 강국 대한민국을 만들어냈다.

예로 몇몇 잊을 수 없는 공로자를 본보기로 소개한다.

우선 창군과 관련하여서는 이범석 장군의 공을 인정하여야 한다. 이 장군은 한일합방 당시 10세의 어린이였다. 1913년 경성고등보통학교에 입학, 1915년 중국으로 망명하여 중국군 운남 강무당(雲南 講武堂)에 입학하여 기병과를 수석으로 졸업하고 1919년 상해 임시정부가 출범할 때 여기에 합세하였다. 그해 10월 임시정부에서 이범석 장군을 만주 독립군으로 파견하여 신흥무관학교(新興武官學校) 군사교관을 맡도록 하였다. 다음 해 이범석 장군은 가장 활발하게 전투를 하던 북로군정서에 파견되어 그곳에서 군사교관을 맡아 사관 양성소를 설립하였다. 이어 독립군 제2제대장(제1제대장은 김좌진 장군)을 맡아 함께 청산리전투에 참가하였다. 식민지 시대 독립군 전투 중 가장 유명했던 청산리전투에서 독립군은 일본군 1천2백 명을 사살하고 2천1백 명을 부상 입히는 대승을 거두었다.

백선엽(白善燁, 1920~2020)

1940년 중경으로 옮겨간 임시정부에서 한국광복군을 창설할 때 이범석 장군은 참모장을 맡았다. 이 장군은 병사들이 충원되면서 광복군이 확장될 때 제2지대장을 맡아 미국의 OSS와 협력하여 국내 진입 부대를 편성하여 본격적인 독립전쟁을 하려 하였으나 일본 제국의 항복으로 미필에 그쳤다. 해방으로 국내 진입이 이루어지지 못했던 국내 진입 부대에 김준엽金俊燁, 1920~2011, 장준하張俊河, 1918~1975 등이 들어 있었다.

해방 후 이범석 장군은 귀국하여 민족청년단을 창설하고 이승만 박사를 도와 대한민국 건국에 힘을 보탰다. 1948년 대한민국 정부 수립 때 이범석 장군은 초대 국무총리를 맡고 국방장관을 겸하였다. 이범석 국방장관의 지휘로 대한민국 국군은 창설 작업을 시작하였다.

앞에서 지적했던 것처럼 해방 당시 우리 국민 중에는 전투 경험을 쌓은 인재들이 많지 않았으며 유경험자도 일본군, 만주군으로 전투에 참가했던 분들이 대부분이고 극소수의 광복군 출신의 병사가 있었을 뿐이었다. 만주 지역에서 독립전쟁에 참가했던 장병들은 이미 연로하여 창군에 참여하기 어려웠다. 다행히 이범석 장군처럼 독립군, 광복군을 지휘했던 지도자가 있어 한국광복군을 새 국군의 뿌리로 삼아 일본군, 만주군 출신의 소장 장교들을 포용하여 통합된 국군을 창설할 수 있었다.

창군 때 지휘관으로 충원한 군사 경험 소유자의 주력은 만주군과 일본군 장교 출신들이었다. 만주 봉천(奉天)군관학교를 거쳐 일본 육군사관학교를 졸업한 장교들이 창군 과정에서 중요 직책을 맡아 군이 기능할 수 있었다. 정일권 장군은 해방 당시 만주군 대위로, 해방 후 군사영어학교를 거쳐 육군 대위로 임관하여 6·25전쟁 때는 육군참모총장 겸 국군총사령관직을 겸하여 한국군의 최고 지휘관으로 참전하였다.

6·25전쟁에서 가장 돋보이는 역할을 했던 분은 백선엽 장군이었다. 백 장군은 일본 식민지 시대 평양사범을 마치고 만주로 건너가 봉천만군군관학교 9기로 졸업한 후 1941년부터 해방 때까지 만주군 중위로 전투에 참가했었다. 해방 후 귀국하여 1946년 국방경비대 제5연대 중대장을 맡아 창군 작업에 참가하였다. 창군 이후 1949년 제5사단장, 1950년에는 개성 방위를 맡았던 제1사단장으로 6·25전쟁에 참전하였다. 백 장군은 6·25전쟁 기간 동안 중요한 전투마다 책임을 맡아 승리를 이끌어 냈다. 특히 다부동 전투에서 백 장군은 탁월한 부대 운영으로 낙동강 교두보 방어에 큰 공을 세웠다. 백선엽 장군은 능력을 인정받아 32세에 대장으로 진급했다. 백 장군은 제2군단장, 제1군사령관, 육군참모총장, 합참의장을 역임했고 1952년 휴전 협정이 시작될 때 한국군 대표로 참가했다.

백선엽 장군은 동맹군인 미군 장성들이 가장 존경하는 한국군 장군이었으며 함께 일한 적도 없는 일본군 간부들도 백선엽 장군을 높이 평가했다. 1999년 서울에서 한·미·일 3국 안보협력 세미나를 열었을 때 일본 대표가 내게 백선엽 장군을 만나게 해달라고 부탁을 해서 왜 그 많

강영훈(姜英勳, 1922~2016)

은 한국 장군 중에 백 장군을 만나려 하느냐고 물었다. 그 일본 대표는
자기들이 한국전쟁사를 분석하면서 내린 결론은 가장 돋보인 공을 세운
분이 백 장군이라고 하였다.

　백선엽 장군은 99세에 영면하실 때까지 활발히 활동하시면서 『군과
나』, 『실록 지리산』, 『내가 물러서면 나를 쏴라』, 『노병은 죽지 않는다. 다
만 사라질 뿐이다.』, 『백선엽의 6·25전쟁 징비록』 등 많은 저서를 남겨
한국군의 성장사를 이해하는 데 많은 도움을 주었다.

　창군 요원 중에 강영훈姜英勳, 1922~2016 장관도 기억해야 한다. 강 장군
도 만주국 봉천보병학교, 랴오닝 예비사관학교를 졸업한 만주군 장교였
다. 해방 후 귀국하여 1946년 군사영어학교를 거쳐 창군에 참여하여 제
12연대장을 맡았다가 국방부 관리국장 때 6·25전쟁이 시작되어 제3군
단 부군단장으로 참전하였다. 전쟁 중 1952년 주미무관을 거쳐 1953년
국방차관을 맡았다.

강 장군은 38세 때인 1960년 제6군단장으로 있으면서 4·19 학생의 거를 겪었다. 그리고 1961년 육군사관학교 교장으로 있을 때 5·16 군사 혁명을 겪었다. 혁명군이 육사생도들을 혁명지지 행사에 동원하려 할 때 이를 막아 '반혁명 장군'으로 분류되어 육군 중장으로 예편되었다.

전역 후 강 장군은 미국으로 가서 1963년 남캘리포니아대학교(USC)에서 정치학 박사학위를 받고 워싱턴에 조그마한 연구소를 차리고 *Korean Affairs*라는 격월간 학술지를 발간했었다.

강 장군은 1976년 귀국하여 한국외국어대학교 교수를 하다가 1977년 외무부 외교안보연구원장을 맡았다. 1981년에는 주영국 대사로 나갔다가 1988년 21대 국무총리를 맡으셨다. 1990년에는 남북 총리회담을 가졌으며 1991년부터 1998년까지 한국적십자 총재를 맡아 남북 적십자 회담을 지휘하였다. 1997년에 세종연구소 이사장을 맡아 한국안보 환경 분석과 대응책 개발에 앞장섰었다.

강영훈 장군은 국군에 대한 국민들의 신뢰와 국군의 국제적 위상 정립을 위해 많은 노력을 폈다. 미국에 체재할 때는 미국 군지도자들과 교류하면서 동맹국 군으로서의 한국군의 중요성을 일깨우는 데 주력하였고 귀국 후 외교안보연구원장, 총리, 적십자 총재로 일할 때도 국제사회가 한국군에 대한 바른 인식을 갖도록 직간접의 노력을 꾸준히 폈다. 한국군은 정치에 간여하지 않는 선진국의 군처럼 오직 국가 보위에 헌신하는 군임을 알리려 애썼다.

채명신 장군은 해방 이후 세대에 속한다. 해방 전 평양사범학교를 마치고 교원으로 일하다가 1947년 월남하여 경비사관학교(육사 5기)를 졸업하고 1948년 소위로 임관하였다.

채 장군은 6·25전쟁 전인 1949년 개성 송악산에서 북한군과의 교전이 벌어졌을 때 중대장으로 참전하였다. 6·25전쟁이 시작될 때는 25연대 1대대장으로 전투에 들어갔다. 1951년에는 7사단 5연대장, 그리고 휴

채명신(蔡命新, 1926~2013)

전 때는 20사단 60연대장이었다.

채 장군의 특별한 이력은 유격부대를 지휘한 경험이다. 전쟁 중 후방에 침투하여 유격전을 벌이던 '백골병단'을 지휘하면서 많은 업적을 기록했다. 전후 1958년에 장군으로 진급하여 제38사단장, 제5사단장을 역임하였으며 5·16 때 혁명군에 가담했었다. 1965년 채 장군은 주월사령관으로 참전하여 새로운 전투 환경에 한국군이 적응할 수 있도록 하는데 큰 공헌을 하였다. 1969년 귀국 후 제2군사령관을 맡았다가 1972년 중장으로 전역하였다. 채 장군은 전역 후 1977년 주브라질 대사로 나가 있다가 1981년 공직에서 은퇴하였다.

채 장군의 동생이 나와 같은 고등학교를 다닌 인연으로 나는 채 장군과 자주 만날 기회가 있었다. 채 장군은 모든 결정에서 항상 국가 이익을 제일 앞에 세웠다. 월남전에서도 마찬가지였다. 월남전은 전선전이 아닌 게릴라전을 중심으로 하는 전쟁이어서 기존의 전투 방식에만 익숙한 군대는 제대로 적응할 수 없었다. 한국군이 '새로운 전투 방식'을 습득하는 데 역점을 두고 채 장군은 한국군의 전투를 지휘하였다.

무에서 유를 만들어낸 한국군 성장 과정에 대하여 세계 모든 전문가들이 놀라움을 표했다. 어떻게 이런 성공이 가능했는지에 의문들을 가졌다. 그러나 이런 성취는 기적이 아니었다. 대한민국을 자유민주공화국으로 지키려는 강한 의지를 가진 정치 지도자, 자기가 쌓아온 경험을 바탕으로 헌신적으로 강군 건설에 뛰어든 장병들, 그리고 강군 육성에 도움을 주기 위해 헌신해온 민간 전문가들이 힘을 모았기 때문에 가능했다. 그런 뜻에서 '한국군을 키운 사람들'은 한국민 모두라고 해야 할 것 같다.

나는 한국군의 성장 과정을 가까운 거리에서 지켜보는 기회를 가졌었다. 1970년대 우리 정부가 자주국방계획을 세울 때 국방부의 부탁으로 '장기 전략', '무기체계', '장차전 양상'이라는 주제로 각 1년씩 연구용역을 맡았었다. 노태우 정부가 '818계획'을 할 때도 참가했고 김대중 정부의 국방개혁위원회에도 참가했으며 이명박 정부에서 국방선진화 계획을 세울 때는 그 위원회의 위원장을 맡아 '국방개혁 307'을 만들어 보았다. 아울러 국가안보총괄점검회의 의장을 맡아 천안함 사건을 계기로 한국군의 전쟁억지 능력을 평가해보았다. 북한이 핵무기를 개발하여 우리를 위협하는 데 대하여 '적극억제전략(proactive deterrence)'을 제안하였었다. 이러한 군 관련 연구에 참가하면서 한국군의 강병 건설 노력을 지켜보았다. 한국군은 위대했다. 어려운 환경에서도 위국헌신의 일념으로 자기 힘을 다 쏟았다. 군인만이 아니다. 국방과학연구소(ADD)에서 적은 봉급에도 최선을 다하여 국산 무기 개발에 헌신하는 과학자들의 공로를 잊어서는 안 된다.

군은 주권국가의 무장력으로 국민의 생명과 재산, 영토를 지키는 조직이다. 군사력은 어떤 경우, 어떤 목적으로 사용하게 될까를 미리 상정하여 사용 목적, 규모, 무기체계, 그리고 사용 방법을 결정하게 된다. 그리고 이러한 외형적인 요건 외에 군인들의 전의가 바로 서야 군의 존재 목적을 달성할 수 있다.

3) 무기와 장비의 자체 개발

한국군을 창군하던 1948년의 한국은 농업 국가였다. 제조업체가 거의 전무한 상태여서 소총과 같은 보병의 기초 화기도 생산할 수 없었다. 미군이 제2차 세계대전 때 쓰던 무기를 양도해주어 그것으로 무장했다. M1 소총, 박격포, 105㎜ 곡사포 등과 약간의 기동 장비가 전부였다. 창군 2년 만에 겪게 된 북한과의 전쟁에서 국군은 미군이 공여한 최소한의 무기로 싸웠다. 제2차 세계대전 때 유럽 전선에서 쓰던 M-48 전차, 태평양 전투에서 쓰던 호위함(PCC), F-51 무스탕 전폭기 등이 한국군의 주된 무기였다.

1953년 휴전 후 한국군은 20개 전투사단을 보유한 강군으로 커졌으나 무기와 장비는 현대전 수행을 하기에는 부적합했다. 한미 동맹에 의하여 한국에 주둔하게 된 미군의 무기로 북한과의 전력 균형을 이룰 수 있었을 뿐이었다. 한국군은 미국의 요청으로 1964년부터 1973년까지 보병 2개 사단, 해병 1개 여단을 월남전에 파병하였고 그 대가로 미국의 군사 원조를 받아 현대전 수행에 필요한 기초 장비와 무기를 확보할 수 있었다.

미국은 1973년 베트남전쟁에서 미군 철수를 단행하고 이어서 아시아 지역의 미국 동맹국들은 '자체 방위'를 하도록 하고 미군 전투부대를 한국 등에서 철수시키겠다는 내용의 닉슨 독트린을 발표하였다. 닉슨 독트린으로 한국은 자주국방계획을 세우지 않을 수 없게 되었다.

정부는 '적극방어전략'과 '적극억제전략'을 펴는데 필요한 무기와 장비를 자체 생산하지 않을 수 없는 긴박한 사태에 당면하여 '무기 국산화 계획'인 '율곡사업'을 시작했다. 제1차 율곡사업(1974~1981), 2차 율곡사업(1982~1986), 그리고 3차 율곡사업(1987~1992)을 실시하면서 총 22조원의 예산을 투입하여 '적극방어전략'에 필요한 최소한의 무기와 장비를 구입, 개발, 제작하였다.

박정희 대통령은 '홍릉기계'라는 위장 이름을 내어 걸고 1970년 '국방고등기술원(Agency for Defense Development)'을 창설하였다. 홍릉에서 작은 규모로 시작한 이 연구소는 급한 대로 한국형 소총과 국산 105mm 곡사포 등을 만드는 일을 시작하면서 많은 인재들을 모으기 시작하였다. ADD로 부르는 이 연구소는 대전 부근으로 이전하면서 산하에 대전기계창, 진해기계창 등 여러 곳에 기능별 연구 시설을 갖추기 시작하였다. 창설 초기에는 K2 소총, K-200 장갑차, 돌고래 소형 잠수함 등을 만들기 시작했으나 해외에서 훈련받은 고급 전문인력을 받아들이면서 K-9 자주포, 천마 대공유도탄, 어뢰 백상어, 지대지미사일 현무 등의 개발을 시작했고 2000년부터는 선진국 수준의 연구 능력을 갖추고 혜성, 신궁 등의 대공미사일을 개발하고 2014년부터는 고도정밀무기를 만들어내기 시작했다.

ADD는 2000년부터 KT-1 훈련기를 설계, 생산했으며 훈련기의 대외 수출도 시작하였다. 최근에는 경공격기 FA-50을 만들어 동남아 우방 국가에 수출하였다. ADD가 개발한 K-2 전차는 세계 제일이라는 평가를 받으면서 터키, 폴란드에 수출하고 있고 자주포 중 최고라는 K-9 자주포도 해외에 수출하고 있다. 최근에는 KF-21 초고속 전폭기를 설계하여 한국항공(KAI)에서 시작품을 만들고 있다.

해군 함정 영역에서도 한국의 방산 능력은 급속도로 향상되고 있다. 독일 HDW 회사의 경잠수함(1,200톤) HDW-209도 독일 본사와 기술제

휴를 하고 한국에서 만들어 일부는 해외에 수출했고 1,400톤급 HDW-214도 조함하고 있다. 최근에는 3,000톤급 잠수함을 설계, 제작하고 있어 조함 능력에서 세계 3위에 오르고 있다. 2022년 현재 국산무기 수출 목표는 150억 달러에 달하여 세계 5위의 방산 능력을 갖추게 되었다.

이제 방산 능력이 뒷받침하게 됨에 따라 전쟁기획도 적극방어(positive defense)에서 적극억제전략(proactive deterrence)으로 전환할 수 있게 되었다.

반세기 동안 소총도 만들지 못하던 한국이 세계 5위 내에 들어가는 방산 선진 국가로 성장할 수 있었던 것은 정부의 적극적 노력도 기여했지만 무기 개발에 참여해온 과학기술 전문가들이 적극 참여해 주었기 때문이다. 나라를 위하는 위국헌신의 정신을 가진 새 시대 한국인들의 뜻과 헌신이 방산 능력 축적의 일등 공신이다. 좋은 예가 앞서 현대자동차 엔진설계 전문가로 소개했던 이현순 박사의 '뜻'과 '헌신'이다.

이현순 박사는 1950년생으로 해방 이후 세대에 속한다. 이 세대는 6·25전쟁을 어려서 겪고 폐허가 된 나라를 복구해 가던 어려운 때에 학교에 다니며 새로운 지식과 기술을 쌓아 조국의 밝은 미래를 건설해 나가는 데 앞장설 것을 다짐하던 세대였다. 고등학교의 우등생들은 새 시대는 과학기술이 나라의 형편을 결정하는 과학기술 시대이며 이런 시대에는 우리들도 과학기술을 습득하여 '잘 사는 대한민국'을 만드는 데 기여해야 한다는 생각을 갖고 대학 진학 때 공과대학을 지망했었다. 내가 다니던 서울고등학교에서도 우수한 동급생들은 서울대학교 공과대학을 지망하였다. 이현순 박사가 바로 이런 대표적인 공대 지망생이었다.

이현순 박사는 서울대학교 공과대학 기계공학과를 졸업한 후 공군 사관학교 교관으로 군복무를 마치고 미국으로 유학하여 1982년 뉴욕대학교(State University of New York at Stony Brook)에서 '비행기 엔진'을

이현순(李賢淳, 1950~)

연구논문으로 박사학위를 받았다. 이 박사는 GM자동차 연구소에 입소하여 엔진 연구에 종사하였다. 이 박사는 미국에서도 인정받는 엔진전문 기술자로 자리 잡혀갈 때 현대자동차 회사를 설립, 승용차를 생산하면서 선진국과 경쟁을 벌이던 정주영 회장의 제의를 받고 귀국하여 1984년 현대자동차 마북리연구소를 건립하고 자동차 엔진 개발에 착수하였다. 1991년에 내놓은 알파 엔진은 '엑센트' 차에 탑재하여 수출했고 1999년에 생산한 오메가 엔진, 2002년에 '소나타'에 장착한 세타 엔진, 2008년에 개발하여 '제네시스'에 장착한 타우 엔진 등은 모두 이현순 박사의 작품이었다. 이 박사는 여기서 그치지 않고 수소차 엔진 개발도 시작했었다.

나는 이 박사의 초청을 받고 세계적 명성을 떨치는 현대자동차 남양기술연구소를 방문하여 제네시스, 수소차 등을 시험운전 해 보았다. 연구소의 규모, 인원, 실험 장치 등을 돌아보며 '새 시대 과학기술의 산실'

이 이러한 모양을 가지는구나 하고 감탄했었다. 새 시대 젊은이들의 패기와 열의를 느낄 수 있었다.

이현순 박사는 2009년 한국공학한림원 대상과 대한민국 최고과학기술인상을 받고 2006년에는 '한국을 일으킨 엔지니어 60인'에 선발되기도 하였다.

이현순 박사는 2011년 현대자동차에서 퇴임하고 두산 부회장으로 취임하여 두산기계에서 개발하던 전차 엔진 개발을 지휘했다. '세계 최고의 전차'로 알려진 K2 흑표(Black Panther)의 엔진은 두산인프라코어에서 제작한 이현순 박사의 작품이다.

2022년 한국의 무기와 장비 생산 능력은 한국군 수요를 넘어 주요한 수출품 생산 능력이 되었다. 2021년 한국의 방위산업 수출 총액은 72억 5천 만 달러였고 2022년 방산 수출액은 173억 달러였다. 지상 병기로는 K-2 전차, 레드백 장갑차, K-9 자주포, 공군 무기로는 FA-50 경공격기, KF-21 전투기, 방어 무기로는 천궁-2 요격미사일, 비호복합 방공체계, 해군 병기로는 호위함과 잠수함 등이 주목받고 있다. 예상대로 수출이 순조로우면 한국의 방산 능력은 세계 5위가 된다.

무기와 장비의 자체 개발 능력이 선진국 능력에 육박하게 된 데는 정부의 치밀한 정책이 있어서라고 하겠지만 그동안 우리가 키워낸 수천 명의 과학기술 전문인력 덕분이다. 이들 젊은 전문인력의 '나라 사랑하는 마음'과 헌신적 노력으로 한국은 자주국방 능력을 갖추어 가고 있다.

나는 수천 명 젊은 과학기술 전문가가 일하고 있는 ADD의 이사로 몇 년간 일한 적이 있다. 그때 ADD의 방명록에 "ADD에서 일하시는 분들은 한국 자주국방의 전위(前衛)"라고 써주었다. 나의 진심이었다. 이들이 있어 한국은 자주국방력을 갖출 수 있게 되었다.

4. 국군에 혼을 불어넣은 사람

한국군은 6·25전쟁을 거치면서 현대전의 경험을 가진 60만 병력의 대군으로 성장하였으며 세계 4~5위의 강군으로 평가되어왔다. 그러나 한국군은 큰 약점을 가지고 있었다. 사단급 부대까지의 전투지휘 운영은 우수한데 군 전체의 운영체제가 미흡하다는 평을 받아 왔다. 6·25전쟁 때 체결된 한미상호방위조약에 근거하여 한미연합사령부가 설치되고 그 사령관은 미국군 장성이 맡게 되어 한국군 장성 중에는 군 전체를 지휘해본 경험을 가진 장성이 없고 독자적 전쟁 기획을 해보지 않았기 때문이었다.

동맹은 언제라도 해지될 수 있다. 1970년대 초 미국 닉슨 대통령이 일방적 미군 철수를 결정했을 때 한국 정부는 크게 놀랐다. 그때부터 전쟁 목적, 기본 전략체계, 군편제의 합리적 구성 등을 연구하기 시작하였다. 북한 위협에 대응하는 군전력 구성 등을 연구하기 시작하였다. 북한 위협에 대응하는 전략체계도 새로 만들기 시작했다. 1970년대는 북한의 우세한 전력을 감안하여 휴전선 지근거리에 있는 서울 방위를 1차적 목표로 상정하고 적극방어(positive defense) 전략을 채택했다. 미국의 SDI(Strategic Defense Initiative) 전략과 같은 개념의 전략이다. 개전 즉시 휴전선을 넘어 휴전선과 사리원선 사이의 공간을 주전장으로 삼기로 하고 이를 위한 빠른 기동의 제3야전군을 창설하였다.

북한이 핵무장, 장사포, 지대지미사일로 무장하게 됨에 따라 전략도 적극억제(proactive deterrence)로 바꾸게 되었다. 북한이 공격을 시작하

김관진(金寬鎭, 1949~)

려 할 때 발사 직전에 무력화(無力化)시키는 선제타격(preemptive strike)을 하기로 하고 이에 맞추어 전력을 구성하기로 하였다. 이른바 3-K전략(Kill-Chain 구축, KAMD 요격시스템, KMPR 대량보복)을 갖추어 적이 공격 의지를 가지지 못하게 적극적으로 억제한다는 전략이다. 그리고 전방에서 북이 간헐적으로 공격을 하는 경우 이를 선제적으로 억제하기위하여 '선 공격원점타격 후보고'라는 적극적 대응의 교전 규칙(rule of engagement)을 마련하였다. 이러한 전략체계를 확립한 장군이 있다. 김관진金寬鎭, 1949~ 장군이다.

김관진 장관이 다듬어 내어놓은 '적극억제전략'을 소개한다.

평화에는 두 가지가 있다. 내가 추구하는 가치, 나의 정체성을 지키면서 남과 공존하는 적극적 평화와 나의 정체성을 해치는 것을 감수하고 상대가 요구하는 것을 수용하면서 공존하는 소극적 평화가 있다. 김관진 장군이 다듬어 내어놓은 '적극억제전략'은 적극적 평화를 확립하는 전략이다. 적의 군사적 위협을 무력화(無力化) 시킬 수 있는 군사력을 유지하여 적극적 평화를 지키기 위하여 군사력을 사용하는 기본 틀이다.

적극 평화를 위한 군사력 사용 원칙으로서 제시한 '적극억제전략'은 세 가지 군사력 확보를 목표로 한다. 첫째로 상대방이 미사일 공격 등을 시도할 때 공격 직전에 이를 무력화 시키는 사전공격 능력을 갖추는 것이다. 둘째는 사전공격이 실패했을 경우 날아오는 적 미사일을 요격할 수 있는 능력이다. 셋째는 적이 공격할 마음을 가지지 못하도록 공격했을 경우 대량보복을 할 능력과 의지를 가지고 있음을 보여주어 공격 자체를 할 마음을 못 가지게 하는 대량보복 능력을 구비하는 것이다. 이 세 가지 능력을 '3축체제'라 부른다. 첫 번째 사전공격 능력이 이른바 Kill-Chain 능력이다. 두 번째 미사일 요격 능력이 한국형 미사일 방어 능력, KAMD(Korea Air and Missile Defense)이다. 세 번째 대량보복 능력이 Korea Massive Punishment and Retaliation, 즉 KMPR이다. 이 세 가지를 합쳐 3축체제, 3-K 전략이라고 부른다.

김관진 장군이 다듬어 내어놓은 3축체제는 한국군의 존재 의의(raison d'etre)를 분명히 밝힌 '한국군의 혼'이라고 할 수 있다. 한국이 추구하는 적극 평화를 보장하는 군사력이 한국군의 존재 이유임을 밝힌 것이다.

불행하게도 문재인 정부가 북한과의 소극적 평화를 추구하는 '한반도 평화프로세스'를 정책으로 확정하면서 한국군의 '적극억제전략'은 허물어졌다. 그리고 김관진 장군은 제거 대상이 되었었다. 다행히 국민들의 바른 판단으로 2022년 대통령선거에서 한국의 정체성을 지키는 새로운 정책을 내세운 정부가 '다시 대한민국'을 천명하면서 적극 평화를 추진하는 능동적 군사 전략을 추구하게 되어 적극억제전략은 되살아날 기회를 갖게 되었다. 세계 4위를 자랑하는 한국군에 군 존재 의의를 다시 찾아주어 '혼을 갖춘 군대'로 재건힐 수 있는 기회가 왔다. 김관진 장군과 뜻을 같이 할 많은 장군들이 대기하고 있다. 한국군은 다시 혼을 가진 적극 평화 수호의 군대로 재탄생할 것이다.

김관진 대장은 육사 28기생으로 2학년생도 때 우수생도로 선발되어 독일 육사에 유학하고 왔으며 후에 독일 고등군사반에서 훈련받은 잘 훈련된 야전 지휘관이었다. 수도경비사령부 차량화보병 중대장, 7사단 부사령관 등 야전부대에서 야전부대 지휘 경험을 쌓아 중장 때는 제2군단장(2002~2004), 대장 때는 제3야전군사령관(2005~2006)을 거쳤다. 2006년에서 2008년까지 제33대 합참의장을 역임하고 대장으로 예편한 후 2010부터 2014년까지 이명박 정부와 박근혜 정부에 걸쳐 국방장관으로 근무했다. 이어서 청와대 제2대 국가안보실장을 역임하였다.

김 장군은 확고한 의지를 가진 야전 지휘관으로 유명했을 뿐만 아니라 적극억제전략 수립도 그의 지휘 아래 이루어졌다. 규모와 장비 면에서 세계 4위를 자랑하는 한국 육군을 독자적 전략체계를 갖춘 자주적 강군으로 만드는데 크게 기여하였다. 이러한 공헌은 남다른 김관진 장관의 뜻과 군인 정신이 있었기 때문에 가능했다. 김 장관은 뜻과 헌신으로 한국군을 살아 있는 군대로 만드는 데 공을 세웠다.

군은 국민의 일부이다. 국민이 상무 정신을 가지면 군도 싸우려는 의지를 가진 '살아 있는 군'이 된다.

새 시대의 한국군 장성들은 대부분 사관학교 등에서 훈련받은 엘리트 군인들이다. 군 경력을 개인의 영달에 사용하려던 군인들과 달리 김관진 장군과 같이 군에 영혼을 불어 넣는데 뜻을 두고 헌신하는 장군들이 많아졌다. 그리고 국민들도 군장성 못지않게 군을 아끼고 있다.

국민 모두가 상무 정신(尙武精神)을 가진다면 한국은 자위할 수 있는 강병을 만들어 유지할 수 있다.

제8장
새 세계질서 속에서
나라를 지킨 분들

제 2차 세계대전의 전후 처리 과정에서 빈 땅에 독립국을 탄생시킨 민족 지도자들의 공로를 대한민국이 존속하는 한 우리 국민들은 잊어서는 안 된다. 패전국 일본의 영토였던 한반도에 진주한 승전국 미국과 소련군의 군정이 실시되었던 환경에서 자유민주 공화정의 독립국을 세운다는 것은 상상하기도 어려운 과업이었다. 더구나 국민의 뜻을 대변할 중심 세력도 없는 상황에서 이념을 달리하는 미국과 소련이라는 두 점령국의 대립 속에서 점령국 정부를 설득하고 새로 발족한 국제연합의 지지를 얻어내서 독립국가를 만들어낸다는 것은 믿기 어려운 과업이었다. 그러나 뜻있는 지도자들과 미국, 그리고 국제연합 참가국 대표들을 설득하여 우리의 건국 노력을 도울 수 있도록 유도해낸 '직위 없는 외교관'들의 헌신적 노력으로 국제연합 감시 하의 선거를 거쳐 대한민국이라는 자유민주주의 공화국을 건국했다.

1945년 8월 15일 어렵게 대한민국 건국 절차를 마치고 신생 독립국으로 출범한 후 대한민국은 1950년 3월까지 미국, 중화민국 등 26개 국가들의 '국가승인'을 얻어냈다. 1948년 12월 국제연합 총회에서 자주독립

국가 승인을 얻어낼 때까지의 숨 가쁜 과정을 성공적으로 마무리한 이승만 초대 대통령 등 민족 지도자들은 '무(無)에서 유(有)를 만들어 낸 전략가'로 우리 역사에 길이 이름을 남길 것이다.

가난한 신생 독립국 대한민국은 건국 2년 만에 6.25전쟁이라는 엄청난 시련을 맞이하였다. 북한 지역을 점령하고 있던 소련군이 철수하면서 소련이 만들어 놓은 소련의 영향 아래에 있던 북한 인민군의 남침을 받아 우리는 전쟁 역사상 3위의 전쟁 강도(強度)를 기록한 전쟁에 휘말렸다. 3년에 걸친 이 전쟁을 국제사회의 도움을 받아 휴전으로 종식시키고 휴전선 남쪽의 대한민국을 살려냈다. 국제연합 창설 이래 최초의 국제연합군을 편성하여 한국군을 돕도록 외교를 편 지도자들의 공로를 대한민국 국민들은 잊어서는 안 된다.

1953년 7월 휴전이 이루어진 이후의 외교 환경도 어려웠다. 심화되는 미·소 냉전 속에서 미·소 진영 경계선에 놓인 후진 약소국 대한민국이 주권국가의 지위를 유지하면서 끊임없는 공산권의 위협을 막아내며 경제 발전을 위한 국제협력망을 구축해 나간다는 것은 쉽지 않은 일이었다. 이러한 어려움 속에서도 외교 인력을 양성해가면서 국제사회에 외교망을 구축하는 어려운 과제를 정치 지도자들은 성공적으로 수행해나갔다.

냉전질서 속에서 나라 지키기에 나섰던 외교관, 공공외교 지도자들과 민간단체를 만들어 '세계 속의 한국'의 생존을 도운 사람들을 소개한다.

1. 백지에 그림을 그려낸 직업 외교관들

총독부에는 '외무부'가 없었다. 일본 식민지 통치를 받았던 때 한반도를 다스리던 일본 총독부에는 외교부가 없었다. 독립국이 아닌 일본 제국의 일부였으니 당연한 이야기다. 그래서 한국인 중에는 훈련받은 직업 외교관이 없었다. 다른 영역에는 총독부 관리로 일했던 조선인들이 있어 아쉬운 대로 그분들 중에서 새 정부의 각 부처 관리를 선발할 수 있었으나 신설 외무부에 충원할 사람이 없었다.

미국에서 독립운동을 할 때 헌신적으로 이승만 박사를 도왔던 올리버[Robert T. Oliver] 박사는 직업 외교관 훈련을 받은 사람이 없어 이승만 대통령이 대한민국 정부를 조직할 때 어려움이 컸다고 했다. 내가 호놀룰루에 있을 때 그곳에 들린 올리버 박사와의 대한민국 수립 과정 이야기를 나누면서 들은 이야기다. 이승만 대통령은 급한 대로 해외에서 대학 교육을 받은 분들을 장관으로 등용하였다. 초대 외무부장관 장택상張澤相은 영국 에든버러(Edinburgh) 대학 출신이었고 제2대 장관 임병직林炳稷은 미국 디킨슨(Dickinson) 대학 출신, 제3대 장관 변영태卞榮泰는 중국 협화대학(協和大學) 출신의 고려대 영문학 교수였다. 외무부 각 부서의 책임자도 급한 대로 행정부서에서 일했던 경험이 있는 관료들로 충원했었다.

정부는 고급공무원 충원을 위해 1950년 행정고등고시를 도입하여 공개 시험을 거쳐 사무관을 충용하면서 행정고시 제3부를 외교공무원 선발시험으로 운영하였다. 그 뒤에 이 시험 제도는 행정고등고시, 외무고시 등으로 이어져 전문외교관 채용체제로 굳어졌다. 그러나 정부 수립 초기에는 팽창하는 외무부의 직원 충원을 행시만으로 감당하기 어려워 '외무사무관 요원 시험'을 실시하여 현역 군장교 중에서도 사무관 요원을 선발하였다. 1955년 제1차 시험에서 윤하정, 김정태 두 사람이 선발되었고 1957년 제2차 시험에 공로명孔魯明, 1932~ 한 사람이 선발되었다. 그리고 급속히 팽창하는 해외공관 요원 충원을 위하여 정부 내 다른 부처의 행시 출신 공무원을 영입하여 활용하였다.

행시 3부, 외무고시, 외무사무관 요원 시험 등 전문외교관 선발 고시를 통하여 충원된 직업 외교관 중에서 외무장관을 역임한 분은 노신영盧信永, 최호중崔浩中 등 몇 분 안 되고 사무관부터 장관까지 외무부를 줄곧 지켜온 직업 외교관 중에서는 처음으로 1994년 공로명 대사가 장관에 임용되었다. 외무부 본부, 해외공관의 중요 직책을 모두 겪고 장관이 된 공로명 장관의 경력을 표본으로 추적하면서 직업 외교관들의 공헌을 살펴보기로 한다.

공로명 장관은 일제 식민통치, 미군 군정, 대한민국 건국 과정, 6.25전쟁 등을 모두 겪은 해방세대 제1기에 속한다. 1932년생인 공 장관은 함경북도 명천(明川)에서 태어나 만주 연길(延吉)에서 국민학교 3학년까지 다니다가 서울로 이사하여 교동국민학교를 거쳐 경기중학교에 입학한 후 1학기 만에 해방을 맞이하였다. 경기중학교 6학년 때 6.25전쟁이 일어나 부산으로 피난하여 그곳에서 1951년 서울대학교 법과대학에 입학, 1953년 군에 입대하여 통역장교 중위로 임관-육사 영어교관으로 복무하면서 '외무사무관 요원 시험'을 거쳐 1958년 외교관이 되었다. 공 장관은 1960년 영국 런던정치경제대학(London School of Economics and Political Science)에서 연수 과정을 마치고 본부 국제기구과에 배속받아 직업 외교관의 긴 여정을 시작하였다. 당시 외무부는 본부 직원 약 100명, 13개 해외공관에 180여 명의 인원으로 운영되고 있었다. 공 장관은

공로명(孔魯明, 1932~)

본부에서는 동북아과장, 아주국장, 정무차관보 등의 직을 맡았으며 해외 공관에서는 주미대사관 3등서기관을 시작으로 주일대사관 2등서기관, 주호주대사관 참사관, 주카이로총영사, 주뉴욕총영사, 주브라질대사, 주소대사, 주일대사를 역임했다.

공로명 장관이 외교관으로 근무한 38년간은 우리나라가 가난한 후진국에서 자립 경제를 이루기 위해 총력을 기울였던 시기였으며 정치적으로는 불안정한 민주정치체제가 군사독재를 거쳐 틀을 갖춘 민주공화정으로 탈바꿈해가던 시기, 그리고 국제적으로는 미·소 냉전체제 속에서 미국과의 동맹 유지로 소련, 중국, 북한 공산세력의 위협을 막아내면서 자주국방의 틀을 갖추려고 노력했던 시기에 해당된다. 이 시기에 나라 지키기의 1차적 과제는 미국, 일본 등 자유민주주의 국가와의 연대를 공고히 하는 것과 국제사회에서의 정치적, 경제적 지원을 얻을 수 있는 우호 관계를 정립해 나가는 외교체제 확립이었다. 미국과의 튼튼한 '포괄

동맹'을 유지하는 것은 이 중에서도 가장 중요한 과제였다. 후진 농업사회를 자립 경제가 가능한 자립 공업국가로 전환하는데 필요한 자본, 기술 지원을 얻어내야 하고 미국이 주도하는 자유세계 국가들과의 경제협력체제 구축을 이루기 위해서는 미국의 후견이 절대적으로 필요했기 때문이다. 그리고 북한을 앞세운 중국과 소련의 군사 압력을 이겨내기 위한 자주국방력 구축에도 미국의 지원이 절대적으로 필요했었다.

1980년대에 들어서면서 냉전이 막을 내리고 미국 주도의 단일 질서가 자리 잡기 시작했다. 새로운 국제질서가 자리 잡게 되면서 한국은 그동안 적대 관계에 머물러 있던 공산권 국가들과의 새 관계 구축이 새로운 과제로 다가왔다. 러시아로 재탄생한 구소련과의 관계 수립, 중국과의 국교수립 등 외교적 과제가 크게 늘어났다. 이러한 외교적 도전에 맞서 대한민국의 국제적 위상을 높여 나가는 일에 앞장섰던 분들의 공적을 우리는 높이 평가해야 한다.

공로명 장관은 1965년 한일 외교 관계가 수립된 다음 해인 1966년에 일본 대사관에 부임했으나 1964년에 시작된 한일 회담부터 참여하였다. 한일 외교가 궤도에 오르는 데 따른 외교 관계 기본 틀을 만드는 기초 작업부터 공 장관은 참여하였다. 특히 제1차 경제개발 5개년 계획을 가능하게 한 일본의 경제협력 자금 확보에 실무자로서 많은 기여를 했다. 이때 쌓아 놓은 일본 외무성 관료들과의 인맥으로 그 뒤 1981년 일본과의 경협차관협상 때 많은 도움을 얻을 수 있었다.

공 장관의 이름이 잘 알려진 것은 정무차관보로 있을 때 일어난 1983년 5월 '중공 민항기 불시착 사건'을 맡아 일을 매끄럽게 해결했을 때였다. 공 장관은 이 일을 처리하면서 중국과의 수교에 큰 영향을 줄 만큼 중국 정부를 감복시켰다. 공 장관은 항공기 납치에 관한 헤이그협정에 따라 납치범은 망명을 원하는 대만으로 보내고 항공기와 승객은 중국에 보내기로 중국측 대표 선투沈圖와 잘 협의했다.

공 장관은 소련과의 수교 과정에서도 주소련 영사처장, 초대 주소대사로 핵심 역할을 했다. 1990년 소련과 수교 협상의 터전을 마련하기 위해 주소련 영사처장이라는 직함을 가지고 모스크바에 상주하면서 한·소 수교의 길을 닦았다.

공 장관은 1993년부터 2년간 주일대사로 봉직했다. 이 시기가 한일 관계가 가장 심도있게 맺어진 시기라고 하는데 역시 공 장관의 공로라고 보아야 할 것 같다. 공 장관은 그동안 쌓아 놓은 폭넓은 인맥을 바탕으로 '현실을 중시하는 한일 관계'를 내세우고 우리 정부와 일본 정부를 움직여 '우호 관계'로 안착시켰다. 그동안 쌓아온 일본 내의 인맥은 1994년부터 1996년까지 공 장관이 외교부장관에 재직했을 때도, 그리고 외무부에서 은퇴하여 한림대학교 일본학연구소장이라는 민간 기구의 장으로 있을 때도 한일 두 나라 사이를 이어주는 데 큰 도움을 주었다. 예로 내가 한일문화교류기금 이사장으로 있으면서 2010년 '한일 원로회의'를 기획해서 양국 원로 지도자들 간의 정례 모임을 열었을 때도 공 장관을 앞세우면 나카소네中曽根康弘 전 수상, 고노河野洋平 중의원 의장, 후나바시船橋洋一, 와카미야若宮啓文 등 언론인들을 쉽게 모두 동원할 수 있었다. 열린 마음을 가진 사람이 성(誠)을 다하여 대하면 상대방도 똑같이 마음을 열고 성(誠)을 다해 협상에 나서준다.

공로명 장관은 직업 외교관으로 대한민국을 국제사회에서 인정받는 나라로 인식시키는데 가장 큰 공을 세운 분이라 생각한다.

대한민국 건국 10년이 되던 1950년대 말까지도 한국 외교는 '개척 시대'에 머물렀었다. 외무부는 해외공관 수 10여 개에 180여 명의 '외교관'으로 국제사회에서 해외 국민보호, 국가간 협력체제 구축 등의 외교 업무를 수행하고 있었다. 그러나 심화되는 미·소 냉전 속에서 국민의 안전을 지키며 자주국가로서의 권익을 지키기 위한 외교적 과제가 급속히 늘어남에 따라 정부에서는 외교 역량 확대에 총력을 기울이지 않을 수 없었다. 새로 수교하는 국가에 상주 대사관을 설치하였으며 주요 도시에 총영사관을 개설하였고 지역공동체에 대표부를 설치해나갔다. 이러한 노력으로 2020년에는 상주 대사관을 115개국에서 운영하고 주요 도시에 총영사관 46개를, 그리고 대표부도 5곳에 두었다. 이렇게 170여 개 재외공관을 운영하기 위해 본부 직원과 해외공관원들을 모두 급속히 충원해 나갔다. 2013년에 이미 외교부의 총인원은 외교관 1,600명을 포함하여 약 2,100명에 이르렀다.

이 많은 외교 인력을 확보하기 위하여 외교관 요원 충원제도도 확대 개편해 나갔다. 행정고시 3부로 매년 20~30명의 사무관 요원을 뽑던 제도 외에 외교관 후보자 선발시험, 국가공무원 7급(외무영사직) 시험 등으로 추가로 선발해 오다가 2013년에는 외무고시를 폐지하고 2014년부터 행정안전부에서 실시하는 국가공무원 시험으로 45명의 후보를 선발한 후 국립외교원에서 1년 연수시키고 그중 40명을 선정하여 사무관으로 임용하는 제도로 전환하였다.

2011년 정부에서는 획기적인 외교관 충원체제를 마련하기 위하여 '외교력강화위원회'를 만들어 새로운 체제를 마련하도록 하였었다. 각계 전문가로 구성된 이 위원회에서 1년간 작업 끝에 '국립외교대학원 설치 방안'을 만들어냈었다. 국립외교원을 특수대학원으로 개편하고 매년 100명 정도의 신입생을 선발하여 대학원 교육을 실시한 후 배출되는 석사급 졸업생 중에서 40명을 외무부에서 외교관으로 임용하고 나머지 60명은 정부 각 처의 국제업무 담당 요원으로 배치한다는 계획이었다. 그러나 관계 부처의 반대로 실시되지 못했었다. 위원장으로 1년간 노력을 쏟았던 나는 실망이 컸다.

지난 70년 동안 정부의 노력으로 많은 외교 전문인력이 배출되어 이제 외교 영역에서 전문인력 부족 문제는 해소된 셈이다. 그러나 아직 대사급의 고급인력을 충원하는 데는 한계가 있다. 학문적, 정치적 경험이

반기문(潘基文, 1944~)

보태져야 시대가 요구하는 '정치 감각을 갖춘 전문외교 인재'가 될 수 있기 때문이다.

직업 외교관 중에서 배출한 지도자급 전문외교관으로 공로명 장관 외에도 다수의 인재들이 배출되었다. 국제사회에서 대한민국의 위상을 높여준 직업 외교관의 예로 반기문潘基文, 1944~ 전 UN 사무총장을 들 수 있다.

반 총장은 서울대학교 외교학과를 졸업한 후 1970년 외무고시에 합격하여 외교관 생활을 시작하였다. 반 총장은 미주국장, 외교정책실장을 거쳐 2004년~2006년 외교부장관으로 일했다. 이어서 2006년 UN 사무총장직에 출마하여 당선되어 2007년부터 2016년까지 봉사하였다. 반 총장은 현재 '보다 나은 미래를 위한 반기문재단' 이사장으로 일하고 있다. 반 총장은 국제연합이라는 전세계 국가들이 모인 기구의 책임자로 뽑혀 대한민국의 국제사회에서의 위상을 높여 주었다.

한국 외교에서 가장 중요한 자리는 주미대사 자리이다. 한국 안보의 기둥이 한미 동맹이고 정치, 경제, 외교 모든 영역에서 한국은 미국과의 협조를 필요로 하고 있어 역대 모든 정권에서 주미대사는 정계, 관계, 학계 모든 영역을 포함하여 가장 유능한 사람을 선정하여 임용하였다. 지난 70년 동안 주미대사 26명 중에서 직업 외교관 출신은 16대 대사인 박건우朴健雨 대사와 23대 최영진崔英鎭, 24대 안호영安豪榮 대사, 그리고 26대 이수혁李秀赫 대사 등 4명뿐이었다. 외교부 창설 70년이 지나서 이제 국가가 키운 전문외교관들이 외교의 중심에 들어서고 있다.

2. 제2소통 통로 구축에 나선 분들

1648년 베스트팔렌(Westphalen) 조약이 체결될 때까지는 온 세계 인류가 국가 단위로 나뉘어 살면서 일반 백성들 간에는 국경을 넘어 다닐 일이 별로 없었다. 국경이 삶의 테두리였다. 나라와 나라 사이의 관계는 각 국가를 대표하는 사람들이 만나 의논하고 결정하는 것이 보통이었다. 세계질서는 정부 간의 관계로 만들어졌었다. 이런 국가 간 관계(international relations)를 다루는 정부의 활동이 외교였다. 그래서 주권자의 의사를 전하는 외교관이 외교의 중심에 있었다.

20세기 후반에 이르면서 교통통신의 발달로 온 세계가 하나의 삶의 공간이 되었다. 산업도 국가 간의 분업체제로 묶여가고 문화도 국경을 넘어 모두가 공유해가는 세상이 되었다. 21세기에 들어서면서 온 세계가 하나의 지구촌으로 통합되어 가고 있다. 사람도, 물자도, 정보도 모두 국경을 넘나드는 세상이 되어가고 있다. 이에 따라 외교의 영역도 넓어졌고 외교가 이루어지는 방식도 달라졌다. 그리고 외교는 외교관만이 담당할 수 없게 되었다. 국가 간에는 많은 의사소통 통로가 생겨났고 담당 기관도 다양해져 가고 있다.

주권자의 의사를 전달하는 임무를 수행하는 대사 등 외교관 간의 접촉과 의사소통(track-1)이 외교의 중심이던 것이 이제는 국가 간 관계에 관련된 연구를 직업으로 하는 전문지식인들과 사업 관계로 해외 기업들과 많은 거래를 하는 지식인들 간의 의사소통(track-2)이 직업 외교관들의 업무를 지원하고 있다. 그리고 정부를 대표하지 않는 민간 기구 간의 소통에서 봉착하는 '무책임한 견해'를 보완하기 위하여 비정부 조직 간의 접촉에 정부의 의견을 보탤 수 있도록 공무원을 포함시키는 1.5 track 의사소통도 많이 활용되고 있다.

한국 외교에서도 track-2 소통과 1.5 track 접촉이 많이 활용되고 있으며 이러한 소통에서 축적된 지식과 경험을 활용하기 위해서 제2소통 통로에 참가했던 전문지식인들을 외교관으로 영입하여 활용하는 것이 오늘날 각국의 관행으로 되어가고 있다. 예로 미국연방 정부는 직할 연구소를 가지지 않고 민간 연구소를 정책연구, 정보수집, 외국과의 자유스러운 접촉 등에 활용하고 있다. 미국의 유명한 민간 연구소인 CSIS, CNAS, Heritage, Council on Foreign Relations(CFR) 등은 미국 정부의 외교 정책을 뒷받침하고 있으며 이런 연구소의 연구원들이 백악관 안보정책실 요원 등으로 차출되고 있다. 그리고 스탠포드대학 아태연구소 등 대학부설 연구소도 중요 역할을 한다.

한국의 경우도 마찬가지이다. 정부 기구인 외교안보연구소(IFANS), 한국국방연구원(KIDA), 한국개발연구원(KDI) 등과 민간 연구소인 세종연구소, 아산정책연구원, 서울국제포럼, 한국미래학회 등과 주요 대학부설 국제관계 연구소가 그 역할을 하고 있다. 대표적인 연구소들과 이 연구소를 이끌어 온 전문지식인들을 몇 분 소개한다.

1) 김준엽과 고려대학교 아세아문제연구소

1957년 창설된 고려대학교 아세아문제연구소(Asiatic Research Institute : ARI)는 아시아 주변국에 관한 연구를 하는 한국 최초의 지역연구센터였다. 중국과 북한, 그리고 공산주의에 관한 연구에 있어서 해외에 잘 알려진 연구소였다. 고려대 아연(ARI)은 초대 소장 이상은李相殷 교수도 북경대학에서 철학을 전공한 중국 전문가였지만 연구소를 만들고 24년을 이끌어온 김준엽 선생이 중국에서 독립 투쟁을 하고 중국과 대만에서 대학 교육을 받은 중국 전문가여서 처음부터 중국 정치와 중국 공산주의, 그리고 북한 정치와 북한 공산주의를 집중연구하는 세계적 명성을 가진 연구소로 자리 잡았다. 김준엽 선생은 공산주의 이론과 북한 공산주의를 연구해온 이 분야 최고의 권위자인 양호민 교수를 비롯하여 북한에서 대학과 언론사에서 일하다가 월남한 김창순金昌順 선생, 북한 주체사상을 깊이 연구해온 신일철申一澈 교수, 남로당 간부로 있다가 전향한 김남식金南植 선생 등 중국과 북한 공산주의의 권위자를 모두 아연에 모셔서 명실공히 중국-북한 공산주의 연구센터로 아연을 키웠다.

김준엽 선생은 미국 캘리포니아-버클리대학의 스칼라피노[Robert A. Scalapino] 교수와 협력하여 미국 내의 공산지역 연구자들과 정기적인 학술 모임을 꾸준히 열면서 많은 젊은 학자들을 길러냈다. 고려대 아연은 단순한 학술연구 기구라고 하기보다는 아시아 공산주의를 공동으로 연구하는 과정을 통하여 미국, 일본 등의 영향력 있는 학자들과의 교류협력을 통하여 미국, 일본 지식인들과 한국 지식인들 간의 유대를 강화하고 국제사회에 한국의 존재를 부각시키는 데 크게 기여한 제2의 외교 통로 구축 기관이 되었다.

나도 1973년 미국에서 귀국한 후 고려대 아연이 주최하는 세미나, 국제회의에 수십 년간 참여하면서 외국 학자들과의 인맥 구성에서 큰 도움을 얻었다. 그리고 김준엽 선생이 주도하여 국내의 큰 대학에 설치되어 있는 공산주의 관련 연구소의 연합체인 한국공산권연구협의회를 만들어 이끌어 갈 때 김준엽 선생을 도와 일을 함께 하면서 연구 안목을 넓히는 데 큰 도움을 얻었다. 한국공산권연구협의회 초대 회장을 맡았던 김준엽 선생은 정부의 후원을 얻어내어 각 대학의 공산권 연구를 활성화시켰다. 제2대 회장은 이홍구 교수가, 그리고 제3대 회장은 내가 맡았다.

2) 이홍구, 한승주 교수와 서울국제포럼

냉전 시대가 끝나면서 세계질서와 강대국 간의 세력 균형이 재편되어 가던 때 새로운 국제 환경에서 한국의 생존전략을 새로 계획할 시기에 들어서면서 '세계 속의 한국'의 바른 위치를 잡는 전략을 세우는 데 앞장서기 위하여 국제사회와의 접촉이 빈번한 전문지식인들의 모임으로 1986년에 창립한 민간 지식인 집단이 서울국제포럼이다.

미국에서 귀국하여 국토통일원 평화통일연구소 등에서 일하다가 뉴욕총영사로 나가 있던 김세진金世珍 박사는 늘 우리도 미국의 Council on Foreign Relations(CFR) 같은 국제관계 전문가들의 모임이 있어야겠다고 부러워했었다. 김 박사는 절친한 이홍구 교수에게 권하여 서울국제포럼을 만들게 하였다. 이 교수는 서울 시내 주요 대학 관련 연구소의 책임을 맡은 교수들과 언론계의 대표, 기업에서 국제관계를 깊이 다루는 분들 등 20여 명을 청하여 비정부 차원의 제2소통 통로(second track)로서의 대화를 해나가는 '현자들의 모임'으로 서울국제포럼을 만들었다. 서울국제포럼은 초청자만 회원이 될 수 있는 20~30명의 모임으로 운영되었으며 이홍구 이사장, 한승주韓昇洲, 김경원金瓊元 등이 연이어 회장직을 맡았었다. 나도 김진현金鎭炫, 현홍주玄鴻柱 등과 함께 이사로 참가했다.

서울국제포럼은 매년 다섯 번 정도의 외국 연구기관과의 양자 포럼, 두세 번의 국내 세미나, 여러 차례의 간담회를 열어 현안 문제를 심도 있게 토론하고 정책연구 프로젝트도 해나갔다.

서울국제포럼은 정부 간의 공식 외교 접촉에서 제대로 다루기 어려운 문제들을 두 나라 연구단체 간의 제2소통 통로가 된 양자 모임에서 풀어나가는 데 크게 기여하였다. 한 예로 1988년 미국 위스콘신주의 Wright Center에서 가진 Wingspread Conference는 1987년 '한국의 민주화'에 대한 미국 측의 바른 이해를 이끌어내는 데 크게 기여했

이홍구(李洪九, 1934~)

다. 이 회의에는 양국의 대표적 학자들 이외에 공로명 대사 등 고위 공직자들도 참가했었다.

미하일 고르바초프^{Mikhail Gorbachev} 소련 공산당 서기장의 단안으로 추진된 개혁개방 정책으로 1989년 소련연방이 해체되면서 동유럽과 중앙아시아의 공화국들이 독립하고 냉전은 종식되고 소련은 러시아연방공화국으로 축소되었다. 제2차 세계대전 이후 반세기 가까이 유지되던 냉전질서가 무너지고 새로운 세계질서로 재편되면서 한국의 외교 환경도 크게 달라졌다. 러시아와 동유럽 국가들과 새로운 외교 관계를 설정할 수 있는 환경이 조성되었다. 냉전 종식, 신질서 정착이라는 격변 시대의 혼란 속에서 새 질서를 진단하고 한국이 추구해야 할 구공산권 국가들과의 관계 정립을 위해서는 사태 파악이 시급했다. 서울국제포럼은 이러한 환경 변화를 근접 관찰하기 위하여 러시아를 비롯한 동유럽 국가들을 순회 방문하는 계획을 세우고 러시아의 IMEMO(세계경제 및 국

한승주(韓昇洲, 1940~)   한승수(韓昇洙, 1936~)

제관계연구소)와 한러 원탁회의(roundtable)를 하기로 합의하였다. 1990
년 3월 모스크바에서 열린 제1차 원탁회의에 나도 한승주 교수, 한승
수韓昇洙, 1936~ 총리, 황인정黃仁政 국제민간경제협의회 부회장 등 9명으로
구성된 한국대표단의 일원으로 참가하였다. 이 회의에는 러시아 측에
서 IMEMO 소장 마르티노프Vladlen A. Martynov를 위시하여 IMEMO 간부
13명이 참석하였다. 이 회의에서 냉전 종식이 가져온 아시아 지역 질서
와 유럽 지역 질서 변화를 중점으로 논하고 한러 경제협력 방안 등을 집
중적으로 논의했다. 회의 후 우크라이나를 방문하여 야노프스키Yanovsky
부통령을 위시한 각료들을 만나고 레닌그라드(Leningrad)도 방문하였다.
　서울국제포럼은 제2차 IMEMO와의 원탁회의를 1991년에 가졌고 그
이후 소련 및 동구 순회 포럼, 서구 순회 포럼을 매년 가지면서 논의의
심도를 높여 왔다. 서울국제포럼은 그 밖에도 한국-대만 양자회의, 한
중 양자회의 등도 꾸준히 가지면서 track-1(공식외교 접촉)을 지원하는

track-2(비정부 간 소통) 접촉을 지속해왔다.

서울국제포럼은 국제관계 전문가를 양성하는 데도 크게 기여하였다. 포럼을 이끌어온 이홍구 총리와 한승주 장관은 이러한 '전문가 간 접촉'에서 쌓아온 경험과 구축해놓은 인맥을 활용하여 두 분 모두 주미대사라는 가장 중요한 track-1 통로 관리자가 되었을 때 한미 관계를 매끄럽게 관리하는 공을 세울 수 있었다. 이홍구 총리는 통일부장관, 주영대사, 주미대사를 모두 거쳤으며 한승주 장관은 외무장관직을 면한 후에도 한국을 대표하여 국제기구에서 활동을 해왔으며 주미대사를 맡아 외교 일선에서 봉사하였다. 한승수 박사는 총리, 제56차 유엔총회 의장을 역임했다.

3) 강영훈, 김세진 박사와 외교안보연구원

정부의 정책 부서를 담당한 관료들이 시대 환경에 맞는 전략, 정책을 선택하기 위해서는 전문지식인 집단의 지원을 받아야 한다. 경제정책 수립을 지원하는 한국개발연구원(Korea Development Institute : KDI), 국방정책 개발을 돕는 한국국방연구원(Korea Institute for Defense Analyses : KIDA), 무기체계 개발연구를 돕는 국방과학연구소(Agency for Defense Development : ADD) 등은 정부 정책수립의 기초를 마련해주고 있다. 이런 맥락에서 급변하는 국제 환경 속에서 대한민국의 생존전략을 마련하여 펴나가야 하는 외무부도 당연히 이런 전문지식인 집단으로 구성된 연구기관을 가져야 한다. 1976년에 출범한 외교안보연구원이 바로 이런 취지로 만들어진 연구기관이다.

외무부는 새로 충원하는 외무공무원의 교육기관으로 1963년에 만든 외무공무원교육원을 바탕으로 1965년에 외교연구원을 만들었다. 연구원이 두 명인 작은 기구였다. 이 연구원을 키워 1976년에 외교안보연구원을 만들었다. 연구원 이름에 '안보'가 들어간 것은 원래 외교연구원을 확장할 때 안보정책도 포함하려고 했기 때문이다. 한국국방연구원(KIDA)이 생기기 전이어서 외교정책과 국방정책 연구를 함께 다루는 국무총리 직할의 연구소로 구상했었기 때문이다. 외교안보연구원 설치 기획은 김세진金世珍, 1933~1984 박사가 맡았었다. 김 박사는 1970년 미국에서 강영훈 장군을 도와 워싱턴에 한국문제연구소를 창설하고 *Journal of Korean Affairs*란 학술지를 발간했었다. 노스캐롤라이나 센트럴대학 교수로 있던 김 박사는 1975년에 귀국하여 국토통일원의 평화통일연구소(KINU 전신)를 맡고 있으면서 강영훈 장군이 귀국하여 일할 자리를 만들기 위해 국무총리 직할의 외교안보연구원 창설안을 정부에 제안하고 그 기획 작업을 맡았었다. 그러나 마지막 단계에서 외교연구원을 내어놓아야 하는 외무부의 반대로 국방 연구를 떼어내고 규모를 줄여 외무부 직할 연구소로 기획하였는데 그 과정에서 '안보'가 이름에 남았던 것이다.

강영훈 장군은 1977년 한국외국어대학교 대학원장직을 맡기로 하고 귀국하였는데 외무부의 설득으로 당초 계획에서 설정했던 장관급에서 차관급으로 낮아진 외교안보연구원장직을 수락하고 1978년 연구실장을 맡기로 한 김세진 박사와 함께 외교안보연구원의 틀을 잡는 일을 맡았다.

강영훈 장군은 우선 연구원 건물을 확보하기 위하여 노력하였다. 새 건물을 짓기 위해 5천 평의 대지를 확보하려 하였으나 외무부에서 축소 지시를 하여 대신 한남동에 있는 서울시 공무원연수원의 일부(1,700평)를 얻어 이주하고 연구교수를 1차로 16명으로 늘였다. 그리고 연구에 필수적인 학술지 500종을 구독하는 등 연구 환경을 마련하는 데 노력을 기울였다. 강영훈 장군과 김세진 박사 두 분은 외교안보연구원을 손색없는 연구기관으로 발전시키는 데 큰 공을 세웠다. 국제정치학을 연구하는 학자들에게 1970년대 한국의 연구 환경은 말이 아니었다. 읽어야 할 외국의 학술지를 구독할 방도가 없었다. 김세진 박사는 500종의 학술지를 확보하여 한국 학자들이 필요로 하는 논문들을 선별하여 복사해두었다가 필요로 하는 학자들에게 보내주었다. 김세진 박사는 1980년 국보위 위원을 거쳐 주뉴욕총영사로 나갔다가 1984년에 귀국하여 상공부 차관을 맡았다.

외교안보연구원은 중장기 외교정책 연구, 외교 현안에 대한 정책 제안 작성 등 업무를 수행하면서 관련국 연구기관과의 협력망을 구축해 나가는 한편 주요 과제를 논하기 위해 해외 연구소와의 공동세미나, 공동연구를 넓혀 나갔다. 일본의 국제문제연구소, 영국 전략문제연구소, 미국의 여러 국제문제연구소와 정기적인 합동 회의를 해나갔으며 냉전이 끝날 때 구공산권 국가와의 새로운 외교 관계 수립을 위한 기초 작업에도 크게 공헌했다. 특히 러시아의 대표적 국책연구소인 IMEMO와의 정기적 회의망 구축은 러시아와의 관계 개선을 추진하던 외무부에 큰 도움을 주었다. 중국과도 꾸준한 접촉을 폈었다.

외교안보연구원은 2012년 국립외교원으로 확장되었다. 훈련된 외교관을 양성하는 다양한 교육기관과 심도 있는 정책연구를 하는 전문 연구실을 갖춘 한국의 대표적 정부 출연 연구기관으로 성장했다. 2008년에 취임한 이명박 대통령은 전문가로 구성된 '외교경쟁력강화위원회'를 구성하고 수준 높은 외교관을 양성할 수 있는 체제를 만들 것을 주문했다. 1년 동안 작업하여 만들어낸 방안이 외교관을 양성하는 특수대학원 창설안이었다. 입시를 통하여 100명을 선발하여 입교시켜 2년 훈련하여 석사학위를 수여하면서 그중 40명을 외무부에 배정하여 외교관으로 만들고 나머지 60명은 국제관계 업무가 많은 정부 부처에 배정한다는 안이었다. 그러나 관련 부처의 반대가 커서 특수대학원 설치안은 빛을 보지 못했다. 대신 시험을 거쳐 선발한 외교관 후보를 1년간 교육시키는 '외교관 후보자 연수 과정'을 새로 개편된 '국립외교원'에 설치하기로 했다.

　강영훈 원장은 1980년 주영대사로 부임하면서 외교관의 길로 들어서서 1985년 바티칸대사를 거쳐 1988년에는 전국구 국회의원으로 정치에 직접 참여하였다가 그해 12월 국무총리에 취임하였다. 공직을 떠난 1991년 강 총리는 적십자 총재를 맡아 민간 외교의 길로 들어섰다. 적십자사는 민간 기구이나 그 위상은 공식외교 기구 못지않은 중요한 국가 간 소통 기구 역할을 한다. 1995년 제네바에서 열린 전세계 국제적십자사가 참가하는 '적십자 국제회의'에 강 총재를 수행하여 나도 참가하였다. 회의 진행 과정은 국제연합 총회와 비슷하였다. 재난 구조를 핵심 사업으로 하는 적십자사도 대표하는 국가의 '외교적 관심'을 반영하는 논전을 펴고 서로 다투는 것을 보면서 적십자사도 준외교 기구라는 인상을 받았다. 북한 적십자사는 한국 내 '미전향 장기수'의 전쟁포로 대우를 요구하고 우리는 공비들의 신분은 군인이 아니었으므로 국법에 의한 처벌은 당연하다고 반론했다. 강 총리는 적십자 총회에서 한국의 국가적 위상을 훌륭히 지켜냈다. 참고로 강영훈 총리가 미국에서 발간하던 *Journal of Korean Affairs*는 강 총리가 귀국한 후 김세진 박사와 이홍구 총리 등의 노력으로 통일부가 재정 지원하고 '남북평화통일연구소(소장 동훈 전 통일원 차관)'가 발간하는 계간지로 바꿔 1977년부터 *Journal of Korea and World Affairs*라는 이름으로 국내에서 발간하여 전세계 1,200개의 도서관에 배포하는 '외교 도구'로 재탄생했다. 나는 이 잡지의 편집인직을 맡아 30년에 걸쳐 120호를 만들었다.

3. 정부 산하 연구소, 민간 연구소와 뜻있는 개인들

국가 간의 소통이 정부 기관 간의 소통을 벗어나 비정부 기관 간의 교류, 상대국 사정에 밝은 개인들, 그리고 여러 영역에서 국가 간 협력에 종사했던 사람들의 노력으로 이루어지는 경우가 많아지면서 이러한 제2의 소통 통로가 점차로 중요해지고 있다. 특히 정부에 '정책 자문'을 하는 전문지식인들의 상대방 국가의 전문지식인들과의 접촉은 외교관 사이의 접촉에서 얻을 수 있는 정보 이상을 얻을 수 있는 통로가되기 때문에 국가마다 제2소통 통로(track-2 contacts)를 중시하고 있다.

한국의 경우도 마찬가지이다. '책임'을 중시하는 외교공무원들의 소극적인 접촉에서 얻을 수 있는 정보 이상을 민간 전문가들 간의 접촉에서 얻을 수 있기 때문에 이를 중시하지 않을 수 없다.

민주국가의 경우에는 제2소통 통로가 더 중요해진다. 주권자인 국민들 간의 접촉이 소극적인 정부 간 교섭보다 더 효과적일 수 있기 때문이다.

한국의 경우 6.25전쟁 종전 후 국가재건 사업이 어느 정도 궤도에 오른 1970년대부터 민간이 나서는 제2소통 통로가 서서히 구축되기 시작했다. 대규모의 민간 연구소가 창설되고 뜻있는 사람들이 만든 협회가 활발히 활동하기 시작했다. 그리고 해외에서 귀국한 전문인력들이 연고를 가진 외국 전문가들과의 관계를 계속 유지하면서 소통 통로 구축이 자연스럽게 이루어지고 '제2통로의 외교'가 활발해졌다. 몇 가지 사례를 소개한다.

1) 정부 산하 공공기관

1994년 6월 29일부터 7월 1일까지 북경 소재 중국 정부 영빈관인 조어대釣魚臺 10호관에서 제1차 한중 미래포럼이 열렸다. 1991년 12월에 외교부 산하 공공기관으로 설립된 한국국제교류재단이 주최한 회의였다. 한국대표단은 손주환孫柱煥 전 문공부장관, 이세기李世基 전 통일부장관 등 정부 고위직에 있었던 사람들과 김우중, 박성용朴晟容 등 기업 총수들, 천진환千辰煥, 유세희柳世熙 등 학계 중국 전문가 등 15명이 참가했다. 모두 공직에 있지 않지만 한국 정부와 한국 사회에 큰 영향력을 행사할 수 있는 사람들이었다. 중국 측에서도 주룽지朱鎔基 부총리(후에 총리), 리루이환李瑞環 정치협상회의 의장 등이 오찬, 만찬을 베푸는 등 성의껏 영접했다. 이 회의에서 북한 비핵화 문제, 한중 정상회담 문제 등을 터놓고 논의했다. 나는 이 회의를 어떤 외교관 접촉보다 더 중요한 회의라고 생각하면서 참가했다.

한국국제교류재단은 그 후 매년 한중포럼을 이어 나갔다. 제2차(1996년 제주), 제4차(1997년 제주), 제7차(2000년 상하이), 제9차(2002년 베이징과 우루무치), 제21차(2016년 상하이), 제23차(2018년 웨이하이(威海))에 나도 참석했다. 이 회의들을 통하여 중국 정부 지도부들의 대외정책 기조와 대 한반도 정책 흐름을 읽을 수 있었다. 나는 여기서 얻은 지식을 내가 맡고 있던 외무부 정책자문위원장 일을 하면서 많이 활용하였다.

2010년 6월 18일 미국 스탠포드대학 Encina Hall에서 세종연구소와 스탠포드대학 아태연구소가 공동 주최하는 '전략대회'가 열렸다. 공로명孔魯明 이사장과 송대성宋大晟, 1945~ 소장이 마련한 연례 세미나였다. 이 회의에 한국 측에서는 공로명 이사장, 송대성 소장, 하영선河英善 교수, 박용옥朴庸玉 전 국방차관 등 8명이 참석하였고 미국 측에서는 페리 William James Perry 전 국방장관, 아마코스트 Andrew Armacost 예비역 공군 준

송대성(宋大晟, 1945~)

장, 헤커Siegfried S. Hecker 전 로스앨러모스Los Alamos 핵연구소장 등이 참석하였다. 나는 헤커를 만나기 위해 매년 열리는 이 회의에 참석하였다. 헤커 박사는 미국의 핵무기 개발에 핵심적 역할을 했던 핵무기 전문가로 그때는 현직에서 은퇴하여 스탠포드대학 교수로 와 있었는데 북한 정부 초청으로 페리 장관과 함께 영변의 핵 연구시설을 몇 차례 방문하고 있어 북한의 핵무기 개발 수준을 가장 잘 아는 서방 세계 전문가였기 때문에 우리 정부가 얻기 어려운 정보를 얻으려 했다. 실제로 나는 헤커 박사로부터 북한의 우라늄 농축 시설에 대한 상세한 보고를 얻을 수 있었다. 내가 책임 맡고 있던 국방선진화추진위원회의 작업에도 큰 도움이 되었다.

　세종연구소는 1983년 설립된 외교부 소관 국가정책 연구재단이다. 아웅산테러 순직자 유자녀를 위한 장학재단으로 설립되었다가 '일해재단'을 거쳐 1988년 세종연구소로 재편되었다. 이 연구소는 정부의 중장기

대외정책을 연구하는 대규모 독립 연구소로 자체 연구 외에 해외 관련 기관과의 학술회의를 정기적으로 수행하면서 국가 전략을 개발하는 기구이다. 세종연구소는 Sea Power Symposium을 꾸준히 열어 해양 안보 환경을 분석하고 위에서 소개한 바와 같이 매년 스탠포드대학 아태연구소와 '전략대화'를 열어왔다. 그리고 미국 최대 연구소라 할 헤리티지 연구소, 조지타운대학의 CSIS, CNAS 등 여러 연구소와도 정기적으로 전략 회의를 열어 왔다.

2) 민간 연구소, 기구

순수 민간 연구소도 제2통로 외교를 여는 일에 참가했다. 예로 (재)한일문화교류기금의 활동과 (사)신아시아연구소 활동을 소개한다.

1984년 재단법인 한일문화교류기금이 창립되었다. 제2대 회장 이홍구 전 총리가 『25년사』에서 밝힌 바와 같이 "수천 년을 이웃으로 살아오며 우여곡절을 경험해 온 한국과 일본의 관계를 새로운 지구촌 시대에 걸맞게 정리하고 함께 미래를 열어 가는 기초 작업은 양국 국민 간의 문화 교류를 확대하는 데서 시작하여야 한다는 적절한 판단"에 기초하여 양국 정부의 합의로 이 기금이 만들어졌다. 이 기금은 구자경具滋暻 전 럭키금성그룹(LG그룹 전신) 회장을 비롯한 10여 명의 재벌 총수들이 출연한 기금으로 출범하였다. 초대 이사장은 이한기 교수(전 감사원장, 후에 총리)가 맡았다. 1995년부터는 창립 때부터 상임이사직을 맡았던 내가 이사장직을 승계하고 2020년에 유명환柳明桓 전 외교부장관에게 이사장직을 넘겨 주었다. 상임이사직은 김수웅金秀雄 사무국장이 맡아 2023년 현재까지 기금을 운영해오고 있다.

한일문화교류기금은 크게 세 가지 사업을 해왔다.

이한기(李漢基, 1917~1995)

첫째는 '역사 바로잡기를 위한 학술회의'였다. 한일 양국 간에 가장 민감한 갈등을 빚는 문제가 '역사 교과서 문제'였다. 서로 한일 관계 역사를 자기중심으로 사실을 왜곡하여 그 내용을 교과서에 담아 다음 세대에 가르침으로서 양국 관계를 어렵게 만드는 일이 바로 '역사 교과서 문제'였다. 그래서 한일 관계사를 양국 학자들이 함께 참여하여 하나씩 풀어 나가면서 합의된 내용을 담아 책으로 엮어 두 나라 대학도서관 등에 보내 역사 인식 갈등을 해소하자는 계획을 세웠다. 역사학계의 어른들이신 고병익高柄翊, 전해종全海宗, 이광린李光麟 등 세 교수를 자문교수로 모시고 선사시대부터 쇼와(昭和) 시대까지를 서른 토막으로 나누어 30년에 걸쳐 매년 한일 양국 전문학자들이 참가하는 집중토론 학회를 열었다.

두 번째는 일반 대중을 상대로 하는 '한일문화강좌'이다. 일본을 이해하는 데 도움이 되는 주제를 택하여 전문가를 강사로 모시고 강연회를 열었다. 지난 40년 동안 120회를 열었다. 한때는 문화일보에서 그 내용을 신문에 실어 주어 많은 사람들이 접할 수 있었다. 그리고 세 번째는 「일본문화사절단」파견 사업이었다. 학계, 언론계, 문화예술계 등 각계에서 활약하고 있는 인사들로 문화사절단을 구성하여 매년 일본 각지를 여행하면서 '옛 일본', '지금의 일본', 그리고 '미래를 준비하는 일본'을 시찰하면서 일본을 이해하게 만드는 사업이었다.

그밖에 '원로회담'도 실시하였다. '서기 2045년의 한일관계'라는 주제를 내어 걸고 해방 100년이 되는 서기 2045년의 한일 관계는 어떻게 되어야 하나를 서로 이야기하고 그런 관계를 만들려면 지금 무엇을 해야 하는가를 논하는 비공개 자유토론의 만남을 준비했다. 참가자는 정계, 언론계의 지도급 인사 중 현직에서 은퇴하신 원로로 정했다. 한국에서는 김재순金在淳 전 국회의장, 이홍구 전 총리, 공로명孔魯明 전 외무부장관, 김대중金大中 전 조선일보 주필, 최병렬崔秉烈 전 문화공고부장관 등을 모셨고 일본측도 동급의 원로를 모셨다.

한일문화교류기금은 그밖에 한일관계사학회(韓日關係史學會), 한일학생회(韓日學生會) 등 여러 단체 활동에 후원금을 지원해주었다.

민주국가 간의 관계는 주권자인 국민 간의 상호 이해 증진을 통해 돈독히 할 수 있다는 믿음에서 한일 관계 개선의 제2소통 통로 역할을 한다는 사명감을 가지고 한일문화교류기금을 운영해왔다.

순수 민간 연구소로 '신아시아연구소'(新亞硏)를 소개한다. 신아연은 '새로운 세기에 새로운 모습으로 자리 잡게 될 아시아의 신질서 구축 작업에 관심을 가진 사람들의 모임'으로 '우리나라의 생존과 번영을 보장하는 새로운 아시아의 평화질서'를 연구하는 순수 민간 연구소이다. 1993년 뜻을 같이하는 학자, 정치인, 기업인 몇 명이 모여 발족한 이 연구소는 지난 30년 동안 700명이 거쳐 가고 현재 약 200명이 회원으로 각종 행사에 참여하고 있다.

정구영(鄭銶永, 1938~)

　창설 회원은 이태원李泰元, 정구영鄭銶永, 최병렬崔秉烈, 봉종현奉鍾顯, 신원식申元植, 유홍종劉洪鍾, 한일성韓一成, 조덕영趙德英, 이병수李炳守, 현의환玄義煥, 현홍주玄鴻柱, 전선기全鮮基, 김동재金東栽, 이상우李相禹 등이었다. 이들은 사회 각 영역에서 전문인으로 활동하던 분들이었으나 급변하는 국제질서 속에서 신생 대한민국이 안전하게 자리 잡아야 기업, 대학, 언론, 정부도 정상적인 기능을 할 수 있다는 데 뜻을 모으고 한국의 대외정책 환경 연구에 힘을 모으자고 합의하여 순수 민간 공익법인으로 신아시아연구소를 창립했다. 창립 회원들은 모두 이사로 연구소 운영에 참여했으며 검찰총장직을 맡아 평생 법질서 정립을 위해 힘을 기울여 오던 정구영 총장이 연구소 창립 때부터 2021년까지 30년간 이사장직을 맡아 연구소를 이끌어 왔다. 소장직은 내가 맡았었다. 2021년 내가 이사장직을 맡고 소장직은 현인택玄仁澤 전 통일부장관에게 물려 주었다.

　신아연이 연구 영역으로 선택한 것은 다음의 네 가지였다. 첫째는 새로운 아시아의 장기 비전을 다듬는 작업으로 VONA(The Vision of New Asia) Project, 둘째는 전쟁, 폭력이 없는 화목한 아시아를 만들기 위한 여러 가지 구상을 탐색하는 SANA(Security and New Asia) Project, 셋째는 민족주의를 상생의 이념으로 다듬어 가는 NANA(Nationalism and New Asia) Project, 넷째는 공존공생의 평화를 보장하는 정치이념을 연구하는 DANA(Democracy and New Asia) Project였다.

활동은 크게 나누어 회원들이 모여 현안 주제를 놓고 토론하는 집담회, 주제를 선정하여 전문가의 발표를 듣는 세미나, 연구용역 과제 수행 등 행사와 학술계간지 「신아세아」 발행 등 일반 학술단체가 하는 활동도 꾸준히 해왔지만 한국 주변의 여러 나라와의 제2소통 통로 구축에 중점을 두고 활동했다.

신아연은 미국 CSIS의 하와이 분원에 해당하는 퍼시픽 포럼(Pacific Forum)과 매년 1회 정기적인 전략대화를 가졌으며 일본과는 오카자키岡崎久彦 대사가 만든 오카자키 연구소, 게이오대학 지역연구소 등과 전략대화를 꾸준히 가져 왔다. 특히 오카자키 연구소와는 주말에 동경에서 작은 규모의 대화 모임을 가지는 K-J Shuttle 모임을 수십 번 가졌다. 안보 문제와 관련하여 두 나라 사이의 군사 협력이 필요한 영역을 찾기 위한 시뮬레이션 게임(모의실험)을 지상군(일본 자위대 후지 캠프에서), 해군(진해 해군작전사령부에서), 그리고 공군(오키나와 나하 기지)으로 나누어 실시하여 후에 한일간의 GSOMIA(군사정보보호협정), ACSA(군수품 대여협정)을 논의할 때 기초 자료를 제공하기도 했다.

신아연과 대만과의 제2소통 통로 개척 활동은 한국과 단교 이후의 대만 정부간의 관계 설정 과정에 많은 기여를 했다. 신아연은 대만 국립정치대학교 국제문제연구중심과 매년 1회 전략대화를 해왔으며 원경기금회(遠景基金會)와도 심도있는 토의 모임을 꾸준히 해왔다.

중국과는 중국 공산당 대외연락부(부장 戴秉国)와의 합의로 중국 공산당 당교(黨校)의 개혁개방포럼과 정례회의를 가져왔고 상해 국제문제연구소와도 정기학술모임을 가져왔다.

1990년 한국과 몽골이 수교한 후 1991년에 신아연은 몽골의 「몽한21세기회」와 18년 동안 20회 이상 교류협력 관련 회의를 가져왔다. 몽골과의 회의 특색은 매년 초 몽골 정부가 논의하고 싶은 의제를 선정하여 알려주면 그 주제를 다룰 전문가에게 위촉하여 발표 준비를 하게 한 후 여름에 울란바토르에 가서 몽골 측 전문가들과 토론하는 방식으로 회의를 진행하는 일종의 '튜터링'(tutoring) 회의였다는 점이다. 한몽 회의에 높은 관심을 가졌던 제2대 대통령 바가반디Bagabandi의 요청에 의한 것이었다. 몽골의 의료체계 개선 방안, 해외 항공망 구축 방안, 광업 자원개발과 관련한 외자 도입 방안 등 구체적인 의제들을 다루었다. 몽골과의 회의가 축적되면서 한국과 몽골 간의 제2소통 통로가 잘 다져졌다.

신아연과 일본 오카자키연구소와의 협력 관계와 신아연과 퍼시픽포럼(Pacific Forum)과의 관계를 토대로 미국 측에서 제의한 한·미·일 3자회의(NOP 회의 : NARI-Okazaki-Pacific Forum)가 이루어졌는데 이 회의가 한·미·일 안보협력체제 구축의 기초가 되는 많은 자료를 마련해주었다.

신아연의 30년간 활동의 가장 큰 수확은 전문인력의 양성과 전문인력 간의 관계 구축이라고 생각한다. 10년 이상 전략회의에 참석했던 소장학자들은 해당국 정부의 요직을 맡아 외교 제1통로로 진출했으며 그들 간의 상호 신뢰가 현안 문제 해결에 큰 도움을 주고 있다. 한국에서도 신아연 외교안보팀원들 중에서 10명 이상이 외교부, 국방부, 통일부 장·차관과 해외공관장으로 진출하였다. 그런 뜻에서 신아연은 국가 간 제2소통 통로 개척에 크게 기여했다.

3) 협회 등 시민 단체와 뜻있는 개인들

조직을 갖춘 연구소나 단체는 아니나 한국을 돕는 외국 기관이나 기구, 개인 등을 상대로 한국민의 따뜻한 마음을 전하여 국가 간 관계 향상에 도움을 주는 시민운동체도 중요한 제2소통 통로가 된다. 하나의 예로 1991년 뜻 있는 사람들의 자발적 모임으로 만든 한미우호협회가 있다. 한국의 안보를 위해 한국에 주둔하고 있는 미군 병사들과의 친선을 도모하는 행사들을 주관하는 단체로서 뜻있는 사람들이 모인 협회이다. 예를 들어 제4대 회장을 맡았던 한철수韓哲洙, 1935~ 대장은 한미연합사령부 부사령관으로 근무하면서 낯선 먼 땅에 와서 고생하는 미군 장병들의 외로움을 알게 되어 그들을 위로하기 위해 명절에 위문 행사를 주최하려고 뜻있는 사람들과 힘을 모아 친선 행사를 벌였다. 그런 마음으로 한미우호협회장을 맡아 활동했다. 한철수 대장은 전역 후 주중화민국대사, 그리고 단교 후에는 초대 주대만대표를 역임한 외교관으로 국민 간 우호 관계의 중요성을 잘 아는 분이다. 한철수 대사의 마음씀을 이해하는 여러분들도 자진하여 나서서 도와 한미우호협회는 한미 관계를 보강하는 의미있는 '제2소통 통로'로 자리 잡았다. CJ그룹 손경식孫京植 회장도 이 일에는 적극적으로 나섰다. 손 회장은 2010년부터 이 협회의 이사장을 맡아 돕고 있다. 손 회장은 바쁜 일정에도 명절에는 주한미군 사령관, 사단장 등 장교들을 만찬에 초청하여 위로한다. 그리고 주요국 대사들과 무관들을 회사 영빈관에 초청하여 노고를 치하해 주는 민간 외교를 벌이고 있다.

1953년에 체결된 한미동맹 조약에 근거하여 한국에 주둔한 미군 부대를 거쳐간 장병이 350만 명이나 된다. 이들의 '한국 사랑'을 기초로 친한 여론을 조성하는 것을 돕기 위하여 2017년 「한미동맹재단」이 만들어졌다. 현재 37대 합참의장을 지낸 정승조鄭承兆 예비역 대장이 회장을 맡

한철수(韓哲洙, 1935~)

고 있다. 이 재단은 주한미군전우회(Korea Defense Veterans Association) 등 한미동맹을 지원하는 단체를 재정적으로 돕는 일 등 한미동맹 유지에 도움을 주는 사업을 하고 있다. 이 재단은 순수 민간재단이지만 한미 우호라는 두 나라 간의 외교 관계를 보완하는 중요한 일을 하고 있다. 이런 민간단체가 구축하는 양국 국민 간의 우호 관계는 두 나라 사이의 외교 관계를 보강하는 중요한 환경을 이룬다.

　외교가 이제 정부 간의 공식 의사소통을 하는 외교관 접촉만으로 이루어지던 시대는 지났다. 다양한 민간단체, 그리고 뜻있는 개인들이 나서서 만들어 가는 제2의 소통 통로도 아주 중요한 외교가 되었다. 이러한 민간 차원의 노력으로 국제사회에서의 한국의 지위가 향상되고 국가 간 공식외교로 풀기 어려운 문제도 풀려 진다. '대한민국 지키기'에는 관민의 구분이 없는 시대에 접어들고 있다.

제9장
진취적 민족정신을
다져온 지식인들

새'시대 정신'으로 자리 잡은 민주공화정치에서는 공동체 구성
원이 모두 주인 의식을 가진 시민이 되어야 한다. 이러한 국민
들의 시민 의식이 자리 잡지 않은 사회에서는 자유민주공화정이 뿌리
를 내릴 수 없다. 국민계몽운동이 선행되어야 민주공화정의 주권자인
'깨인 시민'이 사회의 중추로 자리 잡을 수 있다.

자유민주공화국 건설의 기초가 되도록 국민을 '책임질 줄 아는 시민'
으로 육성하기 위해서 학계의 인사들과 언론계의 지도자들이 앞장섰다.
특히 공산주의자들의 집요한 공작에 맞서 자유민주주의를 지킬 수 있
는 정치적 역량을 가진 시민을 양성하기 위해서 뜻있는 지식인들이 헌
신적으로 노력했다.

이 장에서는 한국 국민들을 선진 민주시민으로 이끌어온 지도자들
을 소개한다. 계몽 활동에 앞장섰던 언론인과 학자들을 본보기로 몇 분
을 골라 소개한다. 쉽게 눈에 띄지 않는 이들의 노력으로 수동적이던 '조
선 사람'들을 진취적 민족정신을 가진 '한국 사람'으로 재탄생 시킬 수
있었다.

1. 선진 한국을 만들어낸 진취적 민족정신

대한민국은 한민족이 만들고, 지키고, 발전시킨 자유민주공화국이다. 5천만 민족 성원이 한뜻으로 힘을 모아 키워 온 나라이다. 민족 성원 모두를 나의 연장으로 생각하는 '우리 의식', 그리고 민족 사회가 발전하여야 그 소속원인 나도 잘 살게 된다는 생각이 자리 잡았기에 대한민국의 발전이 이루어질 수 있었다.

민족이란 같은 문화를 공유하고 있다고 믿는 인간의 집단이다. 문화란 생활양식의 총화를 일컫는 말이다. 생활양식은 한 지역에서 함께 오래 살면서 형성된다. 민족의식은 공유하고 있는 문화에 대한 자긍심을 가질 때 형성된다. 그리고 민족의식은 서로가 공통이익을 가졌다고 생각할 때, 그리고 공통의 고난을 겪을 때 강한 응집력을 만들어낸다.

한민족은 남보다 앞서는 문화를 가졌다는 문화적 자긍심을 가지고 있다. 한국인의 정체성은 이러한 전통문화에 대한 자긍심이 바탕이 되어 형성되어 왔다. 그리고 민족적 단결은 불우한 역사에서 강화되었다. 조선왕조의 폭압적 전제정치에서 함께 고통을 겪었고 일본 식민지 시대에는 단순히 '조선인'이란 이유로 일본인과 다른 차별 대우를 받으며 핍박과 착취를 함께 당했다. 이러한 공통 피해의식이 민족적 단결을 강화시켰고, 그러한 핍박의 반동으로 우리도 힘을 합쳐 잘 사는 강한 나라를 만들자는 진취적 민족정신을 만들어냈다.

민족문화는 문화전통의 바른 이해를 바탕으로 공동체 구성원이 그 전통을 공유할 때 형성된다. 전통문화를 다듬어 제시하여 주는 깨인 지식인들이 이러한 일을 해야 가능해진다. 다음으로 공유된 민족문화를 바탕으로 우리 사회가 주어진 환경에서 추구해 나가야 할 공통가치를 설정하고 이를 실현시킬 수 있는 정치체제를 제시하여 앞으로 나갈 길을 알려주는 지도자들이 있어야 한다. 그리고 민족전통문화와 우리가 추구해 나가야 할 가치체계를 온 민족 성원이 터득할 수 있도록 가르치는 지식인들이 있어야 한다. 이런 교육은 학교 등 교육제도 체제에서 교육을 담당하는 교원과 사회교육을 담당하는 언론인들이 이끌어 왔다.

제2차 세계대전이 끝나면서 제국주의 시대가 종언을 고했다. 여러 제국의 식민지였던 나라들이 새로운 독립국가로 출범하였다. 약 100개의 신생 독립국가가 탄생했다. 그러나 이 중에서 식민지를 지배했던 옛 제국들과 어깨를 나란히 할 수 있는 선진국 대열에 오른 나라는 몇 나라밖에 없다. 성공적으로 '경제발전을 이룬 자유민주공화국'으로 성장한 나라는 10개국도 되지 않는다. 전통문화에 대한 자긍심을 가진 나라, 그리고 깨인 지식인들이 민족정신을 일깨운 나라들뿐이었다. '네 마리의 용'이라고 평가하던 싱가포르, 홍콩, 대만, 한국이 그 예이다. 앞의 세 나라는 중국 거주민이 만들거나 중국이 공산화되면서 떨어져 나온 나라들이고 한국은 4천년의 문화 선진국임을 자랑하던 나라였다. 그리고 중국과 북한의 공산화로 지식인들이 중국과 북한을 벗어나 대만, 홍콩, 싱가포르, 한국으로 나옴으로써 이 네 나라의 '지적밀도(intellectual density)'를 높여 주었다는 공통점이 있다. 선진 한국은 한국 지식인들의 노력으로 온 국민을 '전통문화'에 자긍심을 가진 진취적 민족정신을 가진 새 시대의 시민으로 만들었기 때문에 가능했다.

공유한 민족정신은 사회 구성원 모두가 하나의 목표를 위하여 단합된 노력을 펼쳐 강한 '시너지' 효과를 낼 수 있게 만들어 줌으로써 사회발전을 촉진한다. 민족사회 전체의 발전보다 자기 개인과 자기중심의 소수집단의 이익을 앞세우는 국민들로서는 경제발전도, 튼튼한 안보체제 구축도 모두 이룰 수 없다. 자원보다, 그리고 물려받은 산업 시설보다도 더 소중한 것은 '단합된 국민 의지'이다. '한강의 기적'이라는 한국 경제의 고속성장은 한국민의 진취적 민족정신 때문에 가능했다.

2. 민족주의와 애국주의

조선조 5백 년은 양반지배 시대였다. 일반 서민은 양반들의 착취 대상이었다. 서민들은 나라의 주인이라는 의식을 가질 수 없었다. 일본의 식민지로 전락한 20세기 초 한국 국민의 의식 수준은 나라의 주체라는 자긍심 가진 국민의 의식에 이르지 못했었다. 이러한 국민들에게 민족자존 의식을 심어주는 작업이 선행하지 않으면 독립운동의 힘이 생겨날 수 없다. 독립운동은 국민들이 한민족 성원으로서의 자각, 그리고 민족이 독립해야 그 성원인 국민 각자도 자유시민의 지위를 가지게 된다는 의식을 갖도록 계몽하는 데서 시작되었다. 한국 민족주의는 독립운동의 추동력으로 자리 잡았다.

19세기 말 일본, 러시아 등 열강들이 한국을 식민지화하려고 접근할 때 깨인 한국의 선비들은 이에 맞서기 위하여 국민들을 계몽하여 독립을 지키려는 국민계몽운동, 교육개혁운동을 폈다. 특히 선교사 등의 도움으로 미국 등지에 망명, 유학 다녀온 신지식인들이 바깥세상의 흐름을 보고 새로 얻은 지식으로 국민들을 일깨워 열강의 침탈로부터 나라 지키기에 함께 나서자는 국민계몽운동, 교육운동에 앞장섰다.

국민의식화운동에 크게 기여한 시민단체로 독립협회, 신민회, 흥사단, 신간회 등이 있었다. 바깥세상을 접하면서 시대 흐름을 보고 배운 신지식인들이 시민단체를 만들어 국민 교육, 시민계몽운동에 나서면서 잠자던 한국 백성들도 눈을 뜨기 시작했고 깨인 시민이 앞장서면서 한국의 근대화, 개방화가 시작되었다.

독립협회는 갑오경장 직후 1896년에 서재필 선생이 창립하였다. 서재필 선생은 과거에 합격하여 교서관(校書館)에서 관리 생활을 시작했다. 서 선생은 이 무렵 김옥균, 서광범, 홍영식, 박영효 등 개화 인사들과 접촉하면서 개화사상에 관심을 가지게 되었으며 1882년 임오군란을 겪으면서 국방 근대화에 관심을 가지게 되어 1883년 일본 육군 도야마학교(陸軍戸山学校)에 유학 후 1884년에 귀국하였다. 귀국한 해 김옥균이 주도한 갑신정변에 참여, 병조참판을 맡았으나 새 정부가 3일 천하로 끝나자 김옥균 등과 일본으로 망명하였다가 다음 해 미국으로 망명했다. 서재필 선생은 미국에서 고등학교부터 다시 시작하여 1889년 라파에트(Lafayette)대학을 거쳐 지금의 조지워싱턴대학교 의과대학에서 의학 공부를 마치고 1893년 개업 의사가 되었다. 미국 국적도 얻었다. 1895년 한국을 떠난 지 11년 만에 서재필 선생은 귀국하여 본격적으로 국민계몽운동에 나섰다. 서 선생은 우선 1896년 국민계몽을 위한 도구로 순한글로 만든 독립신문을 발간하였다. 그리고 다음 해에 '독립협회'를 창설하고 서대문 밖 중국 사신을 맞이하던 영은문을 헐고 그 자리에 독립문(獨立門)을 세웠다.

자유주의와 민주주의적 개혁 사상으로 민중을 계발하고 자각된 민중의 힘으로 '자주독립의 완전한 국가'를 만든다는 목적으로 벌인 계몽운동의 일환으로 1896년에 만든 것이 '독립협회'이다. 독립협회는 서재필 선생이 뜻을 같이 하던 윤치호, 이상재 등과 손을 잡고 만든 신흥 사회세력으로 등장한 신지식층을 회원으로 하는 시민단체였다. 독립협회는 시민사회에서 큰 호응을 받아 1896년 말에 벌써 회원 2천 명을 넘겼다. 독립협회는 만민공동회라는 대중 상대 강연회를 서울 시내에서 열어 시민들에게 자유민권사상을 보급하는데 힘을 기울였다. 청년 이승만도 만민공동회의 연사로 나섰었다. 독립협회는 한 때 회원 4천 명의 막강한 정치단체로 성장하였으나 1898년 12월 정부의 금령으로 해체되었다.

독립협회는 불과 2년밖에 존속하지 못했으나 국민을 일깨워 나라의 주인임을 자각하게 만든 엄청난 시민운동이 되었다. 특히 독립협회는 국민들에게 아주 중요한 사상들을 주입하여 그 뒤에 한일합방 후 항일 독립운동하는 사상적 기초를 마련해주었고 해방 이후 자유민주공화국 대한민국을 건국하는데 기초가 되는 사상적 틀을 만들어주었다. 독립협회가 내세운 사상체계는 다음과 같다. ① 자주국권, ② 국가평등권(사대관계 청산), ③ 중립외교, ④ 개화자강(自强), ⑤ 자유민권, ⑥ 국민주권, ⑦ 변법자강(입헌군주제로), ⑧ 국민계몽. 모두가 자유민주주의를 지향하는 주권재민의 공화정을 뒷받침하는 사상체계였다.

독립협회가 전국민을 계몽시켜 민주공화국의 기초를 마련하려는데 목적을 둔 시민운동이라면 1907년에 발족한 신민회는 정치 개혁을 추진하는 비밀결사였다. 신민회는 안창호가 양기탁 등과 함께 만들었다. 1906년 안창호 선생이 LA에서 준비하여 1907년 한국에 와서 창립했다. 민주주의 사상 보급, 깨인 국민을 만들어 나라를 지키는 민력(民力)을 키운다는 목적으로 잡지, 신문을 이용한 계몽 활동, 학교 설립, 산업진흥 촉진을 위한 기업 세우기, 그리고 해외에서 독립군 창건 등 운동을 폈다. 이때 설립한 학교가 오산(五山), 신안(新安), 대성(大成), 협성(協成) 등 고등 보통학교들이다. 사범학교를 만들어 교사 양성에도 힘썼다. 그리고 합방 이후 1912년 만주에 신흥무관학교를 세웠다. 신흥무관학교는 이회영李會榮. 1867~1932 가문이 전 재산을 정리하고 만주로 이사하여 터를 잡으면서 만든 독립군 장교 양성 학교이다.

흥사단은 1913년 안창호 선생이 미국 샌프란시스코에서 창단한 단체이다. 민족통일, 민주주의 발전, 시민사회 성장, 청소년교육, 사회교육 등을 목적으로 한국 국민을 '세계 1등 국민'으로 양성하여 그 힘(民力)으로 나라를 되찾자는 목표로 만든 조직이다. 1919년 3·1운동 이후 확장되어 전국 시도에 지부를 두고 많은 활동을 폈다. 1948년 대한민국이 건국되자 미국에 있던 본부를 서울로 이전했다. 안창호 선생은 "독립, 건국은 교육, 국민운동을 통해서만 가능하다"는 확고한 믿음을 가졌었다.

신간회는 1927년 서울에서 창단된 항일 독립운동 단체로 전국에 143개 지회를 둔 회원 4만 명에 달하는 큰 운동 단체였다. 조선일보 사장을 역임한 이상재 선생이 안재홍 선생 등과 함께 만들었다. 발기인으로 신석우 등 34명이 참가했는데 대부분 조선일보사에 근무하던 분들이었다. 신간회는 1931년 구성원들이 좌와 우로 나뉘어 싸우면서 자진 해산했다.

이상의 독립운동 시민단체의 활동으로 구한말까지 시대 변화에 호응하지 못하고 정부의 정책 변화에 수동적으로 따르던 한국 국민을 주권자로서의 자긍심을 가진 '깨인 시민'으로 바꾸는데 큰 기여를 하였다. 1919년 3·1운동은 이러한 시민들의 노력의 결과물이었다.

해외에 유학했던 깨인 지식인들은 민족주의에 바탕을 둔 자유민주공화정을 개혁의 목표로 삼고 국민계몽을 폈으나 나라가 일본 식민지로 전락하면서 항일 독립운동에 역점을 둘 수밖에 없는 환경이어서 민족주의가 다른 사상적 가치론을 접어둔 맹목적 배타적 민족주의, 애국주의로 변질되어 갔다. 항일 민족주의자로 출발했으나 공산주의자도 민주주의자도 모두 포용한다는 맹목적 애국주의자로 발전해가면서 독립운동 단체들은 모두 내부에서 파벌 투쟁을 겪게 되었다. 예를 들어 상해 임시정부도 독립을 추구하는 민족주의자면 공산주의자도 모두 포용해야 한다는 중도주의 주장자들의 주장에 따라 자유민주공화정 추구라는 원래의 독립운동 단체들의 정체성을 잃어갔다. 특히 1917년 러시아에서 공산혁명이 성공한 후 이들의 '피압박 민족해방 지원' 선전에 현혹된 많은 지식인들이 공산주의를 선호하게 되었고 더구나 공산혁명을 범세계적 혁명으로 확대하려는 레닌이 1919년 국제공산당, 코민테른(Comintern)을 창설하고 자금을 지원하면서 각국에 공산당을 창설하던 때라 독립운동에 참가했던 많은 지식인들이 이에 동조했다. 코민테른의 지원을 받아 창설된 조선공산당은 코민테른의 지령으로 상해 임시정부를 '조선인민위원회'로 개편하려고 노력했다. 임시정부의 내분을 막기 위해 '애국주의'에 앞장섰던 김구 선생 등은 좌우통합을 내세우는 중도 노선을 취하였고 그 결과로 중국 공산당과 싸우던 장제스의 중국 국민당 정부의 망명정부 승인을 받지 못하는 어려운 처지에서 임시정부를 유지했다.

이념을 초월한 민족주의와 맹목적 애국주의는 해방 이후 대한민국 건국 과정에서 국론 분열을 일으켰다. 대한민국은 이를 극복한 이승만 등 지도자들의 노력으로 기적적으로 출범할 수 있었다. '좌우합작' 명분의 남북한 관계 개선 주장은 21세기에 들어온 지금까지도 대한민국의 정치를 어렵게 만들고 있다. '좌파'와 '중도좌파' 등 북한 공산주의에 대하여 너그러운 정치세력 때문에 대한민국의 '자유민주주의공화국'이라는 정체성이 흔들리고 그 결과로 미국과 민주 우방이 한편이 되고 러시아와 중국이 다른 한편이 된 새 냉전 시대에 미국 등 동맹국으로부터 소외당하는 외교적 위기를 겪고 있다.

3. 민주주의 보급과 공산주의와의 싸움

대한민국 80년사는 공산주의와의 싸움의 연속이었다. 해방부터 건국까지 미군 군정 시대에도 자유민주주의공화국을 세우려는 민주 세력의 노력을 끝까지 반대하던 공산주의자들은 건국 후 2년 만에 1950년 6·25전쟁이라는 역사상 가장 치열했던 전쟁을 일으켜 국토를 황폐화시키고 인구의 10%가 생명을 잃는 비극을 가져왔다. 그 뒤에도 전후복구 과정부터 오늘에 이르기까지 공산주의자들은 대한민국의 존립을 위협해왔다. 북한 공산주의 정권은 끊임없는 군사 도발로 온 국민을 긴장시켜왔고 국제사회에서는 지근거리에 있는 러시아와 중국이라는 거대한 공산국가가 북한을 앞세워 한국에 군사적 압력을 가할 뿐 아니라 외교적, 경제적 압박을 가하여 대한민국의 국제사회에의 자유로운 활동을 방해해왔다.

가장 큰 피해는 북한의 정치전이 입혀 왔다. 같은 민족이라는 점을 앞세워 공작원들이 한국 사회에 들어와 선전선동, 선거 개입, 거리투쟁 등을 통하여 대한민국 사회의 질서를 파괴하고 정부 기능을 마비시키고 있다. 지하 공작원 수십만 명을 확보하고 대한민국에 친북 공산정권 수립을 목표로 투쟁하고 있다.

이러한 공산주의와 끊임없는 싸움에서 대한민국을 지켜내기 위하여 정부는 최선을 다해 오고 있으나 궁극적으로는 민주공화국 대한민국의 권력 주체인 국민들의 반공 의식을 확실하게 지켜내는 것이 대한민국 수호의 근본적인 대책이다. 그러한 국민의식 함양을 위해서는 국민들이 자유민주 이념에 대한 확고한 신념을 가지고 공산주의에 대한 바른 이해를 하도록 교육하고 계몽하는 일이 절대적으로 필요하다. 그동안 정치 지도자, 교육자, 학자, 언론인 등 깨인 시민, 바른 생각을 가진 애국적 지식인들의 헌신적 노력으로 공산주의 위협으로부터 대한민국을 오늘날까지 지켜올 수 있었다.

공산주의는 가난과 무지를 온상으로 퍼지는 이념이다. 사회 구성원의 대다수가 고단한 삶을 이어갈 때, 특히 가진 자와 그렇지 못한 자의 빈부 격차가 심할 때 설득력을 가지는 이념이다. "능력에 따라 일하고 필요에 따라 소비하는 사회"를 만들겠다는 주장은 가난에 허덕이는 백성들에게는 강한 호소력을 가지게 된다. 공산주의 이념의 논리를 간단히 살펴본다.

사람이 살아가려면 생산(生産)이 필수적이다. 생산이란 사물(事物)에 노동을 가해 사람의 삶에 도움이 되도록 변형시키는 것을 말한다. 논밭에 씨를 뿌려 곡식을 키워 내는 것도 생산이고 흐르는 물을 막아 물레방아를 돌리는 것도 생산이다. 생산을 가능하게 하는 것은 인간의 노동이므로 노동자가 생산된 결과를 누려야 한다. 생산의 다른 요소인 생산 도구, 생산 시설 등을 공동체가 가지게 되면 노동이 생산의 핵심 요소가 된다. 당연히 노동을 제공하는 노동자가 생산 결과를 누려야 한다. 노동을 하지 않는 생산 수단을 가진 소유주가 생산물의 대부분을 차지하는 것은 불공정하다. 이것이 공산주의 논리의 출발이다.

사람은 모두 잘 살 권리를 가졌다. 그러나 사람들 사이에는 능력의 차이가 있다. 생산에 기여하는 노동의 값이 같을 수가 없다. 기여한 노동만큼씩 생산된 가치를 갖게 하면 인간평등 원칙은 무너진다. 그러므로 '능력에 따라 일하고 필요에 따라 소비하여야 한다'고 공산주의자들은 주장한다.

누가 생산을 배분하고 공동체 질서를 유지하는 일을 해야 하나? 모든 노동자를 구성원으로 하는 집단, 즉 인민이 담당해야 한다. 인민을 관리하는 당(黨)이 결정하면 개인은 이를 따르면 된다. 이 제도에 저항하는 비노동 계급, 부르주아지는 인민정부가 전제적으로 다스려야 한다. 그리고 인민정부는 인민계급만이 투표권을 가지고 선출한 지도자들로 구성해야 한다. 이것이 인민민주전정(人民民主專政)의 논리이다. 여기서 주목할 것은 투표의 의미이다. 자유민주주의에서는 '가치의 상대성' 논리에 따라 모든 개인의 의사는 존중되어야 하는데 정부 차원에서 한 가지 정책 선택을 하기 위해서는 서로 다른 의사들의 분포를 조사하여 타협안을 만들어내야 한다고 생각해서 투표를 실시한다. 공동체 구성원들 중에 서로 다른 주장을 하는 구성원들의 다양한 의사의 분포를 확인하여 이를 조화-타협하는 절충안을 발견하기 위해 투표한다. 많은 사람이 지지하는 주장이 옳고, 적은 수가 주장하는 것이 틀린 것이 아니다. 다를 뿐이지 옳고 그른 것이 아니다. 그러나 인민민주주의에서는 '가치의 절대성' 논리에 따라 '옳은 의견'을 발견하기 위하여 투표한다고 한다. 그러므로 51%의 지지를 받은 안은 진리이고 49%를 지지한 사람들은 '진리에 어긋난 의견'을 낸 것이므로 그들의 의사는 무시되어야 한다. 이런 논리를 앞세우면 개인의 의사는 다수를 따를 때만 의미를 가질 뿐이다. 획일적 통치를 가능하게 하는 논리이다.

제공한 노동의 질과 양과 관계없이 고르게 배분하자는 논리를 앞세운 공산주의는 가난 속에서, 특히 지주의 횡포와 착취에 시달리는 소작농민에게는 '반가운 이념'으로 다가온다. 그러나 이런 논리가 현실화되면 사정은 달라진다. 중국은 이 논리에 따라 전 농토를 정부가 무상몰수해서 '인민공사'라는 집단 농장으로 개편하여 농민을 피고용자로 하는 정부 직영의 '공장화된 농장'으로 바꾸어 놓았다. 농민의 자유는 사라졌다. 그리고 농민의 일할 의욕도 사라졌다.

일본이 패전하면서 승전국인 미국과 소련이 한반도를 분할점령하였다. 일본이 '강제로 차지한 땅'인 한반도를 일정 절차를 밟아 독립시키기로 결정한 카이로 선언에 따라 우선 한반도 주둔 일본군의 무장해제를 위하여 북위 38도선을 경계로 미군과 소련군이 각각 남한과 북한을 점령하고 군정을 실시했다. 그러나 잠정적인 이 분단이 80년 지속되는 준영구 분단으로 굳어졌다. 북한 주둔 소련군을 앞세워 소련은 북한 점령지에 친러 공산정권을 세우고 이를 지원하여 남한까지 확보한 후 소련방의 하나의 지방정부로 편입시키려는 계획 때문이었다.

소련은 남반부해방을 위한 방법으로 군사적 점령과 남반부에서 친북 정치 세력을 지원하여 그들이 앞장서 정치혁명을 하도록 유도하는 정치전을 배합하는 전략을 세웠었다. 소련은 소련군 장교이던 김일성 대위를 앞세워 공산정권을 세우고 북조선노동당을 만들고 남쪽에 있던 기존의 조선공산당을 남조선노동당으로 재편한 후 합쳐서 조선노동당을 만들었다.

소련은 북한 인민군을 창설하고 대량의 무기를 지원하여 현대전을 수행할 수 있는 15만 명의 강력한 군으로 만들었다. 그리고 북한체제를 '인민민주공화국'이라는 노동당 지배의 전제정체제로 만들었다. 공산주의 정책 실현을 위해 전농토를 지주들로부터 무상몰수하고 이를 1차로 소작인들에게 무상배분 해주었다. 쫓겨난 지주들은 38선을 넘어 남쪽으로 넘어왔고 땅을 무상분배 받은 농민들은 새로 들어선 '인민공화국'을 지지했다.

한편 미군 점령 지역이었던 남한에서는 이승만이 이끄는 자유민주주의자들과 남노당의 정치투쟁, 그리고 이념을 초월한 통일을 주장하는 민족주의-애국주의 중도협상파들과의 투쟁으로 혼란이 지속되었다. 여기에 더하여 미국의 한반도에 대한 관심 저조로 1948년 대한민국 건국을 계기로 '한국군에 대한 무장지원'을 거부한 채 철군을 단행했었다. 이러한 정치적 혼란에 북한이 단행한 농지 개혁에 호의를 느끼는 농민들을 대상으로 펼치는 북한의 정치선전-선동으로 막 출범한 대한민국은 존립을 위협받는 어려움에 당면하였다.

대한민국 건국 대통령 이승만은 지배정당이던 지주들의 모임인 '한민당'을 설득하고 '농지 개혁'이라는 혁명적 정책을 폈다. 민주주의-시장경제를 중핵으로 하는 자유민주공화국에서는 보기 드문 과감한 정책으로 '경자유전'의 원칙, 즉 농사짓는 사람이 농지를 소유해야 한다는 원칙을 내걸고 지주들의 3정보 이상의 농지를 모두 정부가 구매하고 구매한 농지와 일본인이 소유했던 땅과 군정청에서 인계받은 국유지를 합쳐 매 가구당 3정보의 논을 농민들에게 유상으로 분배했다. 지주들에게는 정부가 구매한 땅을 '지가증권'이라는 국채로 보상하고 농민에게는 평균 소출의 300%를 10년에 걸쳐 분할하여 정부에 땅값을 갚도록 했다. 지주들은 지가증권으로 일본인 소유였던 기업체를 불하받아 기업인으로 변신하는 기회를 얻었으며 농민들은 전쟁을 거치면서 어려움을 겪었다고 모두 변제금을 면제받아 사실상 무상분배를 받은 결과가 되었다.

제1부 제2장에서 소개한 바와 같이 나는 1978년 쿠알라룸푸르에서 유엔 APDAC이 주관하여 열린 '농지개혁 공동연구회'에 한국대표로 참가하여 한국에서 농지 개혁을 하게 된 과정과 개혁이 한국 정치 발전에 기여한 점 등을 발표한 적이 있다. 그때 아시아 각국 대표들이 한국 정부의 결단에 감탄했던 기억이 새롭다. 1950년 봄에 단행한 농지 개혁이 없었더라면 그해 북한이 남침했을 때 과연 우리 국민들이 일치단결하여 북한 점령군에 저항했을까? 민주주의를 지키려면 무엇을 해야 하는지 판단할 수 있는 안목과 지혜를 가진 깨인 지도자가 대한민국을 지켜냈다.

6·25전쟁은 그 자체가 한국 국민들에게 '실현된 공산주의'가 어떤 것인지를 잘 보여주었고 한국 국민들이 반공 의식을 갖게 해준 좋은 생활교육이었다. 그 효과는 6·25 세대가 살아있는 동안 대한민국 국민이 반공 의식을 지니게 하는데 크게 기여하였다.

양호민(梁好民, 1919~2010)

　공산주의 서적을 읽은 사람은 공산주의자가 될 수 있으나 하루라도 공산 사회에서 살아본 사람은 모두 반공이 된다고 한다. 한국의 경우 맞는 말이다. 나는 초등학교 학생 때 북한 점령 하의 서울에서 석 달 동안 살면서 '실현된 공산주의'를 몸으로 배웠다. 학문적으로 공산주의를 공부하고 가르친 것은 고등학교 학생 이후였다. 6·25전쟁의 후유증으로 정부가 강한 반공 정책을 펼 때여서 공산주의 관련 자료나 책은 금서로 되어 구할 수 없었다. 그때 처음으로 읽은 책이 양호민梁好民, 1919~2010 선생이 쓴 『공산주의의 이론과 역사』(1954)였다. 내겐 큰 교육이 되었다. 그 후 1960년대에 미국으로 유학가서 중국 외교정책으로 박사학위 논문을 쓰면서 많은 공산권 자료를 접할 수 있었다. 귀국 후에는 대학에서 공산주의 이론, 중국 공산주의, 북한 주체사상을 강의했다. 1985년 적십자 이산가족 재회를 논하는 회담에 한국 측 대표단의 한사람으로 방북하여 평양을 돌아보았고 그 후 중국, 러시아, 몽골 등에 회의 참가 차 드나들면서 '실현된 공산주의'를 직접 관찰했다. 1997년 황장엽 선생이 탈북하여 한국에 온 후 여러 번 만나 북한의 '주체사상'을 토론했었다. 나의 결론은 역시 '마르크스, 레닌 저작을 읽은 학자들은 공산주의 이론에 설득당할지 모르나 공산주의 국가의 현실을 보면 반공일 수밖에 없다'이다.

대한민국의 자유민주주의 정체성을 지키면서 공산주의에 휩쓸리는 순진한 국민들이 생기지 않도록 길을 잡아 준 학자들의 공로가 크다. 이들의 저작과 계몽활동, 그리고 대학에서 학생들에게 준 가르침들이 대한민국의 오늘을 만들었다.

양호민 선생은 조선일보 논설위원, 한림대 석좌교수로 공산주의의 실체를 국민들에게 알리는 일을 평생 전업으로 하셨다. 1950년대 양 선생은 서울대학교 법대 부교수로 봉직했었으며 젊은 지식인들의 세상 보는 눈을 열어준 월간 잡지 〈사상계(思想界)〉의 편집장도 맡았었고 1980년대 한국 사회의 지식인들의 길잡이가 되었던 〈한국논단〉도 사장직을 맡아 출판했다. 나는 조선일보, 한림대학교, 사상계, 한국논단 모두에서 양 선생님을 스승으로 모시고 공부했다.

북한이 시도했던 '군사적 통일'은 실패했다. 한국민의 강력한 저항과 미국을 비롯한 국제연합 회원국들의 참전으로 북한은 중국 지원군의 도움을 받았지만 실패했다. 1953년 7월 휴전으로 6·25전쟁은 일단 멈추었다. 엄청난 인적, 물적 피해를 입은 한국은 이때부터 북한의 정치전에 시달리기 시작했다. 북한은 남쪽에 심어 놓은 옛 남로당원들과 공작 요원들을 앞세워 '통일지상주의'를 내건 소위 중도 노선의 남북 합작파와 손잡고 정치전을 펴기 시작하였다. 정부는 강력한 대간첩 정책을 펴나갔다. 가장 중요한 대응책은 국민들에게 자유민주주의 사상을 확실하게 심어주는 국민교육체제의 확립이었다. 공산주의의 침투를 막기 위해서는 우리 정치의 민주화가 선행하여야 하고 민주화를 성공시키려면 경제발전을 포함한 '조국 근대화'가 먼저 이루어져야 했다. 이러한 이념 투쟁은 교육받은 신지식인들이 앞장서서 길을 열어주어야만 가능했다. 고등교육을 받은 지식인, 그중에서도 학병으로 징집당하여 중국 등지에서 전쟁을 치룬 지식인, 그리고 해방 이후 짧은 기간이나마 북한 공산주의 정치 현실을 목격했던 지식인들이 이 일을 담당해야 할 숙명적 과제를 안게 되었다.

1944년 기준 고등교육을 받던 한국인 학생은 7,200명쯤 되었다. 1943년에 일본 정부가 공표한 지원병제의 대상은 이공계, 사범계를 제외한 약 5천 명의 한국대학-전문학교 학생들이었고 이 중에서 4,385명이 군에 입대하였다. 이 중 상당수는 중국 전선에 투입되어 국민당군과 중국 공산당군을 상대로 일본군이 싸우는 전투에 참가했었다. 그리고 이들은 전후 귀국길에 북한에서 공산 정치가 이론과 달리 현실 사회에서 어떻게 작동하는지를 보고 배웠다. 북한이 고향인 학병 출신 지식인들은 38도선을 넘어 월남하였다. 이들의 이념 정향은 강한 민족주의, 민주주의, 반공으로 굳어질 수밖에 없었다.

해방 전 독립운동을 이끌던 도산 안창호 선생을 따르던 서북 지역 젊은이들은 한국 사회를 반공 민주주의 국가로 이끄는 선봉대가 되었다. 가장 대표적인 집단이 1953년에 창간된 월간 〈사상계〉를 발간하던 사람들이다. 김준엽, 장준하, 김성한金聲翰, 1919~2010, 양호민, 지명관池明觀, 1924~2022, 선우휘鮮于煇, 1922~1986, 안병욱安秉煜, 1920~2013 등이 힘을 모아 〈사상계〉를 만들었다. 주간은 초대 김성한, 2대 안병욱, 3대 김준엽, 4대 양호민, 5대 지명관이 맡았었다.

이 중 가장 큰 역할을 해 온 분은 김준엽 선생이다. 김준엽 선생은 1944년 일본 게이오(慶應) 대학교 재학 중 입대하여 중국 전선에 배치된 후 미리 계획했던 대로 탈영하여 6천 리 길을 걸어 충칭에 있던 임시정부를 찾아갔다. 장준하와 함께 갔었다. 상해 임시정부가 만든 광복군에 입대하여 제2지대장을 맡았던 이범석 장군의 부관으로 근무했다. 1945

김준엽(金俊燁, 1920~2011)

년 미군이 일본 본토로 진격하기에 앞서 조선 반도에 상륙하기로 하면서 현지 안내를 해 줄 특전부대 요원을 한국광복군에 요청했을 때 김준엽 선생은 장준하와 함께 나서서 미군 OSS(현 CIA 전신) 부대원들과 합동 훈련을 받았다. 한국으로 침투하기 직전 전쟁이 끝나 참전은 못 했다.

김준엽 선생은 해방 후 중국에 남아 남경에 있는 국립 중앙대학교 대학원에서 학업을 계속하다가 중국 본토를 중국 공산당이 점령하자 대만으로 옮겨 4년간 국립 대만대학에서 수학하였다. 귀국 후 고려대학교 교수로 일했다. 1982년부터 1985년까지 총장직도 맡았다.

김 교수는 고려대 아세아문제연구소를 만들어 키워 세계적인 아시아 공산주의 연구센터로 만들었다. 1957년부터 1982년까지 25년간 아세아문제연구소(이하 아연, 亞硏)를 맡아 미국 포드(Ford) 재단에서 70만 달러의 지원을 얻어 명실공히 세계적인 명성을 가진 연구소로 발전시켰다. 특히 아연은 중국 공산주의, 북한 공산주의 연구의 중심이 되었다. 외국

장준하(張俊河, 1918~1975)

에서도 아시아 공산주의 연구자들은 아연과 연계하여 연구를 넓혀 갔다. 김준엽 선생은 1980년 한국의 여러 대학교에 설치되어있는 공산권 관련 연구소들을 연계하는 한국공산권연구회를 창설하여 공동 연구의 길을 열어 놓았다. 그리고 미국 캘리포니아 버클리대학교 동아연구소의 스칼라피노 교수와 협력하여 한국과 미국, 주변국의 주요 연구소와의 협력망을 구축하여 놓았다. 김 교수의 이러한 노력의 목적은 공산주의의 실체, 특히 책 속의 공산주의가 아니라 현실 국가운영체제로 실현된 공산주의의 반민주성, 반인간성을 확실히 밝혀 국민들이 공산주의자들의 정치전에 말려들지 않도록 하려는 것이었다. 공산주의자들의 끊임없는 선전선동에 국민들이 흔들리지 않고 대한민국의 자유민주주의 정체성을 지킬 수 있도록 교육 계몽하는 일에 헌신한 김 교수를 비롯한 '깨인 학자들'의 공헌으로 오늘날의 '자유민주공화국 대한민국'을 지킬 수 있었다.

해방된 나라, 새로 자주민주공화국의 국민으로 초등학교 교육부터 민주 국민으로 교육받고 자란 사람들을 '해방 1세대'라 부른다. 이 세대에 속하는 이른바 '새 나라의 주인'들을 가르친 분들은 일본 식민지 시대에 교육받은 분들이다. 국내에서 교육받은 분들도 있고 해외에서 독립운동에 참가했던 분들도 있었다. 모두 강한 민족주의 정서를 가진 분들이었으나 체계적으로 새 세대에게 자유민주주의 사상을 전수해줄 수 있는 분은 많지 않았다. 여기에 국제공산당의 후원을 받는 공산주의자들의 조직적 사상 교육이 곁들이면서 해방 제1세대는 사상적 혼란을 겪었다.

위에서 소개한 김준엽, 양호민 선생 등의 노력으로 새 세대의 사상 교육의 틀은 어느 정도 잡아갈 수 있었으나 좌파 교사들의 조직적 세뇌 교육으로 많은 학생들이 사상적 혼란을 겪었다. 해방 직후 미국 군정하에서 벌어진 찬탁-반탁 투쟁, 국대안(國大案) 반대 투쟁, 중학생과 대학생들의 혁명 투쟁을 이끌던 좌익 학생 단체들의 투쟁으로 조용한 날이 없었다. 1946년 10월 대구에서 일어난 '대구 폭동', 1947년에 시작되어 1954년까지 진행된 '제주 4·3 폭동' 등으로 온 나라가 사상 투쟁으로 혼란을 겪었다. 그런 투쟁의 결과로 1950년 6·25전쟁이 시작되어 북한 인민군이 서울을 점령했을 때 많은 고등학생들과 대학생들이 북한 점령군에 동조하는 일이 벌어졌다.

6·25전쟁은 국민 수백만 명의 목숨을 앗아간 민족적 참극이었지만 북한 점령 지역에서의 공산주의자들의 만행은 온 국민들의 반공 교육이 되었다. 그러나 6·25전쟁을 겪어보지 않은 해방 2세대부터는 자유민주주의에 대한 신념을 심어주는 교육이 갖추어지지 않아 다시 사상적 혼란이 일어나기 시작했다.

해방 제2세대부터의 사상 교육은 해방 제1세대 중 깨인 지식인들의 몫이었다. 이들은 국내 대학에서 배우고 해외 유학을 통해 넓은 세계를 알게 되면서 범세계적인 사상 투쟁의 진행 상황을 지켜보았다. 공산전

김학준(金學俊, 1943~)

체주의 독재체제와의 투쟁이라는 새로운 과제를 철저히 인식하고 자유민주주의 수호를 위하여 벌여야 할 지적 투쟁을 과제로 안고 귀국하여 대학에서 가르치고 언론을 통하여 국민교육에도 참여하였다. 이러한 해방 제1세대의 노력으로 대한민국은 자유민주주의 국가의 정체성을 지켜나갈 수 있었다.

해방 제2세대의 '자유민주주의 대한민국' 지키기에 헌신한 많은 지식인 중에서 한 사람을 예로 골라 소개한다. 김학준 교수를 예로 든다.

김학준 교수는 지도급 언론인이며 가장 주목받는 교수이고 제12대 국회의원을 지낸 저명한 정치인이다. 1943년 만주에서 태어나 해방 후 귀국한 '귀환 동포'였다. 인천에서 자라나 제물포고등학교를 졸업하고 서울대학교 정치학과를 다녔다. 1965년 조선일보에 입사하였다. 미국 유학생으로 켄트(Kent) 주립대학에서 정치학 석사과정을 마치고 피츠버그(Pittsburgh)대학으로 옮겨 1972년 정치학 박사학위를 받고 귀국했다. 귀국하여 모교인 서울대학교 정치학과 교수로 학자의 길에 들어섰다.

김학준 박사가 한 일은 여러 가지여서 걸어온 길을 추적하기도 쉽지 않다. 1985년부터 4년간 제12대 국회의원, 1991년부터 2년간 노태우 정부의 청와대 공보수석비서관, 1996년~2000년 인천대학교 총장, 2001년~2008년 동아일보 대표이사, 2008년~2011년 동아일보 회장, 2012년~2015년 동북아역사재단 이사장 등을 역임했다. 현재는 단국대학교 석좌교수이다.

김학준 교수는 조선일보 정치부에 근무할 때부터 유명했다. 그때 정치부장이던 남재희南載熙 장관은 늘 김학준 교수를 '우리 맥조지 번디(케네디 대통령 때 공보비서관)'라고 부르며 무척 아꼈다. 청와대 대변인이었을 때는 '말하는 것 그대로 적으면 기사'라고들 했다.

김 교수의 가장 큰 업적은 그의 저작들이다. 2004년에 출간한 1,003페이지의 대작 『러시아 혁명사』, 2006년에 출간한 영문 저서 『North and South Korea: Internal Politics and External Relations Since 1988』(캐나다 토론토대학 출판부, 604p), 그리고 그가 쓴 교과서 『한국정치론』 등 세 권의 책을 연결해보면 김 박사가 후학들에게 가르쳐 주려고 마음먹은 것이 무엇인지 드러난다. 공산주의가 실현된 러시아 정치의 적나라한 모습을 보고 공산정권 하의 북한을 보면 책 속의 마르크스-레닌주의와 현실 공산정치가 어떻게 다른지를 학생들이 스스로 깨닫게 하려는 생각이 깔렸다고 나는 생각했다.

김 교수는 그 밖에 많은 선각자들의 평전을 썼다. 어떻게 그렇게 많은 책을 쓸 수 있는지 나는 안다. 글 쓰는 것을 지켜보았기 때문이다. 1985년 파리에서 열린 제13차 세계정치학회(IPSA)에 나와 함께 참석했을 때 있었던 일이다. 회의가 끝나는 날 주최 측에서 베르사유궁 정원에서 가든파티를 열었는데 김 박사는 조선일보에 연재하던 '역사는 흐른다' 원고를 써야 한다고 호텔에 남았다. 행사에서 돌아와 보니 호텔 편지지에

200자 원고지 40장 분량의 기사를 끝내 놓았다. 역사적 사실을 다루는 글이어서 연도, 날짜, 장소 등이 모두 실려 있는 글을 기억만으로 써 놓았다. 박람강기(博覽強記)란 김 박사를 두고 하는 말이라 생각했다.

김 박사는 신문사에서 나와 같이 일할 때 이미 책을 쓸 결심을 굳혔다. 정다산(丁茶山) 선생이 책 300권을 썼는데 쌓아 놓으면 어른 키만큼이라는 글을 읽었다면서 내게 "형, 지금 책은 글자가 작으니까 요즘 책 같으면 무릎 정도 올라올까? 나도 그만큼 쓰렵니다"라고 했다. 아마도 지금쯤은 김 박사가 쓴 책을 쌓으면 무릎 위로 올라오리라 생각한다.

김 박사가 평생 책을 쓰고 가르치고 한 일은 한마디로 새 세대에게 공산주의 선전에 현혹되지 말고 자유민주주의 이념을 지킨다는 사명감을 갖게 해주어 '대한민국 지키기'에 앞장서 주기를 촉구하는 일이었다고 나는 생각한다.

4. 언론의 계몽자적 역할

$6 \cdot 25$전쟁이 1953년 휴전으로 사실상 끝나면서 폐허가 된 나라를 재건하는데 온 국민이 나섰다. 휴전은 전쟁의 종료가 아니라 비군사적 정치전의 시작이었다. 교육 시설이 거의 붕괴된 상태에서 북한의 집요한 사상전에 대응하는 데는 가장 빠르게 전국민에게 동시에 정보를 전달할 수 있는 언론 매체가 가장 중요한 국민 교육 도구가 되었다. 이러한 환경에서는 국민들이 바른 사상과 이념을 갖도록 계몽하는 데는 언론인의 공헌이 절대적이었다. 특히 열독율이 높은 신문에 실린 전문가들의 논설은 국민계몽의 가장 큰 교재가 되었었다. 본인이 작가이기도 한 조선일보 주필 선우휘의 사설과 논설, 동아일보 편집국장-문화일보 사장을 역임한 남시욱, 그리고 동양통신 기자 출신의 문화공보부 장관 김성진의 현실과 이론을 섞어 쓴 저서들은 한국 국민들이 정치의 현실을 이해할 수 있도록 만든 교과서 역할을 했다.

전후 세대에 속하는 조선일보의 김대중 주필, 류근일柳根一 논설위원의 예리한 논설들도 방황하는 국민들을 바른길로 인도하는 좋은 길잡이가 되었다. 평생 언론인으로 일하고 은퇴하여 출판사를 차리고 대한민국이 가야 할 바른 정치 발전의 길을 밝히는 책을 꾸준히 출판해온 안병훈 전 조선일보 편집국장, 그리고 대한민국의 바른 역사를 왜곡하여 대한민국의 정체성에 흠을 내려는 도전 세력에 맞서 이승만 대통령의 본 모습을 알리는 일을 20년에 걸쳐 해오고 있는 전 조선일보 편집국장 인보길 등의 공헌도 잊어서는 안 된다. 이들 깨인 지식인들의 헌신적 노력으로 대한민국은 자유민주주의 공화정의 정체성을 유지하면서 오늘에 이르고 있다. 이분들이 대한민국을 지켜온 사람들이다.

휴전 직후의 혼란기에 언론의 역할이 중요해짐에 따라 언론사에 취업하려는 젊은이들 중에는 기자를 단순히 뉴스를 수집하고 정리하여 독자에게 전달하는 정보 전달자라는 직업의식보다는 남북한 간의 정치전이 전개되는 한국 사회에서 국민들이 바른 감각, 바른 정치 인식, 바른 정치 신념을 가지도록 계몽하는 일을 담당하는 지사(志士)적 사명감을 가진 사람들이 많았다. 이런 사명감을 가진 해방 제1세대에 속하는 많은 젊은 이들이 신문기자를 직업으로 선택하였다.

휴전 다음 해인 1954년, 한국일보가 창간되었다. 기존의 동아일보, 조선일보와 경쟁하는 신문이 되었다. 한국일보는 창간하던 첫해부터 기자를 공모하였다. 첫해 6명의 견습 기자를 선발한 후 계속해서 한 번에 10명, 매년 2회 견습 기자를 시험으로 선발하였다. 창업주 장기영張基榮, 1916~1977 사장은 한국일보를 '신문기자 양성 사관학교'로 자칭하면서 공채 제도를 이어 갔다. 곧이어 동아일보와 조선일보도 공채를 시작하였다.

나는 1960년 12월 한국일보 12기 견습 기자로 사회에 첫발을 디뎠다. 10명 모집에 1,200명이 응시한 치열한 경쟁이었다. 지사형 기자(志士型 記者)들은 기자로서 국내외 사회 변화를 가깝게 추적하면서 주경야독으로 대학원에 다니며 지식을 넓히고 기회가 생기면 해외 유학도 가면서 '국민교육 담당자'라는 자부심을 가지고 언론사에서 일했다.

지사형 언론인의 좋은 예가 위에서 소개한 김성진 장관과 남시욱 사장이다.

김성진 장관은 고등학교 학생 때 38선을 넘어 북한에서 월남한 후 고려대학교에서 경제학을 공부했다. 6·25전쟁을 서울에서 견디며 북한 통치 3개월을 경험했다. 1956년 한국일보 기자로 출발하여 워싱턴특파원, 정치부장, 부국장을 역임하고 동양통신 정치부장으로 옮겨 갔다가 박정

김성진(金聖鎭, 1931~2009)

희 대통령의 간청으로 1970년 청와대 공보비서관이 된 뒤 다음 해 공보수석, 1975년 문공부 장관을 맡았다. 1980년 연합통신 사장, 1983년 한국국제문화협회 회장을 맡았다. 김성진 장관은 고려대학교 경제학과를 졸업했다.

　김성진 장관은 언론인 경력에 청와대 공보수석과 문공부 장관이라는 공직을 맡아 국내외 정세를 통치자 차원에서 살필 수 있는 기회를 갖추어서 이 특이한 경험을 바탕으로 『한국정치 100년을 말한다』라는 역작을 썼다. '자유민주주의 공화정'이라는 국민적 합의가 이루어진 1919년 3·1절을 기점으로 대한민국이 거쳐온 역사를 정직하게 기술하였다. 현대사를 정치인들이 자기들의 목적에 맞게 변형시켜 기술하여 국민들에게 많은 혼란을 주어 왔던 것을 바로잡기 위해서이다. 이 책은 언론인의 저작이라기보다 현대사를 전공한 교수의 저작이라고 보아야 할 책이다.

남시욱(南時旭, 1938~)

　남시욱南時旭, 1938~ 사장의 경우는 언론인-학자라기보다는 학자-언론인
이라 하는 것이 더 적합할 것 같다. 남시욱 사장은 서울대학교 정치학과를
졸업한 후 동아일보 견습 1기로 언론계에 들어서서 동경특파원, 정치부장,
편집국장, 논설실장 등을 두루 거친 후 문화일보로 옮겨 사장을 역임하였
다. 학업도 계속하여 모교에서 석사, 박사학위를 받고 독일 베를린 소재
국제신문연구소의 연구 과정도 마쳤다. 남시욱 사장은 전문학자 못지않
게 많은 저작을 남겼는데 그중 『한국 보수세력 연구』(2021, 청미디어), 『한
국 진보세력 연구』 등 2권의 저서는 한국 정치 판도를 정확히 짚어낸 명저
로서 한국의 정치 지형을 이해하는데 지침서가 되고 있다. 특히 750페이
지에 달하는 방대한 『한국 보수세력 연구』는 19세기 개화기 때 자유민권
사상을 수용했을 때부터 최근 문재인 정권 등장으로 구석에 밀린 보수세
력의 현황까지 치밀한 관찰과 방대한 자료의 제시로 한국 보수세력의 기
복을 정확히 짚어 제시하고 있다. 남시욱 사장은 자유민주주의 이념을 신

념으로 하는 반공주의자이지만 이 책은 객관적 시각에서 기술하고 있다.

안병훈 사장은 39년을 조선일보에서 보낸 언론인이다. 서울대학교 법대를 졸업한 후 학사장교로 해병대에서 근무하고 조선일보에 입사한 후 사회부장, 정치부장, 편집국장, 부사장 등을 모두 역임하면서 철저히 언론인으로 살았다. 정치부에서 청와대를 출입할 때 박정희 대통령이 여러 번 국회의원으로 일해 줄 것을 청했으나 '언론인이 나의 천직'이라고 끝까지 응하지 않았다. 신문사에서 퇴직한 후 2005년 도서출판 기파랑을 세우고 '한국 역사를 바로잡는 일'을 펼치고 있다. 신문사에서 퇴직한 후 책방에 나와보았더니 온통 좌파 책들이 서가를 차지하고 있다고 개탄하면서 이에 맞서 '역사 바로잡기 책'들을 출판하기로 결심했다고 한다. 지금까지 400종이 넘는 책을 '경제성과 관계없이' 출판해오고 있다. 교과서 바로잡기 운동의 하나로 한국 현대사를 새로 정리한 책들을 여러 권 출판했고 '자유민주주의공화국' 한국의 생존 전략에 관한 책들도 꾸준히 내고 있다. 그리고 이승만 바로 알리기 운동의 하나로 이승만 전기, 이승만 저작 등도 꾸준히 출판하고 있다.

인보길 뉴데일리 사장도 '지사형 언론인'이다. 조선일보에서 편집부장, 문화부장, 편집국장, 논설위원 상무이사, 디지털조선일보 사장 등을 역임하고 2005년 퇴임한 후 〈뉴데일리〉를 창업하여 대표이사직을 맡고 있다. 인 사장은 '이승만 바로 알리기' 운동으로 이승만연구학회를 만들어 매달 정동교회 강당에서 세미나를 열고 있다. 인 사장도 '대한민국의 자유민주공화정'의 정체성을 국민들에게 바로 알리는 일이 언론인의 책임이라고 생각하고 있다.

한국의 민주정치체제를 지키는데 가장 큰 기여를 한 정치인으로 김재순金在淳, 1923~2016 의장을 꼽아야 할 것 같다. 김 의장은 1926년 평양에서 태어난 '해방세대'에 속하는 정치인이다. 일본 식민지 시대에 청소년기를 보내고 해방 후 서울대학교 상과대학을 졸업했다. 일본 식민지 지배 시

김재순(金在淳, 1923~2016)

대, 제2차 세계대전, 해방 후의 혼란, 6·25전쟁을 모두 겪고 1955년 민주당에 입당하면서 정치인의 일생을 시작하였다. 1959년 〈새벽〉 잡지 주간으로 언론인의 첫발도 디뎠다. 1960년 민주당 후보로 제5대 민의원 선거에서 당선하여 국회의원의 긴 여정을 시작하였다. 김 의장은 5·16 군사혁명 이후 1963년에 출범한 민주공화당의 창당 요원으로 제6대 국회의원으로 당선, 1993년 정계를 은퇴할 때까지 국회의원 7선의 기록을 세웠다. 그간 1988년 제13대 국회에서는 국회의장으로 선출되었으며 1993년에 정계 은퇴하면서 38년의 긴 정치 경력을 마감하였다.

김재순 의장은 그사이 1970년에 월간잡지 〈샘터〉를 창간하고 1976년에는 월간 〈엄마랑 아기랑〉을 창간했다. 나는 1973년 미국 유학에서 귀국한 후 샘터사에서 처음 김 의장을 만났다. 내게 처칠의 자서전 번역을 맡기셨다. 그 뒤로 수시로 샘터사에서 만나 '세상 돌아가는 이야기'를 나누면서 가까워졌다. 내 여자 동생(李相姬)이 〈엄마랑 아기랑〉 편집 일을 맡아 일하게 되면서 더 자주 만났으며 샘터에서 귀한 분들을 만나게 해주셔서 나는 늘 고맙게 생각했다. 1993년 김 의장이 하와이에서 쉬고 있을 때 찾아뵙고 '대한민국의 장래'에 대해 많은 이야기를 나누었다. 1994년 김 의장이 서울대학교총동창회 회장에 취임했을 때 나는 부회장을 맡아 도와드렸다.

김재순 의장은 철저한 자유민주주의자였고 대한민국의 민주정치체제가 바로 자리 잡도록 하는데 평생을 건 '의지의 정치인'이었다. 사심 없이 열린 마음으로 많은 사람을 포용했던 정치인, 흔들림 없는 신념을 끝까지 지킨 '정직한 사람', 강한 투지를 가진 행동하는 지식인, 그리고 사람을 아끼는 정이 많은 사람이라는 것이 주위 사람들이 김 의장을 따르는 이유라 생각한다.

정치인으로서의 김 의장의 행적은 이미 너무 잘 알려져있어 더 논할 필요가 없지만 국민의 민주의식이 민주정치를 뿌리내리게 하는 힘이라는 인식을 가지고 '민주시민교육'에 힘써 온 김 의장의 열의를 소개하기 위하여 〈샘터〉 창간 이야기만 간단히 정리해본다. '풀뿌리 민주주의'에 주목하고 사회의 소외계층을 이루는 이들의 민주시민 의식을 다듬는데 앞장섰던 김재순 의장의 공을 잊어서는 안 된다. 민주공화정이 안정되게 작동하려면 사회 기층을 이루는 시민들의 민주 의식이 뿌리내려야 한다. 사회 구성원 모두가 '인권이 보장된 자유'를 누리며 '동등한 참여권'을 가지는 자유민주주의 정치체제에서는 사회 기층을 이루는 시민들의 적극적 정치참여가 체제 안정을 보장한다. 한국의 경우 민주정치체제 도입의 역사가 짧고 민주시민 교육이 자리 잡히지 않아 새로 도입한 민주헌정체제가 뿌리를 내리지 못하고 있어 4·19 학생의거, 5·16 군사혁명 등 정치적 혼란이 계속되고 있었다. 특히 학교 교육을 통한 민주시민 교육이 자리 잡히기 전에 많은 젊은이들이 산업전선에 투입되면서 민주정치체제 운영에 어려움을 겪고 있었다.

일곱 번의 국회의원 선거를 거쳐 국회의장을 맡게 될 때까지 한국 민주주의체제를 위협하는 민주시민 교육의 문제를 현장에서 지켜 보아온 김재순 의장은 '언론을 통한 시민교육'을 직접 해보기로 하고 1970년 〈샘터〉라는 월간 잡지를 창간했다. 공장 여공들이 부담없이 사 볼 수 있도록 작고 싼 책으로, 그리고 이들이 짧은 휴식 시간에 읽을 수 있도록 모든 글은 쉬운 한글로 짧게 쓰도록 배려했던 이 잡지는 '생각하는 사람'들의 큰 호응을 얻어 30만부의 구독자를 가진 잡지로 올라섰다. 그리고 법정法頂 스님, 작가 최인호崔仁浩 등 저명인사들이 자원해서 원고를 썼다. 최인호 작가는 50년 동안 매호에 글을 썼다. 김재순 의장은 정치인으로도 우리 역사에 남을 업적을 남겼지만 〈샘터〉 잡지의 발간인으로도 한국민의 가슴에 길이 남을 자취를 남겼다.

민주주의 정치체제에서는 국민이 주권자이다. 국민이 입법 기관인 국회의 의원을 선출하고 국가의 정체성을 밝히는 헌법도 국민의 동의를 얻어야 효력을 가진다. 그런 뜻에서 민주국가에서는 주권자인 국민의 지지를 확보하는 것이 정권 유지의 바탕이 된다. 국민은 어떻게 정치 지도자를 선택하는가? 국민은 자기의 신념을 바탕으로 국내외 정세를 살펴보고 국가가 무엇을 해주어야 할지를 판단하고 선거에 참여한다. 그런 뜻에서 민주국가뿐만 아니라 전제주의 국가에서도 정치 지도세력은 국민의 지지를 확보하기 위해서 '국민의 생각'을 관리해왔다.

국민의 생각은 교육을 통하여 갖추게 된 가치관과 그때그때의 국내외 정세에 대한 정보를 바탕으로 형성된다. 그런 뜻에서 현대 정치에서는 교육 기관과 언론 기관이 정치체제 안정의 핵심 도구가 된다. 그래서 독일 나치스(NAZIS) 정권도, 구소련의 공산 정권, 북한의 '신정체제'의 독재 정권도 모두 교육과 언론을 장악하기 위하여 엄청난 노력을 펴왔다. 민주주의 정치에서도 마찬가지다. 삼권분립의 입법, 행정, 사법 기관과의 상호 견제 체제를 갖춘 현대 민주국가에서도 언론을 '제4부'로 중시

한다. 언론을 국민의 뜻을 대표하는 통로로 여겨 입법, 행정, 사법 기관의 독주를 견제하는 조직으로 간주한다.

대한민국의 건국 과정, 그리고 정치발전 과정에서도 언론은 결정적 역할을 해왔다. 해방 직후 혼란기에는 좌우익 세력이 정치적 주도권을 장악하기 위하여 일간지, 월간지 등 신문들을 창간하여 서로 다투었다. 국민들은 이러한 언론 전쟁 속에서 정치 지도자들의 언설에 휘둘렸다.

6·25전쟁 이후 흐트러졌던 국민들의 뜻을 바로잡기 위한 정치인들의 노력도 주로 언론을 통하여 전개되었다. 집권 자유당의 무리한 장기 집권 계획으로 감행된 부통령 선거 조작도 조선일보, 동아일보, 경향신문 등 주요 신문의 노력으로 분쇄되었다. 1960년 3·15 부정선거를 규탄하고 국민의 궐기를 성원하던 언론이 학생들이 앞장선 4·19 학생의거를 유발하였고 그 결과로 자유당 지배체제는 허물어졌다. 4·19 학생의거 이후 출범한 민주당 정부의 방만함과 무능도 언론의 규탄을 받아 이듬해 5·16 군사혁명으로 허물어졌다. 제3공화국에서 제5공화국까지 이어진 군사전제정치 체제도 언론의 집요한 저항으로 1987년 6·29 민주화선언으로 종지부를 찍었다. 이런 뜻에서 대한민국 정치사는 언론의 투쟁사라고 해도 지나친 표현이 아니다.

누가 한국의 민주주의를 지키는데 앞장선 언론을 지키고 키웠는가? 뜻을 가진, 그리고 모든 희생을 감수하고 그 뜻을 펴기 위해 헌신한 언론인들이 그 주인공들이다. 이들이야말로 대한민국을 지켜낸 공신(功臣)들이다. 한국의 주요 언론 기관에서 헌신한 언론인들은 단순한 '저널리스트'가 아니었다. 뜻을 세워 나라를 지키려고 희생을 무릅쓰고 나선 지사(志士)들이었다. '대한민국을 만들고 지켜온 분들'을 소개하면서 이분들의 공로를 빼놓을 수 없다. 앞에서 본보기로 몇 분의 '뜻을 세워 길을 연' 언론인들을 소개했다. 다음 기회에 별도로 여러 언론인들의 공헌을 살펴볼 생각이다.

5. 민족적 자긍심을 높이는 데 앞장서 온 분들

"문화동질성을 공유하고 있다고 믿는 사람들의 모임"이 민족이다. 문화란 생활양식의 총화이다. 한곳에서 오래 살아오게 되면 생활양식을 서로 배워 닮아간다. 그래서 오랜 세월 한곳에서 살아온 사람들은 생활양식을 공유하게 되고 서로 문화동질성을 가졌다고 생각한다. 그래서 서로 '우리'라고 생각한다.

자기가 속한 집단의 문화에 대한 애정과 자긍심을 가지게 되면 그 집단에 대한 소속감이 긍지로 된다. 공동체 구성원이 이런 문화전통에 대한 자긍심을 가지면 그 구성원들은 그 공동체, 민족에 대하여 충성심을 가지게 된다. 이것이 문화동질성에 대한 자긍심이 가져오는 소속원 결속의 구심력이 된다. 민족문화에 대한 자긍심이 곧 민족 구성원의 단합된 힘을 만들어낸다.

대한민국이 불과 1세기도 안 되는 짧은 기간에 가난한 후진국에서 세계 10위권을 넘나드는 선진국 대열에 오른 데는 한국민들을 하나로 묶어주는 전통문화에 대한 자긍심으로 뭉친 '민족정신'이 크게 기여하였다. 이 공동체 정신으로 공동체 성원간의 협동이 가능해졌기 때문이다.

누가 민족문화에 대한 자긍심을 심어 주었는가? 일본이 왜곡해놓은 민족의 역사를 바로잡는데 헌신한 국사 학자들, 한글을 앞세운 국문체계 바로잡기에 앞장선 분들, 그리고 잊혀져 가던 전통문화를 되살리는 데 힘을 모은 사람들이다.

한 공동체 내에서 살아가려면 사람들은 말과 글을 통해 다른 사람과 의사소통을 하게 된다. 그때 같은 말, 같은 글로 소통할 수 있는 사람과 친근하게 느끼는 것은 사람의 본성이다. 사람들은 같은 말과 글을 쓰는 사람들 사이에서 가장 쉽게 문화동질성을 느낀다. 어문은 민족 성원을 하나로 묶는 가장 소중한 '생활양식'이다.

한국 사회에서는 19세기 말까지도 말은 한국어로 쓰면서 글은 외국 어인 중국 한자를 빌려다 썼다. 모든 공문, 모든 중요 문건, 책자는 한자 로 씌어 있었다. 한자를 모르는 사람은 말로는 의사소통이 가능하지만 글로는 남과 의사소통을 할 수 없었다. 우리에게는 이미 15세기에 만들 어놓은 가장 우수한 표음문자인 한글이 있었음에도 불구하고 조선왕조 의 지배층을 이루던 한학자들은 한문을 고수했다. 그 결과로 대부분의 평민들은 글을 읽지 못하는 문맹으로 살았다.

이 모순을 깬 사람들은 19세기 말 기독교를 선교하기 위해 한국에 온 선교사들이었다. 이들 선교사들의 영향을 받아 한국의 깨인 지식인 들이 국문 신문을 발행하기 시작하였다. 1896년 서재필이 독립협회 기 관지로 〈독립신문〉을 발행하기 시작했고 1898년 국한문 혼용의 〈대한 황성신문〉, 그리고 1904년 영국 언론인 베텔Ernest Thomas Bethell의 도움을 받아 양기탁이 〈대한매일신보〉를 창간했다. 이 신문들이 한국 사회에 어문일치의 인쇄물을 소개하여 무지한 백성으로 밀려나 있던 서민들 을 양반들과 함께 동일한 민족사회 성원으로 변환시키는 혁명적 운동 을 주도했다. 당시의 한글은 다듬어지지 않아 사용에 불편한 점이 많았 으나 주시경周時經, 1876~1914 선생 등 뜻있는 젊은 학자들이 나서서 국문 문법을 정리하고 한글 표기의 표준화 작업을 꾸준히 해서 어문일치의 도구로 한글이 자리 잡게 되었다. 그러나 한자를 사용하는 전통이 오 래되어 많은 개념들이 한자로 형성되어 한글음만으로는 그 뜻을 정확 히 이해하기 어려운 경우가 많아 1920년에 창간된 조선일보나 동아일

한창기(韓彰琪, 1936~1997)

보 등 대표적 신문들은 한동안 국한문을 혼용해왔다. 그리고 신문 기사도 종서로, 그리고 우에서 좌로 흘러가게 하였다. 이러한 관행은 1970년대까지도 지속되었다.

이 관행을 깨고 순한글로 왼쪽에서 오른쪽으로 써나가는 오늘의 한글 표기를 도입한 '혁명적 도전'은 1976년 한창기^{韓彰琪, 1936~1997} 사장이 〈뿌리 깊은 나무〉라는 월간 잡지를 창간하면서 이루어졌다. 〈뿌리 깊은 나무〉는 1980년 신군부의 '언론통합정책'으로 폐간되어 불과 5년밖에 존속하지 못했지만 그 파급 효과는 대단했다. 모든 일간지와 주간지, 모든 월간지가 차례로 이 원칙을 따라 한글-횡서로 표기 방법을 바꾸었다. 이 방법이 한글 표기의 원형으로 자리 잡는 데는 10년도 걸리지 않았다.

한창기 사장의 '한글 횡서 표기' 혁명은 한국민의 어문 생활에 혁명을 가져왔다. 우선 타자로 한글을 표기하는데 적합하여 문서 작성의 기계화가 급속히 이루어질 수 있게 되었다. 중국과 일본은 아직도 이런 편의를 누리지 못한다. 전산화 시대에 들어서면서 한글 가로쓰기 혁명의 이점은 더욱 두드러진다. 제한된 자판의 부호로 한국어 표기를 빠르게 진행할 수 있어 기자 회견장에서는 기자들이 발표자의 이야기를 들으면서 손으로는 그대로 기록-전송을 하고 있다. 한창기 사장의 '순한글 가로쓰기 혁명'은 한국 사회 구성원 간의 의사소통을 쉽게 하여 문화동질성에 기초한 민족 성원 간의 구심력을 높이는데 크게 기여하였다.

한창기 사장은 잊혀져 가던 한국 전통문화를 되살려내 활성화시킴으로써 한국인들의 문화적 자긍심을 높이는 데도 크게 기여하였다. 한 사장은 한국 전통차(茶) 문화를 되살려 내기 위하여 무등산과 그의 고향인 벌교에 차밭을 가꾸어 춘설 작설차(春雪 雀舌茶)를 재생해냈으며 전통 한국식 다도(茶道)에 맞는 백자도 만들었다. '판소리'를 다시 살려 내기 위하여 판소리를 하는 분들을 찾아 재정 후원을 해가며 판소리 전통을 이어가게 하면서 덕수궁 석조전 마당에서 판소리 공연을 열어 국민들의 관심을 모으기도 했다. 한 사장은 고지도(古地圖), 민화(民畵)도 수집하여 무관심 속에 사라져 가는 문화재를 지키는 데도 많은 공을 들였다.

한창기 사장의 공으로 한국인들의 문화전통에 대한 자긍심이 한결 높아질 수 있었다.

한국 역사는 왕조 시대의 사대주의로 왜곡되고 다시 일본 식민지 지배하에서 일본이 일본의 한국 지배 정당화 논리로 한국 역사를 왜곡하여 학교에서 가르쳤다. 이렇게 잘못된 역사를 배우고 자라는 새 세대 한국인들이 한국 역사에 대한 자부심을 가지기를 기대할 수 없다. 해방 이후 한국 국사 학자들은 '역사 바로잡기'에 많은 노력을 쏟았다. 고대사는 이기백李基白. 1924~2004 교수가 정리했다. 이기백 교수의 『한국사신론』(1990년 신수판)은 한국사의 표준 교과서로 자리 잡아 영어판을 비롯하

이기백(李基白. 1924~2004)

여 5개국어로도 번역되었다. 이 책은 일제가 심어 놓은 식민사관을 털어 버리고 한국사의 제 모습을 찾아낸 책으로 평가받고 있다. 한국 근대사를 전공한 이광린李光麟, 1924~2006 교수는 개화기의 복잡한 한일 관계를 그의 '실증사학'의 틀에 맞추어 재정리하여 '국사 바로잡기'에 크게 기여하였다.

뜻있는 사학자들의 노고로 한국사가 바로 잡히면서 한국인들의 자국 역사에 대한 자부심도 커지고 있다.

한국 문화는 해외에 잘 알려져 있지 않았다. 서양 사람들이 한국을 '은둔의 나라(Hermit Kingdom)'라 불렀는데 그 말에는 '잘 모른다'라는 뜻도 포함되지만 '별 볼 일 없다'라는 뜻도 담겨 있다. 하나의 예로 '한국 불교'가 한국에서 1천500년 번성했다는 사실을 외국에서는 잘 몰랐다. 인도에서 중국을 거쳐 신라 법흥왕 때 한국에 전수된 불교는 신라의 원효 스님, 의상 스님 등에 의하여 새로운 불교 교리로 자리 잡고 다

이광린(李光麟, 1924~2006)

시 고려 때 지눌知訥 선사가 '한국 선불교'의 틀을 잡아 놓았는데 외국에서는 중국 불교, 일본 불교는 알아도 한국 불교가 수준 높은 불교로 자리 잡고 있음을 몰랐다.

　서울대학교 철학과의 박종홍 교수는 한국 철학의 비조에 해당되는 분이다. 한국의 전통사상을 정리 발굴하는데 평생을 보내신 분으로 많은 제자들이 그 밑에서 철학 교수로 성장했다. 그중 심재룡沈在龍, 1943~2004 교수의 예를 들어 본다. 박종홍 교수는 학부에 막 입학한 심재룡 군에게 "서양철학의 틀을 소화한 후 그 틀에 담아 한국의 전통사상을 정리하여 세계에 알려라"는 어려운 주문을 했다. 당대의 수재로 소문났던 심재룡 군은 졸업 후 언론사에서 잠깐 근무한 후 미국 국무성 장학생으로 선발되어 하와이주립대학교에 유학하여 박사학위를 받았다. 학위논문은 "지눌의 선교통합"을 주제로 한 것이었다. 박종홍 교수의 주문을 따른 셈이다. 심 교수는 1980년부터 서울대학교 철학 교수로 근무하면서 한국 선불교의 전통과 기원에 대하여 꾸준히 연구하면서 많은 논문을 국제학술지에 게재하였다. 한국 불교, 나아가서 한국 문화의 정체성을 세상에 알리는 작업을 꾸준히 했다. 한국국제교류재단에서 지원하는 해외 한국 연구학자 초청 프로그램의 선발위원회에 나도 한때 참여한 적이 있다. 해외의 많은 승려들이 한국 불교를 공부하기 위하여 한국에 와서 심재룡 교수의 지도를 받겠다고 신청하는 것을 보고 한국 문화의 세계화가 얼마나 중요한지를 새삼 느꼈다. 세계인들이 한국은 가난한 적은 있었지만 수준 높은 문화를 가졌던 문명국임을 새삼 깨닫게 만들었으며 그 반사적 효과로 한국민의 전통문화에 대한 자긍심이 높아짐을 알게 되었다. 이런 과정을 통하여 한국 국민이 단결하여 짧은 기간에 경제 선진국, 문화 선진국으로 진입하는 기적을 만들어냈다.

제10장
교육입국의 뜻을 세워 헌신한 분들

역사는 사람이 만든다. 유능한 인재가 선진국을 만든다. 일제가 조선인 우민 정책으로 독립 의지를 꺾으려 했던 35년의 암흑기를 넘어 신생 대한민국은 앞선 교육체계를 구축하여 빈한한 후진국을 풍요로운 선진국으로 만들겠다는 야심찬 계획을 세우고 대학교육체계를 구축해 나갔다. 그리고 경제발전을 이끌 훈련된 고급인재들을 양성하기 위하여 국책연구소와 고급 과학기술자를 양성할 교육기관을 세워 나갔다.

이러한 정부의 노력과 더불어 교육입국에 뜻을 세우고 세계 최고 수준의 대학과 연구소를 만들어 선진 한국으로 이르는 길을 여는데 헌신한 '숨은 거인'들이 있어 한국은 가장 짧은 기간에 가장 빠르게 선진국 대열에 들어설 수 있었다. 뜻을 세워 길을 연 분들을 소개한다.

1. 일제의 조선인 우민 정책과 이승만의 교육입국 정책

일본은 조선을 식민지로 만든 후 조선인들의 독립 의지를 꺾기 위해 조선에 고등교육기관을 두지 않고 오직 산업 현장에서 고급 노동을 할 인재를 양성하는 교육기관만 세웠다.

해방 전에는 전 조선반도에 '경성제국대학(京城帝國大學)'이라는 대학 하나만을 조선 거류 일본인 자제들의 교육을 위해 설치했다. 그리고 대학에 진학할 수 있는 인문고등학교를 설치하지 않았다. 조선인 학생이 대학에 진학하려면 입학 정원의 8분의 1로 제한된 경성제국대학의 예과에 입학하거나 일본 본토로 유학을 가서 인문고등학교를 다니고 일본 내의 대학에 진학할 수 있을 뿐이었다. 해방 당시 일본 대학에 재학하고 있던 조선인은 극소수였다.

전문학교는 일본 사회 수요에 맞추어 여럿 세웠었다. 경성의학전문학교, 경성공업고등학교, 경성상업고등학교, 수원농업고등학교, 경성고등사범학교 등이 이러한 관립전문학교들이었다.

뜻있는 한국사람들이 벌인 '민립대학운동'도 전문학교로 한정하여 인가받을 수 있었을 뿐이었다. 보성전문학교, 연희전문학교, 세브란스 의학전문학교 등이 이러한 학교들이었다.

해방 후 대한민국 건국 과정에서 가장 컸던 어려움은 정부 운영에 투입할 고등교육 이수자의 부족이었다. 일제시대 총독부에서 하급 관리로 봉직했던 인사들을 새 정부의 고위직에 보임할 수밖에 없었던 사정은 이해할만하다. 오죽했으면 중앙청 담에 '인물천거함'을 설치해놓고 주변에 숨은 인재가 있으면 정부에 천거해달라고 했겠는가?

해방 후 이승만은 "모범적 독립국을 건설하자"라는 연설문에 '과도정부의 당면 정책'을 제시하면서 의무교육을 실시하여 전국민의 민도(民度) 향상과 발전을 강조하였다. 이승만은 태어날 새 나라는 교육을 가장 강조하는 나라로 만들어야 한다고 했다. 이승만은 대통령 취임 후 각 도(道)에 하나씩 서울대학교를 비롯한 10개 지역 거점 국립대학을 설립하고 해양대학 등 특수대학을 차례로 개교해나갔다. 이승만의 교육입국 정책이 하나의 지침이 되어 그 이후의 정권에서도 고등교육기관 육성에 힘을 기울였다.

이승만 정부는 과거의 민립전문학교들을 4년제 대학으로 재편하도록 적극적으로 지원하였다. 연희전문학교와 세브란스 의학전문학교를 연세대학교로 재편하였고 보성전문학교를 고려대학교로 확대하였다. 경성의학전문, 경성고등상업, 경성고등공업 등 관립전문학교는 경성제국대학에 흡수하여 서울대학교로 발전시켰다. 이러한 정부의 노력으로 대한민국은 건국 후 10년 만에 인구당 대학 진학률이 세계에서 가장 높은 나라로 되었다. 2023년 현재 한국의 대학교 총수는 300을 넘는다. 교육입국이 대한민국 선진화의 밑거름이 되었다.

2. 박정희의 과학기술 입국 노력

박정희 대통령은 경제개발계획에 통치의 초점을 맞추었다. 국민이 기초생활을 누려야 민주정치가 작동한다고 생각해서였다. 가난한 농업 국가인 한국을 부유한 공업 국가로 만들기 위해 모든 정력을 다 쏟았다. 부존자원도 없고 축적된 자본도 없는 한국을 빠른 시간 내에 공업선진국으로 만들기 위해서는 과학기술 진흥과 고급인재 양성밖에 다른 길이 없음을 알고 박정희 대통령은 '과학기술 입국'을 제3공화국의 핵심 과업으로 정하고 과감하게 밀고 나갔다. 과학기술혁명이 전 세계적으로 진행되는 때여서 과학기술을 습득, 개발할 고등연구소부터 만들어야 했다.

최초로 1966년에 발족한 한국과학기술연구원(KIST: Korea Institute of Science and Technology)은 한국 과학기술 연구의 초석이 된 연구소이다. 미국 존슨Lyndon B. Johnson 대통령이 한국군의 월남 파병에 대한 고마움의 표시로 1천만 달러의 경제 원조를 약속하자 이 돈을 투자하여 만든 것이 KIST이다.

KIST는 초대 원장 최형섭崔亨燮, 1920~2004 박사의 헌신적인 노력으로 발족할 수 있었다. 연구원 확보가 되어야 연구소가 작동한다. 최 원장은 미국을 방문하여 한국 과학기술자들을 만나 애국심에 호소하면서 설득하여 1966년 18명의 연구원을 확보하였다. 이 연구원들은 미국에서 누리는 고액 연봉을 희생하고 한국의 과학기술 발전에 기여한다는 뜻 하나로 귀국했다. 그 후 1990년까지 1천 명의 한국인 과학기술 전문가를

미국에서 유치하여 KIST를 세계적 연구소로 발전시킬 수 있었다. KIST
는 그 후 한국전자통신연구원(ETRI) 등 20여 개의 전문연구소의 모체
가 되었다. KIST가 있어 오늘날 한국이 반도체 산업 등 첨단공업의 선
두 주자가 되었다.

KIST가 자리 잡히면서 한국에서 고급 과학기술자를 양성하는 교육
기관을 만들기로 하였다. 우선 KIST의 일부로 '한국과학기술원(KAIST:
Korea Advanced Institute of Science and Technology)'를 설립하였다. 그리
고 연이어 광주(GIST), 대구(DGIST), 울산(UNIST)에도 과학기술원을 만
들어 이제 한국은 고급 과학기술전문가를 대량생산하는 국가로 자리
잡았다. KIST와 KAIST 등은 '공업국가 대한민국'을 가능하게 만든 국
보적 기관이다.

3. 교육입국의 뜻으로 앞길을 연 거인들

民간 차원에서도 교육입국(敎育立國)의 뜻을 가지고 선진 한국으로 가는 길을 여는데 헌신해온 '숨은 거인'들이 있다. 두 가지 예를 들어본다.

우선 포항공과대학교(POSTECH)를 소개한다. 포항공대는 한국 최초의 연구 중심 대학이다. 1986년 포항제철의 박태준 회장이 3천억 원 상당의 포항제철 주식을 내어놓아 만든 사립대학이다. 포항공대는 박태준 회장의 뜻과 초대 총장 김호길金浩吉, 1933~1994 박사의 뜻과 열정이 일치하여 출범한 연구 중심 대학이다. 학부생 1,400명에 대학원생 2,000명이 넘는 연구 중심 대학이다. 시설, 교과 편성, 부설연구소 등에서 세계 어느 연구 중심 대학에 못지않은 대학으로 아시아에 2개밖에 없는 입자가속기를 가진 대학이다. 김호길 박사는 서울대학교 물리학과를 졸업하고 영국 버밍엄 대학에서 박사학위를 받은 후 미국 메릴랜드연구소에서 일하다가 한국의 과학기술 교육에 헌신하기 위하여 귀국하였다. 진주에 있는 연암공업전문대 학장을 맡았으나 연암공전을 4년제 대학으로 개편하는 것을 정부가 허가하지 않아 박태준 회장과 포항공대를 만들었다. 김 박사의 열정은 대단하여 지방에 있는 신설대학인 포항공대를 세계적인 명성을 가진 연구 중심 대학으로 키웠다.

또 하나의 예로 한림대학교 의료원을 소개한다. 한림대학교 설립자인 윤덕선尹德善, 호: 一松 1921~1996 박사는 경성의학전문학교를 졸업한 외과 의사로 미국 브리지포드(Bridgeport) 병원에서 훈련받은 의학박사로 백

김호길(金浩吉, 1933~1994)

병원과 가톨릭의대 부속 성모병원 부원장 등을 역임했다. 윤 박사는 이러한 경험을 토대로 성심의료재단 이사장으로 성심병원 시스템을 구축하여 아시아 최대의 의료시스템을 만들었다. 한림대학교 강남성심병원, 한림대학교 한강성심병원, 평촌 한림대학교 성심병원, 한림대학교 동탄성심병원, 한림대학교춘천성심병원, 강동성심병원(협력병원)으로 구성된 성심병원 시스템으로 미국 등 해외의 대규모 병원 집단과의 협력체제를 구축하여 한국의 의료 수준을 선진국 수준으로 끌어올렸다. 윤덕선 박사는 이 의료시스템을 운영할 고급인재를 양성하기 위해 1981년에 생명과학-의학센터(Bio-medical center)와 국제협력 전문요원 양성기구를 포함하는 한림대학교를 세우고 그 이사장을 맡았다. 윤덕선 박사는 우연히 병원 시스템을 만든 것이 아니다. 미래를 내다보며 앞으로 전개될 4차 산업혁명 이후의 환경에서 한국의 위상을 높일 수 있도록 사전에 대비한다는 뚜렷한 뜻을 세우고 헌신하여 여러 병원을 세워 서로 시너지 효과

윤덕선(尹德善, 1921~1996)　　　　　윤대원(尹大原, 1945~)

를 낼 수 있도록 통합의료시스템을 만들려고 한 것이다. 윤덕선 박사가
생전에 써놓았던 짧은 글을 동료 후학들이 한 권의 책으로 묶어 출판했
는데 그 책 제목이 『숨은 거인의 길』이었다. 그 책에 실린 글 중에서 '나
의 역사관'을 보면 국민들에게 바른 민족사를 인식시키는 교육이 허물
어지면 한국 민족은 또다시 남의 식민지로 전락한다면서 교육입국의 중
요성을 강조하고 있다. 윤덕선 박사는 "20세기는 아시아인이 백인의 근
대 문명에 쫓기며 짓눌려 살았던 세기"였으나 21세기는 세계 첨단기술
을 주도하는 아시아 국가들이 지배하는 '아시아의 시대'가 될 것이라고
내다보면서 이에 대비하여 앞을 내다보는 '지성의 선도자'를 키워내는
'교육입국'에 지금 나서야 한다고 강조했다. 윤덕선 박사는 이러한 깊은
안목에 바탕을 둔 교육입국의 뜻을 세우고 그 실천을 위하여 헌신했다.

　윤덕선 박사의 뜻은 대를 이은 윤대원尹大原, 1945~ 제2대 일송재단 이사
장에 의하여 더 크게 펼쳐지고 있다. 2022년 신년사에서 윤대원 이사장

은 1차 산업혁명에서 4차 산업혁명으로 진행되면서 국가 간 관계, 자연과 인간과의 관계의 혁명적 변화가 일어나 인간성이 파괴되는 도전이 눈앞에 와 있는데 이에 대응하려는 의지와 과감한 행동이 있어야 인류사회가 희망을 되찾고 조국의 밝은 미래를 보장할 수 있다고 현실을 진단하면서 새로운 과학혁명에 능동적 대응을 할 수 있도록 교수 등 지식인부터 '새사람'이 되어야 한다고 강조했다. 윤대원 이사장은 윤덕선 이사장의 뜻을 새 시대 환경에서 펴기 위해서 과학기술혁명을 주도할 전문인력을 키우는데 헌신할 것을 다짐하고 있다. 세계화 시대에 적응하기 위해서는 앞서가는 선진국의 의료시스템과의 협력체계 구축이 필수라고 생각하고 윤대원 이사장은 미국 컬럼비아대학교, 코넬대학교 등의 협동체인 뉴욕 프레스비테리안병원(NYPH)과 교류협정을 맺었다. 이어서 조지워싱턴대학교, UCLA, 스웨덴의 웁살라대학교, 일본의 나가사키(長崎)대학과도 교류협정을 맺었다. 이러한 교류를 통하여 우리나라의 의료수준을 세계적인 수준으로 끌어 올리는데 노력을 기울였다. 윤대원 이사장의 뜻대로 한림의료원은 Digital Transformation 평가에서 세계 5대 의료원의 하나로 올라섰다. '교육입국'의 뜻을 이어가는 윤덕선, 윤대원 이사장의 헌신으로 21세기 환경에서 가장 앞서는 대한민국을 만드는 일이 진행되고 있다. 이러한 '숨은 거인들'의 뜻이 있어 어려운 환경에서도 대한민국은 선진국 대열에 들어서고 있다.

초·중등학교 교원들의 헌신적 노력도 가볍게 보아서는 안 된다. 한 번도 가져 본 적이 없던 자유민주공화국이라는 새로운 나라를 세우는 건국 과정에서 가장 급한 과제는 주권자가 될 국민을 새 나라의 주인이라는 의식을 갖춘 민주시민으로 교육하는 일이다. 이 일은 새 나라를 운영해나갈 지도급 인재를 양성하는 대학교육에 앞서 초등학교(국민학교)와 중·고등학교에서 훈육을 담당하는 교사들의 몫이다. 초·중·고등학교 교사들의 헌신적 노력이 없었으면 짧은 시간에 민주공화정을 자리 잡게 할 민주시민 교육이 이루어지기 어려웠다.

다행히 해방 당시 한국은 일제시대 사범학교를 이수한 우수한 교원을 많이 확보하고 있었다. 일본 식민지 시대에 많은 뜻있는 조선인 젊은 이들은 사범학교를 선택하여 진학하였다. 일본인들이 허용하는 조선인의 직업은 기술자, 의사, 교원 등 특수 직업에 한정하였다. 그런 환경에서 많은 우수한 조선인 학생들은 여러 가지 생각 끝에 사범학교로 진학하였다. 국비로 학비를 부담하기 때문에 가난한 학생들도 갈 수 있었고 다음 세대를 교육하는 의미있는 직업인 교원이 된다는 뜻에서 선택의 대상이 되었다. 고등보통학교(중학교급)인 사범학교 졸업생은 초등학교 교원으로, 그리고 고등사범학교(전문학교급) 졸업생은 중·고등학교 교원으로 임용되었다. 이들은 그 당시 조선인 사회의 중심적 지식인 집단으로 조선인 사회를 이끄는 지도자 역할을 하였다. 이러한 환경에서 사범학교 출신 교원들은 국민교육의 책임을 의식하고 있었다. 그리고 농촌 등지에서는 실제로 지도자 역할을 했었다.

해방 후의 혼란기에도 사범학교 출신의 교원들이 여론을 조성하는 역할을 담당하였다. 제헌 국회의원을 선출했던 1948년 5월 10일 선거는 한 번도 선거를 해 본 경험이 없던 농민들에게는 생소한 정치 행위였는데 지방 학교 교원들이 이들을 교육, 계몽하여 성공적으로 선거를 치를 수 있었다.

해방 당시 초등학교 1학년생이었던 나의 기억을 되짚어 보면 그때의 선생님들이 나의 삶의 틀을 잡아준 분이었음을 알게 된다. 1947년부터 1950년까지 나는 만리동에 있는 봉래초등학교 3학년에서 6학년까지를 보냈다. 그때 담임 선생님이 조규복曺圭復 선생님이셨다.

조규복 선생님은 교과 내용만을 가르친 것이 아니라 학생들이 이 세상에서 살면서 갖추어야 할 기본자세를 가르쳤다. 예를 들어 생명의 존귀함을 알게 하고 다른 사람, 곤충, 식물 등 다른 생명체도 존중하여야 한다는 기본자세를 몸에 배이도록 가르쳐 주셨다. 쉬는 시간에 한 학생이 잠자리를 잡아 날개를 자르고 교실로 가져 왔다. 그것을 본 조 선생님은 한 시간 수업을 덮고 생명에 대한 '특강'을 해주셨다. "잠자리가 말을 못해 아프다고 소리 지르지 못하지만 얼마나 아팠겠니? 그리고 날개가 잘렸으니 이제 날지도 못하고 곧 죽게 될 것이다. 너는 장난으로 한 일이지만 잠자리에게는 목숨을 잃는 엄청난 결과를 가져왔다. 미안하지 않니?". 그렇게 시작한 강의는 세상 모든 생명체의 목숨은 똑같이 귀한 것이고 부득이 사람이 다른 생명체를 죽여 먹을 것을 장만해야 하지만 미안한 생각을 가져야 할 게 아니냐? 장난으로 다른 생명을 해치는 일은 해서는 안 된다. 그렇게 한 시간 동안 생명의 존귀함을 강의하였다. 나는 80이 넘은 이때까지도 길을 걸을 때 개미가 있으면 밟지 않고 피해 다니고 나뭇잎도 쉽게 따지 못한다.

점심시간에 밥을 흘린 학생을 보고 조규복 선생은 한 시간 특강을 하셨다. 학생 모두 눈을 감고 그 밥알이 어떻게 해서 오늘 우리들 입에 들어오게 되었는지를 생각해보고 발표하게 하셨다. 모판에 볍씨를 심고 길러 모내기로 논에 옮겨 심고 거두어 탈곡하고 쌀가게를 거쳐 집에 오고…. 그렇게 많은 사람이 애써서 내 도시락에 온 밥을 내가 쉽게 버려도 되겠느냐고 생각해보도록 시키셨다. 나는 평생 밥을 남겨 버리지 못한다.

조규복 선생님은 평생 초등학교 교원, 교장으로 일하시고 은퇴하셨다. 나는 오늘의 나를 있게 만든 조규복 선생님이 고마워서 한림대학교 총장 취임식 때 단상에 귀빈으로 모셨다. 우리 세대의 세계관, 민족관, 사람의 기본 도리 의식은 모두 초등학교 때의 교원들이 만들어 주었다고 해도 지나친 말이 아니다. 이런 교원들이 오늘의 대한민국을 만든 '숨은 공로자'들이다. 뜻을 가지고 교육을 통해 성숙한 한국민을 길러낸 초·중·고 교원들의 공로를 잊어서는 안 된다.

'만남과 배움'으로 새 시대 국민들을 교육시켜 자랑스러운 대한민국

김원규(金元圭, 1904~1968)

을 만들어 가게 만든 교원들이야말로 대한민국을 지키고 키워 낸 '숨은 거인'들이다.

　민주국가의 주권자인 국민의 민주 의식을 심어주는 기본 인성(人性) 교육은 초등학교에서 이루어지지만 민주시민 사회를 이끌어갈 주도적 역할을 할 지도자들은 중·고등학교에서 양성한다. 고등사범학교를 나온 분들이 이 일을 담당했다. 다행히 일제시대에 뜻있는 많은 젊은이들이 고등사범학교를 선택하여 건국 과정에서 큰 기여를 하였다. 본보기로 서울 중·고등학교를 창립하여 짧은 시간 내에 한국을 대표하는 '엘리트 학교'로 키워놓은 김원규金元圭, 1904~1968 선생을 소개한다.

　김원규 선생은 일본 명문의 히로시마 고등사범학교(広島高等師範学校) 영문과를 졸업하고 1929년 함흥농업학교 교사를 거쳐 1932년부터 1945년까지 경성여자고등보통학교(현재의 京畿女高) 교사로 봉직하였다. 해방 후 미군정청의 경기도 학무과장을 맡았다가 일본인 학생만을 가르치던 경성중학교 교사에 새로 만든 서울중학교 교장으로 부임하였다. 1946년부터 1957년까지 10년 동안 신설 서울중학교(6년제: 중·고등학교 통합되었을 때)를 한국 제일의 엘리트 학교로 만들어 유명해진 분이다.

나는 6년 동안 김원규 교장의 소문난 '스파르타식 교육'을 받았다. 매주 월요일 1시간이 넘는 조회 시간에 김 교장은 '새로운 민주공화국 대한민국'의 주인이라는 사명감을 가지고 무슨 일을 맡아도 자기 일이라는 주인 의식을 가지라는 수처작주(隨處作主) 정신을 우리들에게 주입하였다. '대영제국은 이튼(Eton) 고등학교 운동장에서 만들어졌다'는 이야기를 아마도 100번쯤 들었을 게다. 대한민국을 이끌어야 한다는 사명 의식, 그리고 맡은 일에 끝까지 책임을 져야 한다는 지도자의 정신을 귀에 못이 박힐 정도로 들었다. 나는 그 교육의 결과 80이 넘은 오늘까지도 김원규 교장이 주문한 '민주시민 사회 지도자의 사명 의식'에서 벗어나지 못하고 있다. 개교 4년 만에 겪은 6·25전쟁에 가장 많은 학도병을 배출한 학교도 서울고등학교였고 육군사관학교에 가장 많은 학생이 진학한 학교도 서울고등학교였다. 그리고 국책 과학기술연구소에 가장 많은 연구원을 공급한 학교도 서울고등학교였다. 뜻을 가지고 헌신한 한 사람의 교원이 대한민국 건국에 수많은 인재를 공급하였다. '뜻을 세워 길을 연' 이런 교원, 선각자들이 빈한한 후진 대한민국을 짧은 기간에 부유한 민주국가로 만들어 놓았다.

맺는말 :
'만남'과 '배움'이
역사 발전의 원동력

역사가 사람을 만들고 사람이 역사를 만든다. 역사가 만들어 놓은 환경에서 사람들의 의식, 지식, 열의가 생겨나고 사람들의 안목과 지혜, 그리고 지식과 추진력이 그 공동체의 미래 역사를 만들어 낸다.

생물학적 존재로서의 사람은 인(人)이라 표현한다. 사람과 사람이 만나 관계를 맺고 서로 배움을 얻는 존재로서의 사람, 즉 사회인을 인간(人間)이라고 표현하다. 공동체는 인간들이 모여 만들어 낸 집단이다. 가족, 씨족, 부족, 나라는 이런 공동체이다. 사람은 같은 공간에서 지내다 보면 만남이 이루어지고 그 만남에서 배움이 이루어진다. 서로가 서로에게서 배우고 가르치면서 살다 보면 삶의 양식이 같아진다. 같은 삶의 양식이 쌓이면 문화라 부른다. 이런 문화를 공유하고 있다고 믿는 사람들의 집단을 민족이라 부른다. 민족공동체가 공동체의 질서를 만들며 유지하고 고치고 하는 체제를 가지게 되면 국가라 부른다. 20세기 초반까지는 사람들의 공간 지배 능력에 한계가 있어 민족공동체가 강대국가의 바탕이 되었다. 이른바 민족국가 시대였다. 20세기 후반부터는 교통통신 수단이 비약적으로 발전하면서 전지구가 하나의 삶의 터전으로 되면서 민족

국가 중심의 생활양식이 국제사회로 확산된 삶의 양식으로 바뀌어 가고 있다. 민족국가 시대에는 국가 간의 협력은 각 국가를 대표하는 '외교관' 간의 접촉으로 이루어졌다. 그러나 초국가적으로 생활환경이 변함에 따라 국가 간의 교류협력도 '외교 관계'를 넘어서서 각국의 주권자인 국민들 간의 직접 접촉으로 이루어지는 시대가 열리고 있다. 공공외교, 민간외교가 이제 국제질서의 중요한 부분을 차지하게 되었다.

새로운 국제질서에서는 민간 간의 접촉, 친교, 배움이 국가 간의 기본 관계까지 좌우하게 된다. 국경을 넘어서는 만남과 배움이 새 시대 국가 발전의 중요한 요소가 된다.

제2차 세계대전 종전 이후에 신생 독립국가로 국제사회에 등장한 대한민국은 국제사회에서는 '경험 없는 신참'의 지위에 있었다. 정부의 적극 외교도 한계가 있어 국제사회에서 믿을 수 있는 우방, 어려울 때 도움을 얻을 수 있는 이웃 나라가 별로 없었다. 이런 어려움을 극복하기 위하여 민간외교를 적극적으로 펼쳐 온 선각자들이 있었다. 이들의 공로가 인정되지 않아 몇 가지 사례를 들어 재조명해본다.

1976년 가을 어떤 날 나는 근무하던 서강대에서 퇴근하여 집에서 가족들과 저녁 식사를 하고 있었다. 그때 김준엽 교수가 전화로 만나야 할 사람이 있으니 급히 나오라고 명했다. 나가서 만난 사람이 대만 정부의 총통 고문직을 맡고 있던 항리우杭立武 선생이었다. 항 선생은 국민당 정부의 주영대사, 문교부 장관을 역임한 어른이었다. 김준엽 선생은 항리우 선생과 앞으로 전개될 한국-대만간의 험난한 관계를 논의하다가 다음 세대가 정책을 주도할 때를 대비하여 미리 양국의 새 세대 인재들 간의 '만남과 배움'을 시작하는 것이 좋겠다고 합의하여 당장 이 계획을 실천하기로 했다고 날더러 항리우 선생 초청으로 대만에 다녀오라고 명하셨다. 그렇게 나와 대만과의 관계가 시작되었다. 그해 12월 나는 대만에 가서 항리우 선생이 소개해준 웨이융, 첸푸錢復, 장징위張京育, 샤오위밍邵玉明,

마잉주馬英九 등 나와 비슷한 연령의 대만 국민당 젊은 엘리트들을 만났다. 그들과는 국경을 넘는 친분을 쌓아 평생 동료로 지냈다.

1977년 7월에는 일본 하코네(箱根)에서 제1차 한일지적교류회의(韓日知的交流會議)에 참가하였다. 김준엽 선생이 일본국제교류재단 이사장 야마모토 타다시山本 㯽와 논의해서 시작된 민간교류 모임이었다. 선발 기준은 '서로 상대 국가를 일반 외국으로 생각하는 세대'로 한정하였다. 우리의 경우 일어를 잘 모르는 세대가 해당된다. 이홍구, 서상철, 김경원, 김세진 등 12명이 한국에서 참석했다. 내가 제일 어렸다. 일본 측에서 제일 젊은 참석자는 사토 세이자부로佐藤誠三郎 동경대 교수여서 그때 만남을 계기로 평생 친지로 지냈다. 이 모임의 목적도 대만의 경우와 같았다.

김준엽 선생의 자극을 받아 후에 내가 서강대 동아연구소, 사단법인 신아시아연구소(新亞硏)를 설립하여 운영하면서, 그리고 한일문화교류기금 이사장을 맡아 운영하면서 각계 젊은이들을 회의에 참가시켜 상대국 젊은이들과 낯을 익히는 일을 꾸준히 해왔다. 한일문화교류기금에서는 40년 동안 서른 번 넘게 일본 시찰단을 일본에 보내 일본 측 젊은이들을 만나게 했다. 신아연은 미국 외교안보 관련 연구소와 스무 번쯤 세미나를 가졌고 일본과는 약 40번, 중국과는 10년간 8번, 대만과는 30년간 40번쯤 회의를 가졌다. 해방 1세대, 2세대에 속하는 외교안보 영역 전문학자들이 수십 년간 자기 또래의 상대국 젊은이들과 허물없이 만나는 관계를 만들어 놓았다. 지금 이들이 우리 대외정책 담당자로 등장하고 있다.

김준엽 선생 같은 생각이 깊은 지식인들이 먼 앞날을 내다보고 훈련시킨 새 시대 외교안보 전문가들이 대한민국의 오늘을 지키고 있다.

개인이나 집단이나 살아가는 지혜를 얻으려면 많은 사람을 만나고 열심히 배워야 한다. 만남과 배움은 역사를 만드는 기초가 된다.

나는 한림대학교 총장 때 신입생 환영식에서 항상 강조했던 것이 대학을 다니는 동안 친구를 사귀라는 당부였다. 대학은 만남의 장소이다. 앞서 걸어온 선생님들과의 만남에서 그들의 경험을 전해 듣고 책을 통해 먼 옛날, 그리고 먼 나라의 지혜로운 선각자들의 생각을 배우고, 같은 시대 같은 고민을 하며 자라는 동료 학생들과의 사귐에서 내가 미처 깨닫지 못한 것들을 배우라고 권했다. 그리고 그중에서 가장 소중한 것은 평생 함께 살아갈 친구를 사귀는 것이라고 강조했다. '만남과 배움'은 역사를 창조하는 원동력이다.

21세기 중반으로 접어드는 지금 나라 안팎의 사정이 순탄하지 않다. 이런 어려운 환경에서 그동안 어렵게 지켜 온 우리들의 자랑스러운 대한민국을 지켜나가려면 우리 모두 더욱 눈을 크게 뜨고 귀를 열어 '만남과 배움'의 길에 나서야 한다.

일상에 바쁜 국민들을 이끌어 만남과 배움의 길에 들어서게 하려면 깨인 선각자들이 있어야 한다. 누가 깨인 선각자인가? 뜻을 세우고 뜻을 실천할 길을 찾아 백성들을 이끈 사람들이다. 지식과 지혜는 배움에서 얻어지지만 뜻은 사랑에서만 생겨난다. 이 나라 백성의 삶을 조금이라도 편하게 하려는 마음, 동포애가 바탕이 되어 뜻이 생겨난다. 동포의 삶을 나의 삶과 같이 여기는 동포 사랑이 있어야 애국, 애족의 뜻이 생겨난다.

19세기 말 온 나라가 주변 강대국들의 먹이로 전락하여 어두움 속에서 헤맬 때 이들 백성들을 나의 분신처럼 생각하던 사랑의 마음을 지닌 지식인들이 나섰다. 가진 힘은 없어도 동포 사랑의 마음을 가진 분들이었다. 그 뜻 하나로 백성들을 계몽하고 민력을 키워 나라 되찾기, 새 민주공화국 만들기에 나선 지식인들의 노력으로 나라를 빼앗긴 지 35년만에 해방을 얻어내고 3년 뒤에 대한민국이라는 어엿한 나라, 자유민주공화국을 세울 수 있었다. 그리고 국제공산당과의 끈질긴 싸움을 이어가면서 오늘의 대한민국, 선진 10개국 대열에 근접한 나라를 만들어 내었다.

여기까지 오는 동안 많은 사람들이 목숨을 잃었다. 많은 지식인들이

고통을 이겨냈다. 그런 가운데서도 지칠 줄 모르고 오직 나라 사랑의 뜻 하나로 대한민국을 지켜 온 지식인들이 있어 우리는 오늘의 대한민국 속에서 행복한 나날을 보내고 있다. 이들에게 감사해야 한다. 내일의 대한민국이 오늘의 대한민국보다 나은 나라가 되도록, 우리 자손들이 마음 놓고 그들의 삶을 펼칠 수 있는 나라가 되도록 이 시대를 살아가는 한국의 지식인들은 더욱 분발해야 한다. "대한민국의 오늘을 만든 분들"을 본보기로 영역별로 골라 소개하였다. 그러나 정작 박수를 받아야 할 분들은 초·중·고, 대학에서 다음 세대가 바른길로 들어서도록 가르쳐온 교사들이다. 이들이 오늘의 대한민국을 만들고 지킨 분들이다. 심심한 경의를 표한다.

참고문헌

강영훈.　　　　　『나라를 사랑한 백창우 (강영훈 회고록)』. 동아일보사. 2008.

강운구 등 공저.　『특집 한창기』. 창비. 2008.

고승철, 이완배.　『김재익 평전』. 미래를 소유한 사람들. 2013.

공로명.　　　　　『나의 외교 노트』. 서울: 기파랑. 2014.

_____.　　　　　『한국 외교와 외교관』. 국립외교원 외교안보연구소. 2019

_____ 외 12명.　『위기 극복의 국가학』. 기파랑. 2007.

공로명 장관 구순기념문집 편찬위원회. 『공로명과 나』. 월인. 2021.

김건우.　　　　　『대한민국의 설계자들』. 느티나무책방. 2017.

김광동 등 공저.　『한국 현대사 이해』. 경덕출판사. 2007.

김기승.　　　　　『조소앙이 꿈꾼 세계』. 지영사. 2003.

김기환.　　　　　『한국의 경제기적 : 지난 50년, 향후 50년』. 기파랑. 2013.

김성진.　　　　　『박정희를 말하다』. 삶과꿈. 2006.

_____.　　　　　『한국정치 100년을 말한다』. 두산동아. 1999.

김영호 편.　　　『대한민국 건국 60년의 재인식』. 기파랑. 2008.

김재순.　　　　　『김재순 회장 연설문집』. 서울대학교총동창회. 2002.

_____, 안병훈.　『어느 노 정객과의 시간 여행:우암 김재순이 말하는 한국 근현대사』. 기파랑. 2016.

김준엽.　　　　　『장정』I, II, III, IV, V. 나남. 1989, 1990, 1991, 2001.

김학준.　　　　　『한국전쟁』 제3개정 증보판. 박영사. 2003.

_____.　　　　　『러시아 혁명사』. 문학과 지성사. 2001.

남덕우 외 7명.　『80년대 경제개혁과 김재익 수석』. 삼성경제연구소. 2003.

남성욱 등 공저.　『한국의 외교 안보와 통일 70년』. 한국학중앙연구원. 2015.

남시욱.　　　　　『한국보수세력연구』 제4판. 청미디어. 2021.

남정옥, 오동룡 공저.『대한민국을 지킨 영웅들』. 청미디어. 2020.

덕산 추모사업회.　『나라가 먼저지 언제나 그렇지: 덕산 이한빈 선생 추모문집』. 나남. 2005.

박효종 등 공저.　『빼앗긴 우리 역사 되찾기』. 기파랑. 2006.

서울국제포럼.　　『서울국제포럼 20년 (1986-2006)』. 서울: YBM Si-sa. 2007.

_____.　　　　　『서울국제포럼 25년 (1986-2011)』. 서울: YBM Si-sa. 2012.

서울언론문화클럽. 『현대사』 제1집. "특집 한국전쟁". 서울언론문화클럽. 1980.

손진.　　　　　『서북청년회가 겪은 건국과 6·25』. 건국이념보급회 출판부. 2014.

송복 등 공저.　『박태준사상, 미래를 열다』. 아시아. 2012.

안병욱 등 공저.　『안창호 평전』. 청포도. 2004.

안병훈.　　　　『그래도 나는 또 꿈을 꾼다 : 안병훈 회고록』. 기파랑. 2017.

양호민.　　　　『한반도의 격동 1세기 반』 상, 하. 한림대학교 출판부. 2010.

_____ 등 공저.　『마르크스·레닌주의』. 고려대학교 아세아문제연구소. 1982.

유영익.　　　　『이승만의 생애와 건국 비전』. 청미디어. 2019.

이광린.　　　　『개화파와 개화사상 연구』. 일조각. 1989.

_____.　　　　『한국개화사상연구』. 일조각. 1979.

이기백.　　　　『한국사 신론』. 일조각. 1976.

이기수 편.　　『내가 만난 이승만 대통령』. 이승만박사기념사업회. 2012.

이돈희.　　　　『한국의 교육 70년』. 한국학중앙연구원. 2015.

이동복.　　　　『손바닥으로 하늘을 가릴 수는 없다 : 이동복의 현대사 경험』. 경덕출판사. 2007.

이상우.　　　　『살며 지켜본 대한민국 70년사 : 盤山日記 1945-2015』. 기파랑. 2017.

_____.　　　　『새로 쓴 우리들의 대한민국』. 기파랑. 2012.

_____ 편.　　『한일문화교류기금 25년사』. 서울: 경인문화사. 2011.

이순자.　　　　『시대의 선각자 김재익』. 운송신문사. 1998.

이영훈.　　　　『대한민국 역사 : 나라만들기 발자취 1945-1987』. 기파랑. 2013.

이인호 등 공편.　『대한민국 건국의 재인식』. 기파랑. 2009.

이임광.　　　　『정석 조중훈 이야기 : 사업은 예술이다』. 청사록. 2015.

이장규.　　　　『경제는 당신이 대통령이야』. 올림. 2008.

이조영.　　　　『개신유학의 정치사상』. 서울대학교 대학원 박사 논문. 1998.

_____.　　　　『유길준의 군주론 연구』. 서울대학교 대학원 석사 논문. 1991.

이주영.　　　　『이승만과 그의 시대』. 기파랑. 2011.

이한우.　　　　『우남 이승만, 대한민국을 세우다』. 해냄. 2008.

이홍구 외 9인 편. 『한국 21세기』. 서울: 조선일보사. 1987.

인보길 편.　　『이승만 다시 보기』. 기파랑. 2011.

일송 윤덕선 선생 추모사업위원회. 『숨은 거인의 길』. 소화. 2001.

정경환.　　　　『백범평전』. 이경. 2007.

채명신.　　　　『死線을 넘고 넘어 (채명신 회고록)』. 매일경제신문사. 1994.

한국미래학회 편. 『제헌과 건국』. 나남. 2010.

한승주.　　　　『외교의 길』. 올림. 2017.

한영우.　　　『미래를 여는 우리 근현대사』. 경세원. 2016.
한용원.　　　『대한민국 국군 100년사』. 오름. 2014.
함재봉.　　　『한국사람 만들기』 I, II, III. 아산서원. 2017.

Hunt, Carew R. N.. *The Theory and Practice of Communism*.
　　　　New York : The Macmillan Company. 1961.
Kim, Hak Joon. *North and South Korea: Internal Politics and External Relations
　　　　Since 1988*. Toronto University Press. 2006.
McMaster, H. R.. *Battlegrounds: The Fight to Defend the Free World*.
　　　　New York : HarperCollins. 2020.
Oliver, Robert T.. *Syngman Rhee and American Involvement in Korea, 1942-1960*.
　　　　Seoul : Panmun Book Company. 1978.
Rhee, Syngman. *Japan Inside Out*. New York : Fleming H. Revell Company. 1941.

사람 이름 찾기

강영훈 125, 126, 201, 202, 231, 232, 234
고병익 239
고승철 153
공로명 218~223, 229, 236, 240
구상 146
구자경 238
김경원 228, 303
김관진 211~213
김구 55, 74, 76, 77, 80, 82, 83,
      88~91, 255
김규식 53, 83, 84, 89, 90
김남식 227
김대중(주필) 240, 270
김동재 241
김백일 191
김병로 80, 88, 90,119
김성수 66, 80, 88~91
김성진 17, 49, 145, 270~272
김성한 263
김세진 228, 231~234, 303
김수웅 238
김약수 62
김영삼 152
김영환 192
김옥균 28, 29, 35, 37, 38, 43, 58, 525
김우중 172, 173, 236
김우창 152
김원규 298, 299
김원봉 52, 75
김일성 75, 109, 164, 259
김재민 136
김재봉 62

김재순 240, 275~277
김재익 141, 147, 149, 153, 155, 156
김재철 179
김정열 192, 193
김정주 161, 184
김좌진 51, 190, 198
김준엽 199, 226, 227, 263~266,
      302, 303
김진현 228
김창순 227
김학준 152, 267, 268
김호길 170, 292
김홍집 36, 62
나웅배 152
남덕우 147, 149, 150
남시욱 270, 271, 273
노무현 197
노백린 53, 54
노태우 152, 197, 204, 268
류근일 270
문재인 212, 273
문창범 53, 54
민영익 39
박건우 224
박규수 28, 34~38
박근혜 213
박범집 192
박성용 236
박영주 177
박영효 28, 29, 35, 37, 38, 53, 58 252
박용만 53, 34
박용옥 236

박은식 35
박정양 35, 62, 63
박정희 125, 138, 140~145, 149, 157,
        158, 169, 170, 206, 274, 290
박종홍 146, 284
박지원 28
박태준 168~170, 292
박헌영 62, 76, 77
반기문 223
백선엽 124, 126, 191, 200, 201
변영태 217
봉종현 241
서광범 35, 37, 38, 58, 252
서상철 147, 156, 303
서석준 147, 155
서재필 35, 38, 49, 58~60, 63, 80,
        252. 280
선우휘 263, 270
손경식 244
손병희 53
손원일 191, 192
손주환 236
송대성 236
송진우 64, 66, 80, 88~90
승상배 178
승은호 178
신규식 53, 54
신석우 63, 254
신원식 174
신익희 85~87, 91, 119
신채호 35
신현확 147~149
심재룡 284, 285
안병욱 263
안병훈 152, 274
안재홍 128, 254
안중근 60, 126
안창호 53, 54, 60, 253, 254, 263
안호영 224

양기탁 60, 253, 280
양호민 227, 261~263, 266
어윤중 31, 37, 39
여운형 84, 89
오경석(역관) 37
원세훈 128
유길준 28, 29, 32, 36~43
유세희 236
유재천 162
유재흥 191
유홍종 241
윤대원 294, 295
윤덕선 292~295
윤보선 80, 88
윤봉길 61
윤윤수 184
윤치영 86
윤치호 36, 49, 58, 66, 252
이관   152
이광린 239, 283
이근석 192
이기백 282
이기붕 135
이기석 177
이동녕 54
이동인(스님) 37
이동휘 53, 54, 112
이명박 197, 204, 213, 233
이범석 51, 55, 19, 121, 190, 198~200, 263
이병철 164, 165
이상재 49, 58, 62, 63, 66, 252, 254
이성가 191
이세기 236
이수혁 224
이승만 49, 53, 54, 58, 59, 74,
        77~90, 93, 104, 10, 119~122,
        128, 135, 139, 190, 199, 217,
        252, 255, 259, 260, 270,
        274, 288, 289

이승훈 66
이시영 53, 54, 88, 119
이영무 192
이완배 153
이응준 191
이인 90
이인호 152
이재용 165
이조영 35
이종호 177
이태원 173, 241
이한기 145, 238
이한빈 147, 150, 153
이헌조 150
이현순 166, 179, 207, 209
이형근 191
이홍구 152, 227, 228, 231, 234, 240, 303
이회영 253
인보길 152, 270, 274
임병직 217
임영신 86
장기영 271
장덕수 80, 88~91
장덕창 192
장도영 125, 136
장준하 199, 263, 264
장지연 35
장택상 217
전해종 239
정구영 241
정근모 152
정몽구 166
정의선 166
정일권 91, 124, 191, 200
정일형 91
정주영 157, 166, 167
조규복 296, 297
조덕영 175, 241
조만식 64, 65, 91

조병옥 60, 64, 80, 88, 90, 91
조봉암 62, 80, 120
조상행 179
조소앙 83, 85, 128
조중훈 161~163
주시경 280
지눌(스님) 284
지명관 263
지청천 55, 80, 82, 86, 121
채명신 125, 127, 202
채병덕 124, 191
천진환 236
최규하 148
최병렬 151, 152, 240
최영진 224
최용덕 121, 192
최재형 53
최정호 150
최종건 171
최종현 171, 172
최형섭 290
하영선 236
한승수 152, 231
한승주 228, 230, 231
한일성 179, 241
한창기 281, 282
한철수 244
한현우 89
함재봉 25, 27, 30
허헌 64
현 피터 162
현의환 241
현홍주 228, 241
홍명희 64
홍범도 51
홍영식 35, 58, 252
홍종우 29
황인정 81, 230
황장엽 262

고노 요헤이河野洋平 221
나카소네 야스히로中曾根康弘 221
리루이환李瑞環 236
야마모토 타다시山本 正 303
오카자키 히사히코岡崎久彦 242
이토 히로부미伊藤博文 50
주룽지朱鎔基 236
항리우杭立武 302
후쿠자와 유키치福澤諭吉 29, 37
아펜젤러Henry G. Appenzeller 33
야마코스트Andrew Armacost 236
바가반디Natsagiin Bagabandi 243
베텔Ernest Thomas Bethell 280
바이든Joe Biden 165
처칠Winston Churchill 71, 275
간디Mahatma Gandhi 64
고르바초프Mikhail Gorbachev 229
헤커Siegfried S. Hecker 237
하지John Reed Hodge 91
헐버트Homer Hulbert 32
존슨Lyndon B. Johnson 290
케네디John F. Kennedy 145, 268
레닌V. I. Lenin 62, 108, 111, 112, 115, 134, 254, 262, 268
맥아더Douglas MacArthur 121
마르티노프Vladlen A. Martynov 230
닉슨Richard Nixon 196, 205, 210
올리버Robert T. Oliver 104, 217
오웰George Orwell 112
페리Matthew C. Perry 28, 236, 237
루즈벨트Franklin Delano Roosevelt 71
스칼라피노Robert A. Scalapino 227, 265
슈미트Helmut Schmidt 148, 149

스크랜턴Mary Scranton 33
스탈린Joseph Stalin 108
트루먼Harry S. Truman 122
언더우드Horace G. Underwood 33
윌슨Woodrow Wilson 54, 74
야노프스키Yanovsky 230